L'ESPÉRANCE EST UN RISQUE À COURIR

Du même auteur

Résistante, avec Jacqueline Fleury-Marié, Calmann-Lévy, 2019 ; Livre de Poche, 2021

Un moment de vérité. Abus sexuels dans l'Église : une théologienne s'engage, avec Véronique Margron, Albin Michel, 2019

Au nom de Dieu et des hommes. La grande saga des franciscains, dominicains et jésuites (XIIIe-XXIe siècles), Fayard, 2017 ; Pluriel, 2020

Rebelles de Dieu, Flammarion, 2011

Ceux qui s'engagent, Perrin, 2007

Une vie pour les autres. L'aventure du père Ceyrac, Perrin, 2004 ; Tempus, 2006

Manifeste contre la pauvreté, avec Martin Hirsch, Oh ! Éditions, 2004 ; 10/18, 2005

Le Sérail. Histoire d'une promotion de l'ENA, avec Jean-Michel Blanquer, Perrin, 1995

JÉRÔME CORDELIER

L'ESPÉRANCE EST UN RISQUE À COURIR

CALMANN LÉVY

CALMANN LÉVY

COUVERTURE
Maquette : Olo.éditions
Photographies : © Paul Shuang/Ivan Cholakov/Shutterstock

ISBN : 978-2-7021-6675-8

À mon fils Ludovic et à ma fille Élise,
en espérant que ce monde tourmenté
leur offre la possibilité de trouver
chacun leur chemin d'espérance.

AVANT-PROPOS

Qu'est-ce qu'un héros, une héroïne ? Il est si difficile de le savoir dans notre époque tortueuse et torturée, qui glorifie nombre d'idoles mais peu d'exemples vertueux. Et pourtant, nous avons chacun besoin de héros, de lumières ou de lucioles même qui nous éclairent sur nos chemins sinueux, à condition de pouvoir les discerner – un héros ne se révèle pas toujours par des actions spectaculaires. Nous côtoyons tous, sans toujours le percevoir, des individus qui nous aident à avancer dans la vie. Mais au-delà de nos existences à chacun, un héros remplit aussi une fonction collective, un rôle social, crucial. Qu'est une nation sans héros pour la forger, la cimenter, la perpétuer ?

Depuis toujours, j'ai été attiré par les engagements, souvent discrets, d'hommes et de femmes dans la Résistance pendant la Seconde Guerre mondiale, peut-être à cause de mes racines familiales qui, depuis que je suis né, me ramènent sans cesse à Brive-la-Gaillarde, en Corrèze, épicentre de nombreux chemins de résistance, et à Saint-Jean-de-Luz, au Pays basque, d'où partirent par bateau les premiers volontaires, souvent très jeunes, comme le firent ceux de l'île de Sein, pour rejoindre le général de Gaulle, à Londres, au lendemain de l'appel du 18 juin 1940 – parmi lesquels les futurs prix Nobel de médecine François Jacob ou de la paix René Cassin... Depuis toujours, où que mes pas me mènent, je suis à l'affût de ces itinéraires exceptionnels. C'est ainsi que, chemin faisant, je suis tombé sur ces chrétiens, catholiques, protestants, orthodoxes qui ont défié l'occupant nazi et dont les rôles, curieusement, sont de nos jours souvent minimisés. On a beaucoup souligné, surligné, à juste titre – comme on le verra dans les pages suivantes –, les compromissions de la plupart des évêques et des cardinaux avec le régime de Vichy et son chef Philippe Pétain en oubliant que certains d'entre eux s'engagèrent aussi – les temps étaient complexes – dans le camp adverse, tout comme de – très – nombreux clercs, religieux, religieuses, sans compter une multitude de croyants laïcs.

Cette enquête est faite de ces rencontres avec ces personnages – dont certains survivants – qui, chacun à leur place, au premier rang de l'Histoire ou dans un silence total, se sont investis au péril de leur vie pour la liberté, leur patrie, mais aussi avec la haute idée qu'ils se faisaient de l'être humain et qu'ils ont voulu servir, jusqu'au sacrifice. Il ne s'agit pas ici de célébrer des saints ou des martyrs, mais de mettre la lumière sur des femmes et des hommes de bonne volonté qui, au nom d'un idéal qui guidait leur vie, se sont engagés pour que leurs contemporains vivent la leur, chacun suivant le chemin qu'il s'était choisi. À chaque moment crucial de notre histoire commune, des chrétiens se sont levés contre la barbarie. Ils n'ont pas toujours agi au nom de leur foi, mais celle-ci les a pétris, a été constitutive de leur identité et de leur vision du monde, et les a soutenus à travers les épreuves – cette confiance absolue en un mystère insondable, qui nous dépasse, que l'on ne connaît pas parfaitement, que l'on approche en tâtonnant, par nos doutes, dont l'origine même reste souvent sujette à caution et qui se transmet de siècle en siècle entre individus de cultures totalement différentes, m'a toujours fasciné. Dans un monde de plus en plus soumis à l'immédiateté et à l'éphémère, cette pérennité de croyances est étonnante. Ces grands témoins, qui ont traversé des épreuves réputées insurmontables, dans la main de la providence ou de Dieu, comme ils disent, peuvent éclairer de leur halo de lumière nos chemins cabossés. Voici l'histoire de certains et de certaines d'entre eux.

INTRODUCTION

Il peut arriver, parfois, qu'une grâce jaillisse au milieu de la boue. L'essentiel, pourrait-on dire, c'est d'y croire. Au milieu des ténèbres, une lumière peut se faufiler et, même dans une intensité faible, éclairer son monde. Le chrétien Charles Péguy l'avait incarné par « la petite fille espérance », dans l'un des textes les plus sensibles sur la foi et l'humanité.

Il peut arriver, parfois, donc, que les barbaries les plus immondes recèlent des moments lumineux. Celui-ci m'a été raconté par l'écrivain Claude Michelet, longtemps après, un jour d'automne 2017 que j'étais venu recueillir ses confidences sur son père, le grand résistant Edmond Michelet. Claude, alors presque octogénaire, sortait de moins en moins de la maison familiale de Marcillac et, lui, l'auteur prolixe, romancier à succès, dont le célèbre *Des grives aux loups*, n'écrivait quasiment plus, il ne s'en plaignait pas, c'était ainsi, il n'avait plus rien à dire, assurait ce paysan au caractère trempé, abrupt mais si attachant. Cette maison modeste, au milieu des champs, au-dessus de Brive-la-Gaillarde, résidence secondaire des Michelet, avait accueilli pendant la guerre, tout comme l'habitation principale de la famille, rue Champanatier, au cœur de la ville, toutes sortes de réfugiés. « Il y avait toujours des gens de passage, se souvenait Claude Michelet. Tous les quatre matins, on avait du monde à table, une vraie pagaille. Dès 1935, mes parents recevaient des chrétiens allemands qui fuyaient leur pays – c'est pour cela que mon père, bien avant que la guerre n'éclate, avait vu venir le péril hitlérien. Ont suivi des réfugiés espagnols, puis des familles juives que l'on gardait à la maison ou que mon père emmenait lui-même dans sa voiture jusqu'à l'abbaye d'Aubazine pour les planquer. »

« Catholique d'action », Edmond Michelet s'est engagé dès le 17 juin 1940 ; il fut arrêté le 25 février 1943 et déporté dans le camp de concentration de Dachau, où il resta jusqu'à la fin de la guerre. « Mon père parlait peu de cette période, m'avait dit son fils. Il nous était très difficile de lui faire raconter ce qu'il avait vraiment vécu dans le camp de Dachau. Il ne voulait conserver que le côté positif qu'il avait pu trouver en l'homme pendant sa captivité. Dachau, paradoxalement, l'avait ouvert sur l'humain. »

Dans le camp, Michelet avait retrouvé un compatriote briviste, Germain Auboiroux, cheminot, militant syndicaliste, révoqué par Vichy « en raison de la propagande néfaste qu'il pratiquait parmi ses camarades de travail ». L'homme, né en 1896, avait participé à la Première Guerre mondiale. Dès le début de la guerre, il avait contribué à la création des premiers groupes de résistance communiste et s'était occupé de la diffusion de la presse clandestine. En novembre 1941, il avait répondu à la main tendue par Michelet aux résistants communistes. Il fut arrêté le 3 mars 1942, et déporté à Dachau le 18 juin 1944. Où il se retrouva affecté au service de désinfection, et renoua ainsi avec l'ami Michelet.

Un matin que Michelet, immobilisé par le typhus, ne put assister à sa messe quotidienne, dans la chapelle du block 26, où étaient enfermés nombre de prêtres et de religieux, Auboiroux lui proposa… d'y aller à sa place.

Edmond Michelet a rapporté cette scène étonnante dans son livre de souvenirs sur ses années de déportation, *Rue de la Liberté* :

« Auboiroux me demanda ce qui pourrait m'être agréable, écrit-il. Je ne devais sans doute pas avoir envie de grand-chose. Alors il eut une inspiration :

— Ça doit t'ennuyer, hein, de ne plus pouvoir aller tous les matins à la chapelle ?

— …

— En tout cas, voilà : jusqu'à ce que tu puisses y revenir, j'ai décidé de m'y rendre à ta place. J'y ferai une demi-heure de planton. J'assurerai l'intérim, si tu veux…

C'est ainsi que pendant les jours qui suivirent, les curés du block 26 eurent la surprise de voir Auboiroux, le communiste français bien connu de la désinfection, monter la garde de l'amitié devant le tabernacle, revêtu de son inséparable paletot court, nuance moutarde, les poches bourrées du charbon de bois sauveur, le seau de crésyl à ses pieds[1]. »

1. Edmond Michelet, *Rue de la Liberté*, Seuil, 1955.

Michelet, dans son livre, a qualifié Germain Auboiroux de « cheminot, révoqué vingt-cinq ans auparavant sous le règne de Millerand, et que le Front populaire avait réintégré », de « vieux révolutionnaire français » qui « avait passé les plus belles années de sa vie à militer dans les rangs du parti communiste », de « samaritain », et quand il m'a raconté, une fois de plus, près de quatre-vingts ans plus tard, ce geste tellement émouvant de « ce stalinien pur et dur », comme il disait, Claude Michelet avait les larmes aux yeux.

« À leur retour de Dachau, confiait alors le dernier fils d'Edmond Michelet, Germain Auboiroux m'a dit : “Maintenant, tu peux me considérer comme ton oncle.” Après la guerre, je me souviendrai toujours de ce soir où il a débarqué à la maison, la gueule en sang. Il est tombé dans les bras de mon père : “Mon pauvre Edmond, tu ne peux pas savoir ce qu'ils ont voulu me faire dire… Que Michelet à Dachau était un collabo !” Ses camarades du PC lui avaient cassé la figure parce qu'il avait refusé de se prêter à cette immonde calomnie, dictée par des raisons de basse politique pour ruiner la réputation de mon père. Quand Auboiroux est mort, en 1947, il n'y a eu qu'un seul discours, à la demande expresse du défunt, celui de mon père. Il n'en voulait pas d'autres. Ce texte est magnifique, et il témoigne de cette ouverture sur l'humanité dont mon père a toujours su faire preuve, y compris au milieu de l'innommable, sans varier dans ses convictions et ses engagements religieux. »

Un texte magnifique, en effet.

Ce discours, court et puissant, copié sur un texte ronéotypé conservé dans les archives du centre Edmond-Michelet à Brive, cet hommage du catholique à son frère communiste, le voici :

« Lorsque, il y a deux ans à peine, je te voyais cheminer dans l'infirmerie de Dachau entre les paillasses de notre block de typhiques, apportant à nos camarades, avec ton bon sourire, le réconfort d'une parole d'espoir et – très souvent – un morceau prélevé sur la maigre pitance, qui nous aurait dit, mon cher Germain, que le long dialogue fraternel que nous avions engagé dans ce camp d'enfer serait si vite interrompu ?

[…]

« L'amitié qui nous liait et qui reste plus forte que la mort m'autorise à porter ici témoignage. Et, devant tous ceux qui te pleurent, je dirai très simplement, Germain, que tu fus pour nous, à Dachau, un de ces hommes, trop rares, dont on a dit qu'on se sentait meilleur rien qu'en pensant à eux…

« C'est ton ardente, inextinguible soif de justice qui t'avait conduit là où tu souffrais persécution pour ton Parti, qui était ta fierté, pour ton Pays, que tu aimais d'un émouvant amour charnel. Dans l'une comme dans l'autre de tes deux raisons de vivre et de mourir, tu voulais voir d'abord les champions de la justice.

« Alors, parce que je fus le confident de tes plus intimes pensées, et parce que je fus ton ami, tu ne m'en voudras pas, j'en suis bien convaincu, si je me prends à méditer devant toi, en ce lieu et à cette heure, et à murmurer cette vieille et toujours jeune parole qui avait jadis bercé ton enfance : “Heureux ceux qui ont faim et soif de la justice, car ils seront rassasiés.” »

Ce livre est dédié à tous les heureux « qui ont faim et soif de justice », qui se sont battus jusqu'au sacrifice pour cela, et qui, du fond des abîmes de l'Histoire, ont encore tant à nous dire et à nous apprendre…

Chapitre 1

UNE TERRE DE JUSTES

DA-CHAU. Pour échapper à la folie concentrationnaire, Edmond Michelet et ses compagnons refusaient formellement d'utiliser le moindre mot en allemand, « la langue du vainqueur », et s'appliquaient – c'était « une sorte d'évasion spirituelle », écrit le déporté dans *Rue de la Liberté* – à prononcer « délibérément DA-CHAU en mouillant le "chau" » comme s'ils étaient « tous originaires d'Issoire ou de Saint-Flour ». « Pour accentuer les distances, précise le résistant, nous avions francisé un certain nombre de mots du répertoire des camps. Nous disions "Meldingue", "Choningue", "Nachelague". Notre vocabulaire ne voulait pas être celui de ceux qui affectaient de ne parler que la langue officielle de nos gardes-chiourme. »

L'humour pour échapper au désespoir, pour résister, tenir quand tout s'effondre autour de vous, quand vous vous retrouvez figés dans l'enfer, à la merci de « gardes-chiourme » guidés par une brutalité primaire, animale. Dans ce camp, étaient amassés toutes sortes d'individus, portés par des convictions, des croyances fort diverses, parfois aux antipodes les unes des autres mais scellés par une détresse commune, et Edmond Michelet le péguyste a su témoigner avec émotion des amitiés, des fraternités nouées par l'infortune. Des fraternités d'hommes engagés qui, dans une vie normale, se seraient affrontés et là, dans ces limbes, trouvèrent leur humanité. C'est l'avocat radical-socialiste et député de l'Hérault Vincent Badie, l'un des quatre-vingts parlementaires qui s'étaient opposés au vote des pleins pouvoirs à Pétain le 10 juillet 1940 ; Badie, ce personnage à « la dignité surprenante », qui, décrit le Briviste, « avait conservé derrière son masque d'empereur romain un flegme impayable ». C'est aussi le militant laïc et secrétaire général du Syndicat national des instituteurs (SNI) Georges Lapierre, qu'il croit d'abord « sectaire » et « agressif » en souvenir de vieilles polémiques et qui se révèle un « être exceptionnel » – il a écrit de mémoire sur des papiers de fortune une histoire universelle pendant sa captivité ! Ou encore le député communiste du Pas-de-Calais, ancien mineur, Cyprien Quinet, et ceux de l'autoproclamé « Club des intellectuels délirants » avec à leur tête le saisissant Henri Bernard, qui agonisera un mois avant la libération du camp, et le truculent professeur strasbourgeois, spécialiste de l'archéologie paléochrétienne, Jean Lassus, qui « remontait le moral des troupes en racontant l'histoire de Byzance ». Mais sous la plume chaleureuse de Michelet revivent, surtout, l'ami Louis Terrenoire, rencontré naguère aux Nouvelles Équipes françaises fondées, au lendemain des accords de Munich de 1938, par son beau-père Francisque Gay, et le prince Xavier de Bourbon-Parme, authentique descendant de Louis XIV, frère de l'impératrice Zita d'Autriche, avec

« la guenille de chiffons qu'il portait aux pieds », dont Michelet brosse un portrait touchant pour son humilité.

Autour du vaillant Briviste s'agrégeaient toutes sortes de combattants. Dès les premières heures de l'Occupation, l'homme avait porté haut la flamme de la Résistance en soufflant dessus grâce à un autre feu : celui du christianisme, dont Michelet avait fait la boussole de sa vie.

Ce « catholique d'action », qui coprésidait à Brive le Secours national (avec un professeur de philosophie athée, René Audierne), organisation vichyste chargée du ravitaillement et de l'hébergement des soldats et civils au début de la guerre, s'engage dans la résistance le 17 juin 1940 en distribuant dans les boîtes aux lettres de Brive un extrait de *L'argent, suite*, de Charles Péguy. « En temps de guerre – dit le texte, écrit en 1913, juste avant la mort de l'écrivain au champ d'honneur –, celui qui ne se rend pas est mon homme, quel qu'il soit, d'où qu'il vienne et quel que soit son parti. Il ne se rend point. C'est tout ce qu'on lui demande. Et celui qui se rend est mon ennemi, quel qu'il soit, d'où qu'il vienne, et quel que soit son parti. Et je le hais d'autant plus que par les jeux des partis politiques il prétendrait s'apparenter à moi […]. Celui qui ne rend pas une place peut être tant républicain et tant laïque qu'il voudra. J'accorde même qu'il soit libre-penseur. Il n'en sera pas moins petit-cousin de Jeanne d'Arc. Et celui qui rend une place ne sera jamais qu'un salaud ; quand même il serait marguillier[1] de sa paroisse. » On l'a oublié, mais

1. Laïc chargé de la garde et de l'entretien d'une église.

ce premier tract sera suivi, fin juin 1940, d'un second, bien moins connu, intitulé « Y voir clair », dans lequel le Briviste écrit : « Ce n'est pas le péril allemand qui est dangereux mais le péril hitlérien. »

Le livre d'Edmond Michelet, dont je tiens un exemplaire usé jusqu'à la corde de mon père, natif de Brive, dont la tante était proche de Mme Michelet, est une ode à l'humanité. Une humanité activée et nourrie de l'espérance chrétienne :

« Que la foi ait été pour un très grand nombre d'entre nous le soutien décisif tout au long de nos épreuves, c'est là une évidence qui n'est mise en doute par personne, écrit Edmond Michelet. Les incroyants en ont été les témoins aussi bien que les autres. Je voudrais également dire la véritable découverte que beaucoup de déportés ont faite, au cours de leurs méditations, de cet extraordinaire personnage de la foi catholique qu'est la Vierge Marie. »

Il y a une émotion singulière, qui peut toucher même le plus zélé des non-croyants, s'il a du cœur, à voir ce notable respecté, ce père de famille éprouvé, ce prisonnier soumis corps et âme à l'infâme barbarie s'en remettre à la figure légendaire de la mère de Jésus.

« Dans un univers inhumain, poursuit le déporté de Dachau, dans l'océan de haine qui prétendait nous submerger, l'humaine tendresse, la bonté inépuisable et si accessible de Marie nous furent souvent cause de joie : *causa nostrae laetitiae*… Dans la contemplation de la Vierge au pied de la Croix, nous découvrions un sens nouveau à notre misère. Mieux encore, à méditer sur son inlassable intercession nous comprenions de plus en plus ce que pouvait être notre propre attitude, tant dans les “jours de notre mort” que lorsque, plus tard, se régleraient les comptes. Aucun langage ne traduira jamais la reconnaissance infinie de ceux qui connurent ainsi cette grâce de la transfiguration de leurs souffrances et celle, bouleversante, du désarmement de la haine. »

Et voici Edmond Michelet et ses compagnons de souffrances se faisant le serment que s'ils réchappent à cette longue nuit, ils iront ensemble en pèlerinage en haute Corrèze, dans les environs de Neuvic, « parmi les bouleaux et les mélèzes, sur le plateau de granit où depuis le plus lointain Moyen Âge les seigneurs de Ventadour et d'Ussel ont établi leur maison, un antique petit sanctuaire dédié à la Vierge dont la renommée ne dépasse guère les limites du canton : Notre-Dame de Pennacorn. »

Le chef résistant apprendra de la bouche de ses compatriotes corréziens « la tragédie de Tulle, les quatre-vingt-dix-neuf pendus s'échelonnant tout au long des devantures de la rue qui longe la Corrèze ». Ces martyrs assassinés le 9 juin 1944 par la sinistre division « Das Reich », transférée dans le sud-ouest de la France en prévision d'un débarquement allié, les bourreaux SS d'Oradour-sur-Glane, dont mon père a gardé le souvenir malheureusement précis. Enfant, il les avait vus traverser Brive derrière les volets clos de la maison de ses parents, sous le regard saisi d'effroi de mon grand-père, blessé à la guerre de 14 par un obus dont il conservera dans sa chair un éclat sa vie durant, dans un silence sépulcral troublé par le bruit des chenilles des chars au-devant desquels on avait attaché les corps de maquisards massacrés pour impressionner la population… « Comme ils sont nombreux les Surdol, les Madelmont, les Mournetas, les Bournazel, les Barbazanges ramassés dans les dernières rafles de la division "Das Reich" ! » écrit Edmond Michelet. Le résistant apprendra ainsi de la bouche d'un militant de la jeunesse catholique de Tulle, Noël Diederichs, la mort parmi les suppliciés de l'un de ses premiers camarades de Combat de l'équipe de Brive, Jacques Girard. « Ainsi donc, c'était comme otage qu'avait donné sa vie ce pauvre ami qui, sans doute, eût préféré l'offrir comme combattant… », soupire Michelet.

Parmi ces résistants corréziens, une figure se détache, « la belle silhouette du capitaine de cavalerie Guillaume d'Ussel », qui, par sa stature, fait autorité d'emblée quand il s'exprime devant ses camarades de la Stube du block 21. « En quelques mots brefs, secs, très simples, il donne, dans le silence obtenu, les raisons de la discipline qui s'impose parmi nous. L'autorité du chef, l'expérience du commandement agissent sur l'auditoire, mais surtout le rayonnement de tout l'être. »

Enfant d'une grande famille corrézienne, père de quatre enfants, ancien élève officier à Saint-Cyr, le comte Guillaume d'Ussel, au début de la guerre, servait dans l'armée de pacification du Maroc, puis comme capitaine sur le front de France, dans la première division d'infanterie coloniale. Blessé, il est évacué, devient instructeur à Saint-Cyr puis rejoint Neuvic, fief familial en Corrèze. Il entre dans la Résistance, adoptant le pseudonyme de « Nicolo » sous le commandement de Raymond Farro, ancien saint-cyrien lui aussi, à la tête de l'armée secrète de combat qui, traqué, se cache sous de multiples identités, est plusieurs fois arrêté, puis s'échappe avant d'être pris par la Gestapo. Farro réussit à s'évader, mais il revient à Brive pour rendre visite à son épouse, qui est enceinte, et tombe entre les mains des nazis, le 20 mars 1944. On lui coupe les tendons d'Achille pour qu'il ne s'échappe pas, il finit fusillé le 2 avril.

En lien avec Edmond Michelet, Guillaume d'Ussel monte l'Organisation de résistance dans l'armée (ORA), qu'il commandait depuis le domicile d'une laïque engagée dans le tiers-ordre franciscain qui était tout autant maréchaliste. Est-il besoin de souligner encore que les temps étaient bien plus complexes que la lecture manichéenne – résistants ou collaborateurs – que les générations suivantes pourront en avoir ?

« Ainsi en allait-il un peu de la France à cette époque, me disait d'Ussel, rapporte Michelet. Elle ressemble à la bonne Mme Saulière, ma logeuse, qui continue encore par habitude à respecter le Maréchal mais ne se croit pas pour autant dispensée de faire tout le nécessaire pour que de Gaulle finisse par triompher. »

Guillaume d'Ussel est arrêté à Brive dans la rafle du 5 mai 1944. Il est repéré par un Allemand en cherchant à jeter un papier sur lequel étaient notés les parachutages à venir. Torturé puis déporté à Dachau, il meurt d'épuisement le 27 novembre 1944 à Neckargerach[2]. On identifiera son corps parce que l'un de ses compagnons avait glissé dans sa bouche un tube d'aspirine

2. Camp de concentration du Bade-Wurtemberg, en Allemagne, dépendant du camp de Struthof.

avec son nom griffonné dessus. « J'ai souvent remarqué que la déportation était impitoyable aux hommes de robuste complexion physique », note Edmond Michelet, pour qui « d'Ussel, au moral indomptable, a été trahi par son excès de vitalité : les roseaux tenaient mieux que les chênes ». C'est le comte d'Ussel qui, dans l'enfer concentrationnaire, avait projeté d'accueillir ses camarades au sanctuaire de Notre-Dame de Pennacorn. Lui parti, ils n'iront plus.

Edmond Michelet est l'un des grands patrons d'une armée secrète dont les rangs étaient fournis dans sa Corrèze natale. Comment se fait-il que ce petit département ait autant attiré de recrues résistantes ? Je me suis souvent posé la question en arpentant les routes, les vallons, les collines et les grandes forêts de cette terre romanesque, à cheval entre le granitique Massif central et le riant Midi, qui de tout temps a donné à la France quatre papes (d'Avignon), deux présidents de la République et une kyrielle de responsables politiques, d'entrepreneurs, de leaders sociaux, d'écrivains…

Oh, certes, comme partout, la Corrèze eut ses foules maréchalistes – comme en témoignent les photos de la visite de Philippe Pétain, accompagné de René Bousquet en juillet 1942 sur la place de la Guierle, au centre de Brive, noire de monde – et ses collaborateurs zélés. En Corrèze comme ailleurs, durant l'Occupation, on naviguait en eaux boueuses. Le journaliste Jean-Marie Borzeix, ancien directeur de France Culture, né à Bugeat en 1941 et auteur d'un petit livre poignant,

Jeudi saint[3], qui exhumait une amnésie collective longtemps tenace sur le sort des juifs de l'époque, m'a ainsi confié, un jour, son témoignage sur cette période.

« La Résistance fut plus importante ici qu'ailleurs, certes, mais ne nous racontons pas d'histoires ! Le gros des résistants n'apparut qu'à partir du printemps 1943. Avant, seulement quelques personnalités s'engagèrent. Ce n'est qu'après 1943 que l'on a vu des maquis se former, entretenus par des populations locales. Jusqu'à cette date, dans les montagnes limousines, la plupart des gens n'avaient pas vu un soldat allemand. À la campagne, on souffrait aussi de la pénurie générale, mais moins qu'en ville. La guerre, c'était loin. La guerre, c'était surtout pour les étrangers, les juifs (qu'ils soient français ou étrangers). Pendant longtemps, les faits ont été abordés de façon schématique. Dès que l'on commence à appréhender ce passé, on est tenté par une simplification considérable. Aujourd'hui, on ne peut échapper à la complexité des événements. Que dire à quelqu'un maintenant âgé de vingt ans qui chercherait à comprendre cette période ? D'abord, qu'il n'y avait pas, d'un côté, la population qui soutenait Vichy, et, de l'autre, la Résistance. Nous, les enfants nés pendant la guerre, nous avons vécu cette période comme une sorte de légende dorée, un roman national qui ne correspondait pas à la réalité. L'arrivée au pouvoir de Pétain, il faut dire les choses, a été vécue par une partie importante de la population comme un soulagement. »

Borzeix se souvenait ainsi du propre parcours de son père, à l'image de nombreux autres itinéraires.

---

3. *Jeudi saint*, Stock, 2008.

« Mon père était sous-officier dans l'armée de la IIIe République. Il a été démobilisé dans le Limousin pendant l'été 1940, comme la majorité des Français, et il a été favorable à Pétain. Mais, à la fin de la guerre, il a rejoint le maquis et il a participé à l'organisation de plusieurs parachutages du côté de la Champagne. Il suivit une trajectoire banale, tout n'était pas blanc ou noir une fois pour toutes. »

Pour recueillir une impression directe du climat de l'époque, je suis allé interroger l'écrivain Michel Peyramaure, qui avait vingt ans en 1942, à Brive.

« Dans la ville, au jour le jour, pendant l'Occupation, l'ambiance n'était pas gouvernée par l'angoisse. La télévision n'existait pas, la guerre nous paraissait lointaine. Nous étions surtout préoccupés de manger. Les tickets de rationnement ne suffisaient pas. Heureusement, le dimanche, nous allions en famille récupérer de la nourriture ; je me souviens ainsi de m'être retrouvé dans la neige avec la moitié d'un cochon sur le dos. »

De cette époque lointaine, l'écrivain se remémorait, lui aussi évidemment, « les chars monstrueux de la division « Das Reich » stationnant sur la place de la Guierle de retour de Tulle », des rumeurs qui couraient la ville sur les exploits d'un surnommé « la Globule », « l'homme des basses œuvres de la Résistance, qui sortait la nuit et laissait derrière lui le cadavre d'un milicien que l'on trouvait au matin », et à la Libération, la foule traînant une pauvre femme à moitié déshabillée et tondue qui était accusée d'avoir dénoncé des maquisards aux Allemands. « On lui avait fendu le crâne ; elle était suppliciée, mais en fait innocente. » Symbole de la complexité des temps, l'étrange atmosphère qui régnait au château de Castel Novel, situé sur une butte rocheuse à proximité de Brive et propriété alors du journaliste Henri de Jouvenel, marié à l'écrivaine Colette, qui composa dans cette demeure plusieurs de ses romans. Leur fille, Colette de Jouvenel, surnommée Bel Gazou, à Curemonte, fut une authentique résistante ; elle reçut à de multiples reprises Roland Malraux, résistant de la première heure et demi-frère d'André.

« Au château de Castel Novel, racontait Michel Peyramaure, qui en a tiré un roman[4], il régnait une ambiance quelque peu particulière, puisque se retrouvaient dans ce lieu des résistants, des miliciens présumés, et parfois même des officiers allemands. On croisait des artistes repliés dans la région, comme André Malraux ou Pierre Brasseur. C'était un îlot détaché des événements. »

Cette terre si française fut le décor, elle aussi, des multiples troubles nauséabonds, trahisons, actes antipatriotiques et double jeu de ces années. Mais la Corrèze se distingua aussi par la concentration de vocations résistantes qu'elle engendra. Ce petit département du cœur du pays fut également une terre de héros.

C'est un fait remarquable, et pourtant méconnu, Brive-la-Gaillarde fut ainsi la première ville de France à se libérer par ses propres moyens, grâce à l'action d'une poignée d'individus. L'intrépide René Ladrière, subtilisant au nez et la barbe de l'ennemi, le 8 août, un train entier d'armes et de munitions en gare de Brive.

---

4. Michel Peyramaure, *Un château rose en Corrèze*, Presses de la Cité, 2013.

L'étonnant Jacques Poirier, *alias* Captain Jack, natif de la ville, passé dans les rangs de l'armée britannique et parachuté dans sa région natale comme responsable régional du SOE (direction des opérations spéciales), qui, à vingt-deux ans, pilota quasiment seul la mission avant que les troupes de l'armée secrète dirigée par Marius Guedin, *alias* colonel Georges, et René Vaujour encerclent la ville et la libèrent.

La Corrèze ne fut pas, bien sûr, le seul territoire à produire des bataillons de résistants. Mais ils ne sont pas moins de cinquante-quatre Corréziens – nombre considérable – à avoir été élevés au rang de Justes parmi les nations par le comité Yad Vashem de Jérusalem pour avoir sauvé des juifs. Et parmi ceux-ci, dix-sept habitaient la sous-préfecture de Brive. Dix-sept sur quelques dizaines de milliers d'habitants, c'est énorme. Deux Corréziens figuraient aussi parmi les quatre-vingts parlementaires ayant refusé de voter les pleins pouvoirs à Pétain : le sénateur François Labrousse et le député Jean-Alexis Jaubert.

Toutes ces hautes figures qui prirent les armes pour combattre l'ennemi nazi ne le firent pas au nom de convictions chrétiennes. Ici, comme dans de nombreux endroits, les communistes s'investirent en masse, autour de la haute figure limousine de Georges Guingouin, surnommé « le préfet du maquis ». À ces engagements s'ajoutent ceux des francs-maçons, nombreux sur cette terre radicale-socialiste marquée par la figure d'Henri Queuille (1884-1970). On a oublié que ce médecin de campagne qui, une trentaine de fois ministre et trois fois président du Conseil, incarna l'instabilité de la IIIe et de la IVe République, raillé pour son conservatisme et son immobilisme, surnommé « le petit père Queuille » ou « le bon docteur » – tout est dit –, fut l'un des plus hauts responsables de la Résistance. Député et maire de Neuvic, sa ville natale à lui aussi, Queuille s'engagea comme médecin militaire à Verdun et dans la Somme pendant la guerre de 14. En 1940, lui qui est partie intégrante du système politique, s'abstient de voter les pleins pouvoirs au maréchal Pétain. Il est révoqué par le régime Vichy de sa mairie de Neuvic le 16 juillet 1941. En 1943, il quitte la France en clandestin, pour rejoindre de Gaulle à Londres, qui le charge d'abord de réfléchir à la future organisation des territoires libérés, puis l'envoie à Alger comme numéro deux du Comité de libération nationale puis du Gouvernement provisoire. À la Libération, Henri Queuille sera ministre d'État du premier Gouvernement provisoire de juin 1944.

Pour résister, on partait de chez soi, on était embarqué dans une chaîne de solidarité, un engrenage familial, amical ou de simple voisinage. Les convictions et les croyances politiques, syndicales, patriotiques et spirituelles ne furent pas toujours décisives. Mais elles fournirent souvent le meilleur carburant pour tout abandonner, et s'abandonner pleinement à l'inconnu avec pour seul horizon une mort atroce.

La résistance chrétienne trouva un terreau favorable pour s'enraciner en Corrèze, grâce au rayonnement d'Edmond Michelet, au cœur de nombreux réseaux fortement implantés. Ces catholiques étaient révoltés par l'idéologie païenne du nazisme.

Comme le rappelle son biographe – et ancien maire de Brive – Jean Charbonnel[5], après avoir délaissé la politique qui l'avait mené, comme beaucoup de ses contemporains, dans les rangs de l'Action française – mouvement auquel il avait adhéré en 1918, sous l'influence de sa mère et qu'il quitte après sa condamnation par le pape, en 1928 –, Michelet suit un itinéraire de militant chrétien. Engagé au sein de l'Association catholique de la jeunesse française (ACJF), il est poussé par l'encyclique *Ubi arcano Dei* de Pie XI, « le pape de l'action catholique », qui relance l'apostolat laïque. Il va devenir le principal animateur des Équipes sociales, fondées par Robert Garric, « mouvement d'inspiration péguyste né, au lendemain de la guerre, de la fraternité des tranchées, souligne Charbonnel, et désireux de prolonger par des échanges entre jeunes de milieux différents, les uns apportant leur connaissance des livres, les autres leur expérience de la vie ». On lit l'hebdomadaire *Sept* ou *La Croix de la Corrèze*, d'inspiration Action française, à laquelle Michelet reproche, souligne Charbonnel, « non seulement de manifester une hostilité sourde et constante à l'égard de ses propres efforts de rénovation du christianisme corrézien mais surtout de ne pas être vraiment à l'écoute de l'enseignement pontifical ». Les fidèles alors se divisent, au sein même des familles comme celle de Michelet et du futur missionnaire jésuite Pierre Ceyrac[6], entre l'Action française, mouvement monarchiste de droite,

5. Jean Charbonnel, *Michelet*, Beauchesne, 1987.
6. Lire Jérôme Cordelier, *Une vie pour les autres. L'aventure du père Ceyrac*, Perrin, 2004/Tempus, 2006.

et le Sillon de Marc Sangnier, né à Treignac, en haute Corrèze, à l'origine du courant démocrate-chrétien, qui s'enracine en France, et particulièrement à Brive grâce à deux abbés de choc, les pères Amédée Bouyssonie et Jean Alvitre. On se retrouve au sein de petits réseaux intellectuels et d'action, tel le Cercle Saint-Sernin, où Michelet commence son engagement, ou le Cercle Duguet, qu'il crée en 1937. Très actif sur tous les fronts, Michelet fait venir à Brive de grandes figures politiques chrétiennes, dont les noms ne disent plus grand-chose mais qui comptent avant-guerre, tels Louis Blanckaert, ancien dirigeant de l'ACJF, Joseph Foliet, Georges Hourdin, mais aussi l'écrivain Daniel-Rops, notamment. Michelet est alors proche des religieux de l'ordre dominicain, notamment de l'un d'entre eux qui restera pour lui un conseiller et un ami précieux, le père Maydieu.

Deux endroits singuliers deviennent vite des plaques tournantes de ces chrétiens de l'ombre. Il y a d'abord les grottes de Saint-Antoine, au-dessus de Brive, où les discrets frères franciscains se montrent plus que jamais les gardiens de leurs frères humains, comme s'en fait l'écho l'un de ceux qui connaissent le mieux et la communauté et le sujet, François David, longtemps professeur d'histoire et directeur du groupe scolaire Edmond-Michelet à Brive, auteur de deux livres sur la Résistance locale[7], nourris de correspondances et de témoignages inédits. « Ce n'est pas

7. François David, *Visages de la Résistance en pays de Brive*, Les 3 Épis, 1998 ; *id.*, *Résister, passion d'espérance*, avec une préface de Jacques Poirier, Les 3 Épis, 2005.

Saint-Antoine qui est entré dans la Résistance, mais la Résistance qui est entrée à Saint-Antoine », confia ainsi à François David le père Léon Bédrune, figure incontournable de la Résistance locale.

Durant la guerre, les franciscains reçoivent chez eux des jeunes de l'Action catholique qui joueront un rôle important dans l'armée des ombres, des hommes et des femmes qui cherchent à échapper à la police de Vichy, à la Gestapo, à la Milice, et même un Autrichien fuyant le nazisme confié aux frères par Edmond Michelet, parce que, dit celui-ci, « il ne serait nulle part plus en sécurité qu'à l'ombre de Saint-Antoine ». À l'écart de la ville, Saint-Antoine sert aussi de cache d'armes pour les résistants et de lieu de réunion pour le comité départemental de Libération. Par le truchement d'enseignements sur l'histoire ou la religion, les frères, au premier rang desquels le père Léon Bédrune, font passer des messages à leurs ouailles. Ils habillent des jeunes résistants d'aubes pendant une cérémonie, ou encore un autre engagé, un Tchèque, d'une soutane, auquel les pères apprennent consciencieusement le maniement – « Si tu ne sais pas marcher avec, tout de suite on dépistera que tu es un faux curé ». Interrogé par François David, le père Léon se souvient aussi de ce rabbin, caché pendant un mois, pour lequel les pères sont obligés de suivre certains rites juifs. Le père conduira lui-même à vélo le rabbin jusqu'à la filière clandestine qui le prend en charge dans le Lot, le forçant à pédaler, celui-ci étant pris d'un coup de déprime. Le rabbin lui dira : « En me forçant de la sorte, vous m'avez montré jusqu'où peut aller la charité chrétienne, vous m'avez sauvé. Je ne l'oublierai jamais. »

Comme n'oublieront pas celles et ceux qui purent bénéficier de la discrète hospitalité d'un autre haut lieu spirituel de la Résistance chrétienne en Corrèze, le couvent d'Aubazine. Entre Brive et Tulle, à trois cents mètres d'altitude, au milieu d'une forêt touffue, cette abbaye fut fondée au XIIe siècle par saint Étienne (son tombeau est dans l'église) ; après avoir été cistercienne, elle est devenue propriété de l'Église gréco-catholique (dont le patriarche, Grégoire III Laham, siège à Damas !) et elle a hébergé, durant six années… Coco Chanel. En 1856, une aristocrate philanthrope du pays, Mme de Fleurat, avait en effet racheté les bâtiments afin d'y installer un orphelinat pour jeunes filles, confiées alors aux religieuses du Saint-Cœur-de-Marie, congrégation disparue depuis. Parmi les élèves, une certaine Gabrielle Chanel, abandonnée en ce lieu avec ses deux sœurs en 1895 par un père volage. Elle y restera de l'âge de douze ans jusqu'à ses dix-huit ans. Coco Chanel parlera peu de cette période – son père, qu'elle adorait, avait promis qu'il reviendrait la chercher, elle n'a jamais eu de ses nouvelles –, mais nul doute que les lieux l'inspirèrent. Et fortement. Le logo Chanel calqué sur un vitrail, le bouchon du flacon du parfum Chanel *N° 5* à la forme octogonale du clocher abbatial, les habits noir et blanc des sœurs, les collerettes blanches des petites orphelines, les enchevêtrements en pisé du sol… Les indices aubazinois sur les créations Chanel abondent. C'est une histoire là aussi palpitante, mais éloignée de notre sujet. Revenons à celui-ci.

Pendant la Seconde Guerre mondiale, le couvent, dirigé par une religieuse au caractère trempé, mère Marie de Gonzague, dont les protégées ne découvriront que des années plus tard qu'elle faisait partie d'un réseau, servit de cache pour nombre de jeunes filles juives, la plupart confiées aux sœurs par Edmond Michelet, qui les amenait lui-même en voiture la nuit, comme se l'est remémoré devant nous son fils, Claude. Notre ami historien François David a recueilli le témoignage de la surveillante, Mlle Berger, qui sera faite Juste parmi les nations : « Notre couvent avait ouvert une école pour pensionnaires. Quand une jeune élève arrivait, nous ne nous posions pas de questions, nous l'installions au milieu des autres et voilà tout. Bien sûr, nous, nous savions qu'elles étaient juives, mais beaucoup de leurs camarades ne le savaient pas. Elles menaient toutes la même vie. Finalement, c'est la mère supérieure qui savait ce qu'elle encourait en cas de perquisitions, qui se faisait un sang d'encre quand elle savait les Allemands à proximité. » L'une de ces jeunes filles interrogée elle aussi par François David se rappelle que quand son père l'amena, inquiet de laisser ses filles ici alors que les nazis pouvaient survenir à n'importe quel moment, la mère supérieure avait répondu ainsi : « Monsieur, les Allemands devront me passer sur le corps avant de toucher à vos filles. » Et celle-ci raconta ainsi comment la supérieure la protégea. « Un dimanche, confia-t-elle, quand nous étions restées seules avec la mère et que les autres étaient à la messe, quelques Allemands sont venus visiter le couvent. Ils se sont adressés à moi en allemand et de peur j'ai seulement dit : "Un moment." Et j'ai couru à l'église. Quand la mère supérieure m'a aperçue à l'entrée, elle a fait un signe au curé de continuer et elle est sortie avec moi. Apprenant de quoi il s'agissait, elle m'a dit d'aller à la grange pleine de foin où elle avait envoyé ma mère aussi. Nous y sommes restées plus d'une heure. » Nouvelle frayeur, quelques jours plus tard. « Une nuit, les Allemands sont venus pour réclamer les juifs qu'on leur avait dit devoir s'y trouver. Le curé, après beaucoup de discussions, a juré qu'il n'y en avait pas. Et ainsi, une nouvelle fois, il nous a sauvé la vie. »

Personne ne saura jamais combien de vies cette religieuse et ce brave curé corréziens sauvèrent ainsi, dans le secret. Parce que « le bruit ne fait pas de bien, et le bien ne fait pas de bruit », comme le disait le sage saint François de Sales.

Chapitre 2

VICHY ET LES PRÉLATS, LE PACTE SACRÉ

Du bruit, cardinaux et évêques en font alors beaucoup pour auréoler de la gloire des autels le nouveau maître du pays : Philippe Pétain. L'Église de France qu'ils dirigent ne lésine pas sur les moyens, qui sont puissants dans une société et une culture encore largement dominées par le catholicisme, pour appuyer la propagande du régime et fonder sa légitimité. Le haut clergé use et abuse des pompes, des ornements et des encensoirs, rameute saints et pèlerins pour donner des forces au vieux maréchal. « *Fortissima Galliae duci Philippo valetudo et fides intrepida !* » « Qu'une très solide santé soit accordée à Philippe, chef de la France, ainsi qu'une foi courageuse ! » Voici l'hymne que fait entonner, exemple parmi d'autres, Mgr Mennechet, le zélé évêque de Soissons, Laon et Saint-Quentin lors d'une cérémonie des laudes en octobre 1941 à Saint-Quentin[1].

Dans une lettre pastorale du 22 janvier 1941, l'évêque de Nîmes, Mgr Girbeau, décrit Pétain comme

---

1. Jean-Louis Clément, *Les Évêques au temps de Vichy. Loyalisme sans inféodation*, Beauchesne, 1999.

« l'homme de la providence, de cette providence qui a prédestiné la nature française à porter l'Évangile dans le monde et à sauver le culte de l'idéal chrétien… la même main qui lui donna Jeanne d'Arc quand elle [la France] agonisait au XVe siècle sous le pied de l'envahisseur ». Et le prélat d'appeler ses ouailles « à collaborer avec la providence en nous serrant autour du chef… en l'aidant de notre confiance et en suivant ses paternels conseils »[2]. Cet évêque, obnubilé par la perte d'influence de son Église, dans la *Semaine religieuse* du 5 octobre 1941, répartit « l'humanité entre les incroyants, les hérétiques et les catholiques » et affirme que si la France souhaite retrouver sa juste place parmi les autres nations, elle doit « redevenir ce qu'elle a cessé d'être – une France croyante, une France catholique ». De son côté, au Puy-en-Velay, point de départ du principal chemin de pèlerinage vers Saint-Jacques-de-Compostelle, Mgr Joseph-Marie Martin accorde cinquante jours d'indulgences à qui récite la prière suivante :

« Père saint ! Nous vous prions pour notre chef aimé. Agréez le don qu'il a fait de sa personne, soutenez son courage dans les épreuves du jour afin qu'il triomphe de ses ennemis, et donnez-lui de parfaire son œuvre de salut national, pour le grand bien de nos corps et de nos âmes. Par notre Seigneur, Christ et roi, ainsi soit-il[3]. » Mgr Martin restera en poste jusqu'en 1948, puis officiera durant vingt ans comme

---

2. Fabrice Sugier et Monique Vézilier, *Le Gard dans la guerre 1939-1945*, Éditions De Borée, 2017.

3. Cité par Renée Bédarida, *Les Catholiques dans la guerre 1939-1945*, Hachette, 1998.

archevêque de Rouen, et sera même créé cardinal par le pape Paul VI en 1965. Son épitaphe, gravée dans l'une des chapelles de la cathédrale de Rouen, rend hommage à « celui qui conduisait son peuple dans la joie des restaurations et dans la joie plus grande encore des découvertes ».

Le haut clergé manifeste une confiance absolue en Vichy. Ses dignitaires suivent la politique mise en place par la révolution nationale les yeux baissés. Ils ne répondent pas à une alliance de circonstance, ils ne font pas preuve d'une conciliation opportuniste pour les nouveaux maîtres de la France. Ils sont les pères protecteurs de celle que Rome considère comme « la fille aînée de l'Église ». Et ces prélats ne sont que les bras armés de la ligne diplomatique édictée, depuis longtemps, par le Vatican, dans une religion où le pouvoir est centralisé entre les mains du chef qui l'incarne : le saint-père.

Dès le 20 juillet 1933, Pie XI, souverain pontife depuis 1922, a conclu un concordat avec le pouvoir hitlérien. « Dans l'esprit du pape, souligne l'historienne catholique Anne Philibert, ce traité était censé protéger les droits des catholiques allemands. En fait, il contribua surtout à donner une forme de respectabilité au nouveau régime[4]. »

En 1937, successivement, le pape condamne le non-respect du concordat par les nazis dans sa célèbre encyclique *Mit brennender Sorge* (« Avec une brûlante

---

4. Anne Philibert, *Des prêtres et des scandales*, Éditions du Cerf, 2019.

inquiétude »), leur nationalisme et leur racialisme, mais aussi dans la foulée il vitupère le communisme par l'encyclique *Divini Redemptoris* (« Du divin rédempteur »). Pour les catholiques, entre ces deux ennemis, celui qu'il est le plus prompt à abattre, c'est le bolchevisme. « En France, à cette date, souligne Anne Philibert, la majorité des membres du clergé français qui s'intéressaient à ces questions fut plus sensible à l'encyclique du 19 mars 1937 [la seconde donc] lue publiquement dans les églises allemandes le 21 mars 1937. Le diable est dans les détails : *Divini Redemptoris*, rédigé en latin, était destiné à l'ensemble de la catholicité, tandis que *Mit brennender Sorge*, écrit en langue vernaculaire, était adressé aux évêques allemands… »

En mars 1939, un nouveau pape s'installe sur le trône de saint Pierre : Eugenio Maria Giuseppe Giovanni Pacelli, qui prend pour nom pontifical Pie XII. L'Italien connaît très bien l'Allemagne : il y a occupé plusieurs postes de nonce apostolique (ambassadeur du pape) dans les années 1920 et 1930. Il parle couramment l'allemand, il y a gardé des réseaux d'amitié et d'information, il sait forcément ce qui s'y passe. Pourquoi alors n'agit-il pas ?

Certes, le cas Pie XII est bien plus épineux que la caricature qu'en proposa le cinéaste Constantin Costa-Gavras dans son film *Amen*, adaptation de la controversée pièce de théâtre *Le Vicaire* de Rolf Hochhuth (1963)[5], promu sur les murs de France par une affiche

5. Un officier espion roumain, Ion Mihai Pacepa, passé à l'Ouest en 1978 et recruté par la CIA, expliquera que cette pièce était un élément d'un plan du général soviétique Ivan Agayants,

scandaleuse juxtaposant une croix gammée et la croix du Christ, et dépeignant un pontife enfermé dans son palais romain et muré dans le silence, cynique, passif et insensible au sort des victimes de la politique d'extermination du IIIe Reich, en premier lieu des juifs. Une thèse partiale qui passe – elle aussi – sous silence, c'est le cas de le dire, les prises de parole de Pie XII. Car il y en eut. Dans son message de Noël 1940, le pape germanophile se félicite, en effet : « [Nous avons pu] consoler, par l'aide morale et spirituelle ou par l'obole de nos subsides, un nombre immense de réfugiés, d'expatriés, d'émigrants, spécialement parmi les non-Aryens. » Deux ans plus tard, lors des fêtes de Noël aussi, il pointe « les centaines de milliers de personnes qui, sans aucune faute de leur part, pour le seul fait de leur nationalité ou de leur origine ethnique, sont vouées à la mort ou à une progressive extinction. » Enfin, le 2 juin 1943, dans une allocution au Sacré Collège des cardinaux, il apporte son soutien aux victimes de discriminations, « livrées, même sans faute de leur part, à des mesures d'extermination ». Mais ses interventions ont été rares, très rares, trop rares. L'Europe est aux mains de la barbarie, et Pie XII se tait. Le Vatican est un monde du silence, comme il le sera plus tard, sous Jean-Paul II, face aux scandales de pédocriminalité, que l'on ne découvrira que des années après la mort du pourtant très communicant pape polonais.

---

chef du service de désinformation du KGB, dirigé contre Pie XII. Le producteur et premier metteur en scène, Erwin Piscator, aurait été un communiste dévoué.

Surtout, les rares fois où Pie XII prend la parole pour les plus faibles, il ne parle pas des juifs. Il ne prononce jamais le mot. C'est là que se situe le scandale, évidemment. Pourquoi ce silence public ? Question lancinante. Et qui, quand on la creuse, devient évidemment complexe. Car, en fait, l'attitude de Pie XII semble surtout dictée par sa gêne. « Le pape s'en tient à des formulations générales et à des appels incantatoires à la paix », soulignait le scrupuleux vaticaniste français Henri Tincq, lors de l'ouverture récente des archives sur cette période par le Vatican[6] : « Il se trouve face à un cas de conscience tragique : devenue publique, sa protestation contre l'Allemagne nazie risquerait d'entraîner des représailles, notamment dans les Églises catholiques d'Allemagne, de Pologne et chez les juifs convertis. Il y a un précédent : en juillet 1942, après la publication d'une lettre pastorale de l'épiscopat hollandais, des rafles de juifs ont semé l'effroi dans tout le pays. » Parmi ces malheureux, se trouve la philosophe Edith Stein, juive convertie devenue carmélite, arrêtée avec sa sœur dans son couvent d'Echt, qui sera déportée et gazée à Auschwitz. Jean-Paul II en fera une sainte, en l'an 2000.

Sa position d'alors, Pie XII l'exprime dans son allocution de 1943 aux cardinaux : « Toute parole de notre part, toute allusion publique devrait être sérieusement pesée et mesurée, dans l'intérêt même de ceux qui souffrent, pour ne pas rendre leur situation encore plus grave et insupportable. » Aux puissances alliées qui le poussent à protester, le souverain pontife

---

6. *Le Point*, 1er mars 2020.

oppose toujours le refus. Un refus catégorique. « Là où le pape voudrait crier haut et fort, c'est l'expectative et le silence qui lui sont imposés », écrit Pie XII en 1943 à un ami, l'évêque de Würzburg. « Jusqu'à la fin de la guerre, ses interventions ne manquent pas, mais elles passent toutes par le canal des chancelleries et des Églises locales, constatait Henri Tincq. Le monde avait besoin d'un prophète, mais c'est un diplomate qui a été élu à la tête de l'Église. Pie XII avait pour principe de ne couper aucun pont avec personne. Peut-on lui en faire grief ? » Un archiviste du Vatican, Johan Ickx, dans un livre récent s'appuyant sur les archives de la période, confirme que ce « silence politique » était un choix stratégique[7]. Son travail soutient la thèse d'une aide d'ampleur apportée par le Vatican au sauvetage des juifs d'Europe, l'implication personnelle du pape – un « dossier juifs » recèle la liste des anonymes que celui-ci aurait sauvés – et le rôle joué par la diplomatie du Saint-Siège – notamment à travers le réseau des nonces apostoliques, les ambassadeurs du pape – afin de récolter et de permettre la remontée de l'information, de faire discrètement pression et de soutenir les réseaux et filières de cache et d'évasion.

« Après-guerre, affirmait déjà Henri Tincq, sans avoir eu le temps de prendre connaissance de ces nouveaux éléments [le journaliste est décédé le 30 mars 2020], dans les milieux juifs, des témoignages de personnes célèbres – Golda Meir, Albert Einstein, l'historien Pinchas Lapide – attesteront que

7. Johan Ickx, *Le Bureau. Les juifs de Pie XII*, Éditions VdH/Michel Lafon, 2020.

cette stratégie d'interventions individuelles et discrètes ainsi que la mise en œuvre des réseaux d'assistance de l'Église étaient la seule solution possible et qu'elles ont permis de sauver des milliers de juifs. »

Mais l'embarras de Pie XII prend sa source ailleurs. Ce pape germanophile et diplomate reste très en deçà de ce que l'on aurait pu attendre du chef d'une religion qui prêche l'amour du prochain, prône la main tendue à l'autre, surtout le plus faible, face à la diabolique industrie de déshumanisation que met en place l'idéologie nazie parce qu'il est concentré sur un autre front : celui de l'Est. Le pape est tétanisé par l'avancée de l'Union soviétique, le poids grandissant de Staline dans le camp des Alliés ; il craint par-dessus tout la progression de la doctrine marxiste et son emprise sur les esprits occidentaux. C'est une menace forte qui pèse sur la pérennité même de l'Église. À l'issue d'un entretien avec Pie XII, le 19 juin 1944, le colonel Louis Michel, responsable des services de santé d'Afrique du Nord et athée – audience que celui-ci a obtenue par un capitaine d'origine juive, ce qui souligne les complexités du moment –, ce colonel, dans ses Mémoires encore jamais publiées[8], souligne le « tragique dilemme » auquel est confronté Pie XII, « voir les Alliés triompher avec l'Union soviétique étendant son idéologie sur l'Europe chrétienne ou voir le triomphe de la barbarie nazie et de son racisme sur cette même Europe ».

Pie XII est aussi très francophile, il parle d'ailleurs un excellent français, et pour lui le régime de Vichy

8. L'épisode m'a été conté par sa petite-fille, l'historienne Christine Antier.

sans nul doute représente une digue pour contenir l'influence communiste. Les prélats exécutent, et les fidèles suivent. L'obéissance est un atout de la foi. L'antibolchévisme viscéral des catholiques est un pilier de leur adhésion au pétainisme.

Le 24 juillet 1941, dans une lettre à leur pape, les cardinaux et évêques français affirment « sans inféodation, un loyalisme sincère et complet envers le pouvoir établi [à Vichy] ». « Sans inféodation » ? L'alors jeune loi de séparation de l'Église et de l'État – elle date du 9 décembre 1905 – l'oblige, les prélats l'affirment. Mais ne nous y trompons pas : ils prêtent allégeance à Pétain, ils le disent même nettement : « Nous vénérons le chef de l'État et nous demandons instamment que se réalise autour de lui l'union de tous les Français. » Et ils encouragent chaque fidèle à « se placer à ses côtés dans l'œuvre de redressement qu'il a entreprise sur les trois terrains de la famille, du travail et de la patrie, en vue de réaliser une France forte, unie, cohérente ». Comme le souligne l'historienne Renée Bédarida, l'évêque d'Arras, Mgr Dutoit, dans sa lettre pastorale pour les fêtes de Noël 1941, invite ses ouailles à obéir au « chef incontesté et incontestable », en assurant : « La collaboration est le signe sous lequel devra se conclure, pour être durable, la paix de demain. »

Nommé en 1940, l'archevêque de Paris, qui a rang de cardinal, Mgr Emmanuel Suhard, autorité spirituelle et cléricale mais guère doué pour la politique, suit durant toute l'Occupation la ligne du « loyalisme sans inféodation ». Il s'oppose parfois aux Allemands, défendant les mouvements d'Action catholique interdits, intervenant pour sauver otages et prisonniers de toutes conditions et religions. Mais il condamne les actions de la Résistance, parce que, dit-il, « le patriotisme ne justifie pas le terrorisme ». Surtout, jusqu'au bout, Suhard apporte un soutien sans faille à Pétain, dont il est très proche – c'est lui qui le mariera religieusement à la chapelle de l'archevêché, le 7 mars 1941 –, même après la rafle du Vél' d'Hiv de juillet 1942, exécutée par quatre mille policiers français. Face à cette ignominie, il écrit au Maréchal : « Nous ne pouvons étouffer le cri de notre conscience », mais il renonce à protester en public. À la Libération, quand l'archevêque voudra sortir de chez lui pour aller rejoindre la cathédrale Notre-Dame et présider la cérémonie pour la libération de Paris, il trouvera un char des FFI (Forces françaises de l'intérieur, regroupement des principales forces militaires de la Résistance) devant sa porte pour l'empêcher de passer, sur ordre du général de Gaulle, qui lui préférera pour célébrer la messe le résistant et frère dominicain Bruckberger – pourtant confesseur des miliciens Joseph Darnand et Jean Bassompierre.

Pour l'historien Émile Poulat, l'attitude du haut clergé va bien au-delà d'un simple loyalisme institutionnel. « L'Église, écrit-il, se rend disponible à toutes les alliances, aux alliances de système à système, qui la servent sans profondément l'engager, y compris avec le diable si c'est elle et non lui qui doit en profiter[9]. »

---

9. « Églises et chrétiens dans la Seconde Guerre mondiale », colloque de 1978 cité par Jean-Dominique Durand (dir.), *Une ville dans la guerre, Lyon (1939-1945)*, Fage, 2012.

Il est d'autant plus aisé pour les cardinaux et évêques de se couler dans le « moule » vichyste que, jusqu'en 1942, et depuis l'arrivée de l'amiral Darlan, républicain et franc-maçon, comme vice-président du Conseil, le régime est imprégné de catholicisme. Élevé dans cette religion, notamment chez les dominicains d'Arcueil, Pétain en est néanmoins plutôt éloigné, notamment après avoir épousé Annie Dehérain, née Alphonsine Berthe Eugénie Hardon, divorcée et de vingt ans sa cadette. Les affaires spirituelles sont, en fait, indifférentes au vieux maréchal. Mais le chef de « l'État français » s'est entouré de catholiques, dont certains fervents. C'est le cas par exemple de Jacques Chevalier, secrétaire général de l'Instruction publique qui, par décret, réintroduit l'enseignement religieux dans les programmes scolaires. C'est la culture aussi de Xavier Vallat, le commissaire aux questions juives, catholique intégriste, qui met en place le second statut des juifs avec l'interdiction (notamment) d'exercice d'activités commerciales et bancaires. Politique nataliste, condamnation de l'adultère, interdiction de divorcer pour les couples mariés depuis moins de trois ans, aides aux écoles privées, autorisation aux congrégations d'enseigner, elles qui en avaient été privées par la loi Combes de 1904, soutiens aux chantiers de jeunesse, « scoutisme » officiel mis en place en juillet 1940 dans le cadre du projet de « redressement national »... La révolution nationale rompt avec le système de persécution que subissent les organisations catholiques depuis le début du siècle. « Les soutanes se pressent à Vichy au cours des premiers mois du régime, ce qui d'ailleurs ne manque pas d'inquiéter les protestants », note l'historienne Renée Bédarida, auteure du remarquable *Les Catholiques dans la guerre 1939-1945* : « Sur le terrain local, en zone non occupée particulièrement, les catholiques peuplent les délégations régionales à la famille, à la jeunesse, les œuvres para-étatiques, telles que les œuvres pour les prisonniers ou le Secours national. D'autres sont nommés maires, conseillers départementaux, délégués dans des services de l'État. » Les milieux catholiques traditionalistes forment un vivier de recrutement pour les cadres de la milice.

Le pétainisme représente une occasion historique de restaurer la France éternelle, la France chrétienne. Comme le résume l'historien spécialiste du catholicisme Étienne Fouilloux, « Pétain relégitime l'Église qui légitime Pétain ». Opportunisme et échanges de bons procédés de part et d'autre fluidifient les relations. Et c'est ainsi que, note Émile Poulat, « dans leur quasi-totalité, les évêques français ont transféré sur le maréchal Pétain le “loyalisme sans inféodation” qui avait été leur règle avec la IIIe République depuis les années 1925. Ils n'aimaient guère celle-ci, et pas davantage le gouvernement Laval qui, à leurs yeux, lui ressemblait. Devant le nouveau régime, leur attente demeurait la même : l'école et la jeunesse. Ils étaient par ailleurs convaincus que, comme sous la IIIe République, quoi qu'ils fassent, ils ne pourraient satisfaire et accorder tout le monde, et qu'ils devaient tout faire pour préserver l'unité du clergé et des fidèles au sein de l'Église, évitant tout ce qui favorisait dissension et dissidence[10] ».

10. Émile Poulat, *Les Juifs, l'Église et la Shoah*, Berg International, 2013.

La « fille aînée de l'Église » a été fragilisée par la loi de 1905 ; le haut clergé cultive une aversion pour cette IIIe République qui à ses yeux, sous la houlette des francs-maçons, a promu l'anticléricalisme en politique d'État. Pour la grande majorité de ses prélats, Philippe Pétain est « l'homme providentiel » qui va effacer l'impact néfaste et toxique de la loi de Séparation.

Alors, va pour la collaboration avec le régime collaborateur…

Certains se montrent plus zélés que d'autres. À l'instar, par exemple, du cardinal Alfred-Henri Baudrillart, dont la trajectoire est tragiquement éloquente. L'homme est une figure de l'Église dans la France de l'entre-deux-guerres : il est normalien, agrégé d'histoire, recteur de l'Institut catholique de Paris, membre de l'Académie française où il a été élu en 1918, et il a été créé cardinal en 1935. Après l'invasion de la Pologne, en 1939, il dénonce publiquement dans le nazisme « une barbarie renouvelée du paganisme ». Cette position est le reflet de l'humeur du moment…

Pour Anne Philibert, Baudrillart fait partie de ces Français qui – comme Pétain – accordent « une attention superficielle au phénomène nazi », par paresse intellectuelle, conservatisme et peur d'une menace soviétique à visée mondiale, suivant la ligne fixée par Pie XI[11]. Le cardinal, comme d'autres de ses pairs, est obnubilé aussi, selon l'historien Paul Christophe cité par Anne Philibert, par la crainte d'une nouvelle Commune et d'une guerre civile, en France, comme celle

11. Anne Philibert, *Des prêtres et des scandales*, *op. cit.*

qui avait suivi la victoire des Prussiens en 1871, souvenir qui avait marqué son enfance.

Et chemin faisant, avec la montée du nazisme, le prélat bascule… En 1940, Baudrillart se montre intéressé par l'analyse d'Alphonse de Châteaubriant dans *La Gerbe des forces* qui, catholique, cherchait à démontrer « que le nazisme et le christianisme étaient parfaitement compatibles ». Il se rapproche de l'auteur et fondateur de *La Gerbe*, journal collaborationniste. Il approuve la rencontre de Montoire entre Pétain et Hitler, le 24 octobre 1940, puis le discours de Pétain du 30 octobre 1940 annonçant l'entrée dans la collaboration. Le 8 novembre 1940, il reçoit la visite d'un Autrichien catholique, qui se présente comme un émissaire personnel d'Hitler et le persuade que le chancelier allemand a changé, qu'il est favorable aux catholiques. La séduction opère. Le 21 novembre 1940, Baudrillart publie un texte radiodiffusé en faveur de la politique de collaboration. Rapprochement qu'il exalte dans une brochure titrée « Choisir, vouloir, obéir », largement diffusée, et qui fera sortir de leurs gonds les résistants chrétiens, à l'instar du diplomate Paul Petit, comme nous le verrons dans un prochain chapitre. Mgr Baudrillart a la plume légère, et, dans d'autres textes, plaide pour la « croisade » (*sic*) contre le bolchevisme, jusqu'à sa mort dans la nuit du 18 au 19 mai 1942, à l'âge de quatre-vingt-trois ans. « La fin de vie du cardinal Baudrillart fut un naufrage », note Anne Philibert. Et l'historienne de souligner : « Le prince de l'Église, trop convaincu de sa supériorité intellectuelle, était devenu vulnérable. Il fallait l'être pour croire le soi-disant émissaire personnel d'Hitler. Mais il avait aussi péché contre l'Esprit en croyant pouvoir, selon la formule de Bernanos, escamoter la muscade de l'État totalitaire. »

Au regard de l'Histoire, de la foi et de ses prochains, Baudrillart aura aussi péché par orgueil. Cela n'empêche pas qu'il meure avec les honneurs. Le vieux prélat a le droit à un éloge funèbre à l'Académie française, puis, six mois après sa mort, sa mémoire est honorée par une messe de requiem, en présence d'une trentaine d'évêques en la cathédrale Notre-Dame de Paris. L'écrivain et poète catholique Paul Claudel s'indigne, soulignant que les quarante-huit prisonniers fusillés le 22 octobre 1941 à Châteaubriant, Nantes et Paris en représailles à l'assassinat d'un officier nazi par la Résistance n'ont pas eu le droit aux mêmes égards. « Pour l'émule de Cauchon, l'Église de France n'a pas eu assez d'encens, proteste Claudel. Pour les Français immolés, pas une prière, pas un geste de charité ou d'indignation. »

Travail, famille, patrie… La devise vichyste convient bien aux fidèles catholiques. La Jeunesse étudiante chrétienne (JEC) en a même fait, à l'été 1939, son thème de réflexion pour l'année 1939-1940, repère l'historien François-Georges Dreyfus[12]. « Il faut être conscient que pour bien des raisons politiques ou théologiques, le catholicisme français n'avait aucun motif, en juillet 1940, de s'opposer à l'État français », souligne l'historien.

---

12. François-Georges Dreyfus, *Histoire de la Résistance*, Éditions de Fallois, 1996.

Dans une France fortement imprégnée de catholicisme, les prises de position de la hiérarchie pèsent de tout leur poids sur les consciences. Les historiens François et Renée Bédarida, les plus pertinents sur le sujet, notent ainsi :

« Presque tous les fidèles vivaient alors dans la complète docilité envers une Église très structurée et hiérarchisée : l'autorité y régnait sans partage. Chacun depuis sa petite enfance s'était vu inculquer et avait intériorisé l'idée que la vertu première du chrétien, c'était l'obéissance. Au demeurant, l'autoritarisme romain n'avait fait que croître depuis un siècle, renforcé par le flux de la réaction antimoderniste encore sensible ici ou là. On en restait à la formule de Pie X sur le troupeau et les bergers [...]. Dans cette armature très contrôlée par le magistère, l'encadrement intellectuel allait de pair avec un encadrement pastoral fait de multiples prescriptions et interdits. En fin de compte, il n'y avait qu'une autorité légitime : Rome[13]. »

Et Renée et François Bédarida de préciser :

« Dans une France encore profondément déboussolée ressortaient à l'envi les pesanteurs du monde catholique : esprit de docilité, confusion entre le spirituel et le temporel, naïveté et manque de réflexion politique. » Dès lors, quand le régime de Vichy promeut sa révolution nationale, les catholiques y adhèrent en masse. « Aussitôt, expliquent-ils, dans les milieux catholiques déjà enclins à se rallier sans balancer

---

13. François et Renée Bédarida, *La Résistance spirituelle (1941-1944). Les cahiers clandestins du Témoignage chrétien*, Albin Michel, 2001.

(et aussi dans un certain nombre de milieux protestants), on fait de cette adhésion une obligation. Devoir d'obéissance au pouvoir établi et à l'autorité légitime, devoir d'union entre Français au lieu des déchirements d'antan, devoir de contribuer à la construction d'un ordre nouveau inspiré des principes chrétiens : tous les arguments sont utilisés pour persuader sinon embrigader les âmes. » Des esprits qui se retrouvent pleinement dans la formule « Travail, famille, patrie », slogan efficace. « Y a-t-il valeurs plus nobles pour des consciences éprises d'idéal au sein d'une société chrétienne pétrie de culture moralisante ? poursuivent nos historiens. Quoi d'étonnant dès lors à la vague massive de résignation et de "meaculpisme" ? »

Jusqu'à la fin de sa vie, comme elle nous l'a raconté, la résistante Odile de Vasselot gardera en mémoire les litanies du Puy que des milliers d'étudiants entonnent, parfois nus pieds, sur la route qui les mène vers la Vierge noire du Puy-en-Velay afin de prier « Notre-Dame de France pour la délivrance et l'unité du pays », lors du grand pèlerinage du 15 août 1942[14]. Ces jeunes garçons et filles chantent à tue-tête, notre témoin a encore les paroles en tête : « Ô mère, en ces heures d'angoisses et de peurs, éveille dans nos cœurs l'espérance et la foi… » Ce grand rassemblement est organisé par le jésuite Paul Doncœur, aumônier militaire, combattant de la Grande Guerre, ancien des batailles de la Marne et de Verdun, distingué par la Croix de guerre (sept nominations), qui, aumônier national des Scouts de France, enrôle les jeunes dont

14. Entretien avec l'auteur, 14 février 2020.

il a la charge sous la bannière de Vichy. Ce pèlerinage du 15 août 1942 est un temps fort du « mariage » de l'Église avec le régime de Vichy. À cette occasion, le père Doncœur écrit ainsi cette ode au maréchal Pétain[15] :

« Au chef magnifique et vaillant entre tous, au sauveur de la Patrie, qui en ce jour béni a bien voulu visiter le temps sacré de la Mère de Dieu, gloire, louange, honneur, vénération profonde, indéfectible amour avec l'entier dévouement de nos cœurs. Notre-Dame du Puy, venez à son aide. Saint Philippe, venez à son aide. Sainte Jeanne d'Arc, venez à son aide. Vive le maréchal Pétain. Le Christ est vainqueur. »

L'adhésion vichyste des masses catholiques est à considérer aussi à l'aune de l'antisémitisme qui sévit dans leurs rangs, fruit de ce que l'historien Jules Isaac, qui fondera après la guerre l'Amitié judéo-chrétienne, dénommait « l'enseignement du mépris ». Cet antisémitisme, l'historien Émile Poulat – qui sera ordonné prêtre en 1945, puis quittera le clergé dix ans plus tard – le qualifie de « composite », « véritable chaudron de sorcières pour lequel tout était bon ». Il en distingue cinq formes : l'antijudaïsme primitif à caractère théologique (le « peuple déicide »), un antijudaïsme populaire « alimenté par la différence des cultures et des modes de vie », l'antijudaïsme économique, « celui de Karl Marx, lié à la critique du capital et au rôle financier des juifs, en tête la famille européenne des Rothschild », l'antisémitisme moderne, fondé sur le

15. Texte cité par Henry Rousso, *Le Régime de Vichy*, PUF, 2007.

concept biologique de race, et l'antisémitisme politique (le « complot juif mondial »)[16].

La quasi-totalité des cardinaux et des évêques est derrière Pétain, « le rédempteur désigné par la providence », et les fidèles se mettent au diapason. « Est-ce à dire que le catholicisme français ne se rend pas compte de la diabolique perversion du nazisme ? » interroge François-Georges Dreyfus. Et l'historien de répondre : « Jusqu'en avril 1942, le problème n'est pas là : Vichy apparaît aux catholiques français (comme à la très grande majorité des Français non pratiquants) comme un régime autoritaire, mais totalement différent du système national-socialiste, ce qui est rigoureusement exact. »

Ce soutien des catholiques à la politique pétainiste est-il une exception communautariste ? Bien sûr que non ! Le pasteur Marc Boegner, chef de l'Église réformée de France, qui arbore une belle moustache blanche gauloise, se rend lui aussi régulièrement à Vichy. Il s'agit de mener une « politique de présence », ce sont les termes qu'il emploie, près des autorités. Comme le soulignent Fabrice Sugier et Monique Vézilier, à partir du compte rendu qu'en donne *Le Républicain du Gard*, dans une conférence au grand temple de Nîmes, le 17 février 1941, le pasteur Boegner célèbre « la grande figure de chef de l'État », témoigne de la contribution apportée par l'Église réformée pour donner « à nouveau à la France de demain des hommes purs… ayant rompu avec l'esprit de jouissance qui

16. Émile Poulat, *Les Juifs, l'Église et la Shoah*, *op. cit.*

nous a perdus », et incite à former « des mouvements de jeunesse afin de répondre à l'invitation du Maréchal pour refaire une France propre, grande et prospère ». Lors du synode national de l'Église réformée, à Alès, du 7 au 9 mai 1941, Boegner affirme solennellement : « L'Église réformée doit apporter toute la force morale et spirituelle dont elle dispose à l'œuvre de rénovation de la France. »

Les protestants sont davantage préservés que les catholiques par leur ancrage dans la tradition de la gauche républicaine et laïque. Mais leur rigorisme trouve un point d'attache dans le moralisme affiché par Vichy. Entre les chefs protestants, en premier lieu le pasteur Boegner, et Philippe Pétain, un « "ralliement" affinitaire et puritain », une « connivence » même s'opèrent, selon les termes de l'historien protestant Patrick Cabanel[17]. Les protestants ne représentent alors que 2 % des Français, mais le vieux maréchal sait les flatter. Comme il l'exprime au pasteur Boegner dans l'une de leurs entrevues, conversation que celui-ci retranscrit ainsi dans ses *Carnets* :

« Je suis catholique, et je le reste, lance le matois chef à son hôte, mais au point de vue philosophique, je suis assez proche du protestantisme, et puis les catholiques sont pratiquants à l'excès. Ils attachent trop d'importance à la forme. À mon âge, on se dégage de la forme, et c'est pourquoi je me rapproche du protestantisme.

17. Patrick Cabanel, *De la paix aux résistances. Les protestants en France (1930-1945)*, Fayard, 2015.

— Vous trouvez que le protestantisme est plus spirituel ? demande alors Boegner.

— C'est cela même, répond le Maréchal. »

Le pasteur Boegner sera l'un des trois ecclésiastiques – avec deux prêtres catholiques – à être nommé membre du Conseil national mis en place par le régime de Vichy, qui comprend alors six personnalités protestantes, soit 3 % de ses deux cent treize membres, souligne Patrick Cabanel. Lequel pointe qu'en 1940, dans l'entourage immédiat du chef de la révolution nationale, les protestants se partagent plusieurs postes clés. L'écrivain René Gillouin est un proche conseiller du Maréchal, le maître des requêtes au Conseil d'État Pierre-Olivier Sardan est chef de cabinet de Pierre Laval, le préfet Raoul Didkowski devient directeur de la Sûreté nationale, et surtout deux amis de Marc Boegner sont placés dans des fonctions stratégiques : le général Charles Brécard, secrétaire général de Pétain, et l'amiral Darlan.

D'autres protestants occupent des fonctions importantes au gouvernement : l'amiral Charles Platon est ministre des Colonies, Pierre Arnal, directeur des Affaires politiques et commerciales au ministère des Affaires étrangères, le romancier Romain Roussel, directeur général de la presse. Et même l'un des fils du chef de l'Église réformée, le journaliste Philippe Boegner, est chargé de mission au gouvernement.

Le pasteur Aimé Bonifas, dans le récit factuel nourri de son expérience (après avoir contribué à l'accueil des étrangers, il sera arrêté alors qu'il passe les Pyrénées, emprisonné à Drancy puis déporté à Buchenwald), relève que le *Bulletin de l'Église réformée* de juillet-septembre 1941 publie une nouvelle adresse au maréchal Pétain, lui manifestant son admiration et sa confiance[18]. Lors de la séance du conseil presbytéral de l'Église réformée du 8 octobre 1941, poursuit Bonifas, le pasteur Brunel, président de l'Église réformée de Nîmes, rapporte que le préfet du Gard l'a entretenu d'une conversation qu'il a eue avec Darlan et le maréchal Pétain, chez qui, précise le pasteur, « on retrouve les valeurs évangéliques ».

Celui-ci tient en 1941 à Genève une conférence – exhumée par Patrick Cabanel – portant, en toute sobriété, sur « l'écho des appels du Maréchal dans [son] âme de chrétien et de Français ».

Le chef de la communauté protestante de Nîmes s'enflamme ainsi :

« Le Maréchal fut providentiellement, oui, nous ne craignons pas de le dire : providentiellement, celui qui congloméra tous les éléments séparés par le désastre, celui qui sonna le ralliement de tous les dispersés dans la nuit [...]. Alors que tant d'étoiles étaient montées dans notre ciel de France pour s'éteindre dans le crépuscule, la sienne brillait toujours du même éclat. »

Nîmes, pendant la guerre, est la zone de repli des autorités protestantes, emmenées par Marc Boegner, qui y installe le Conseil national de l'Église réformée et le Conseil protestant pour la jeunesse. Il a choisi la préfecture du Gard parce que les liaisons sont faciles avec la Suisse, Vichy, Lyon et Clermont-Ferrand.

---

18. Aimé Bonifas, *Les Protestants nîmois durant les années noires (1940-1944)*, Presses du Languedoc, 1993.

« Jusqu'en 1941, Boegner exhorte à soutenir le Maréchal et la devise de Vichy "Travail, famille, patrie", pensant qu'il pouvait infléchir la politique de Vichy », m'a confié Francine Cabane, ancienne professeure d'histoire nîmoise, qui s'est donné pour tâche de transmettre la mémoire protestante : « Il s'entretient régulièrement avec Laval et Pétain. Puis il monte quelques actes d'insoumission, et assez tôt s'opposera au statut des juifs. »

Dès septembre 1940, le chef de l'Église réformée demande instamment à ses pasteurs de ne pas relayer l'appel des autorités à l'enrôlement pour la Légion française des combattants (LFC). En 1942, lors de la traditionnelle assemblée du désert à Mialet, il réunit ses clercs pour les alerter sur le sort des juifs et les inciter à les aider. Nombre d'entre eux, déjà, à l'époque, cachent des juifs en fuite dans leurs paroisses. Boegner, soulignent Sugier et Vézilier, « utilise toutes ses entrevues avec les dirigeants du pays pour faire part de ses remarques, de ses inquiétudes et parfois de sa désapprobation ». À la demande du conseil de l'ERF, il envoie, en mars 1941, une lettre à Darlan pour protester contre « une loi [le statut des juifs] qui introduit dans notre législation le principe raciste » quand le pasteur Lauriol en dénonce l'existence en chaire.

À partir de 1942, avec l'envahissement de la zone sud, l'attitude des chefs protestants, Boegner en tête, change. Le chef de l'Église réformée encourage ses fidèles à accueillir et à cacher les proscrits. Dès 1933, il avait écrit que « les fils spirituels des huguenots tressaillent d'émotion et de sympathie à chaque fois qu'une minorité religieuse est persécutée »...

Après-guerre, Marc Boegner deviendra observateur au concile Vatican II, sera élu à l'Académie des sciences morales et politiques, puis à l'Académie française, et sera distingué comme Juste parmi les nations en 1988. Tout comme Paul Brunel, à propos duquel la notice à l'Institut Yad Vashem qui, à Jérusalem, au nom de l'État d'Israël, honore ceux qui ont sauvé des juifs pendant la guerre, mentionne :

« Dès le début de l'Occupation, ce dernier était venu en aide à la famille Kuhn, des juifs de Paris qui avaient quitté la ville à l'approche des Allemands pour se réfugier en zone sud. Le père de famille et la fille aînée furent arrêtés en tentant de passer la ligne de démarcation. Leur sort était scellé. Mme Kuhn réussit, elle, à atteindre Nîmes avec sa fille Gisèle, treize ans, et le petit Marcel, quatre ans. Elle demanda assistance au pasteur. Ce dernier lui trouva du travail dans une famille française comme domestique ainsi qu'un petit logement. Il plaça les deux enfants dans un orphelinat tenu par deux amies fidèles, Mlle Danielle et Mme Jeanne Aigoun, plus connue sous le nom de tante Jeanne. Il expliqua aux enfants qu'ils devaient passer pour des protestants jusqu'à la fin de la guerre mais qu'ils pourraient ensuite redevenir juifs. »

C'est une erreur de notre époque amnésique et confuse, une de plus, que de croire que l'histoire s'écrit en noir et blanc. Le pasteur Boegner cale son attitude sur celle du cardinal archevêque de Lyon, Mgr Gerlier, le prélat qui avait affirmé haut et fort « Pétain, c'est la France » avant de s'engager dans le sauvetage des juifs. Pour cette action, il sera, comme un certain nombre d'autres évêques et cardinaux – nous le verrons plus loin –, honoré du titre de Juste parmi les nations par Israël. On retracera sa trajectoire dans un prochain chapitre.

Un cas isolé ? Pas du tout ! Les prélats furent bien plus nombreux qu'on le pense à agir de la sorte. Signe de l'ambiguïté des temps, aux journalistes qui s'étonnent de voir Léon Blum, souvent victime d'attaques antisémites quand il était président du Conseil en 1936, assis au second rang derrière les membres du gouvernement lors des obsèques du cardinal Verdier, archevêque de Paris, le 9 avril 1940, Blum rétorque : « C'était un ami. » Le cardinal avait appelé à « la paix sociale » lors de la formation du gouvernement Blum et dénoncé la nuit de Cristal, en 1938, en Allemagne.

L'archevêque de Toulouse, Mgr Jules-Géraud Saliège, est entré dans l'histoire en faisant lire, le 23 août 1942, dans les églises de Haute-Garonne, un texte qui marqua les esprits – « cette lettre avait souterrainement parcouru toute la France comme un fulgurant trait d'évidence », dira plus tard le cardinal Lustiger – appelant à l'aide des juifs au nom de « la morale chrétienne » :

« Que des enfants, des femmes, des hommes, des pères et des mères soient traités comme un vil troupeau, que les membres d'une même famille soient séparés les uns des autres et embarqués pour une destination inconnue, il était réservé à notre temps de voir ce triste spectacle. Pourquoi le droit d'asile dans nos églises n'existe-t-il plus ? Pourquoi sommes-nous des vaincus ? Seigneur, ayez pitié de nous, Notre-Dame, priez pour la France ! »

On a oublié que le même Saliège, dans un numéro du 12 janvier 1941 de *La Semaine catholique de Toulouse*, n'hésitait pas à lancer ces louanges au chef de la révolution nationale :

« À qui devez-vous de ne pas être dans un territoire occupé ? À un Français qui a fait don de sa vie au pays. S'il n'avait pensé qu'à lui, il aurait continué à jouir en paix d'une gloire justement acquise. Ses réactions sont nationales, son cœur nous appartient. Il vit et il travaille pour la patrie[19]. » Ce soutien se prolongera jusqu'au dernier jour de 1941, où le prélat déclare : « Je crois que la sagesse du maréchal Pétain vaudra à notre patrie des jours moins malheureux. »

Plus d'un prélat se signale par un tel double jeu.

Jusqu'à l'été 1942, en France comme ailleurs, les protestations restent isolées et timides. Les évêques restent en majorité loyaux à Vichy, tout en affirmant solennellement – texte cité par François-Georges Dreyfus – que « ce n'est pas sur la violence et la haine qu'on pourra bâtir l'ordre nouveau [auquel] nous convie la grande voix du maréchal Pétain ». Mais à part ces quelques prises de position individuelles, « l'Église de France en tant que telle est restée en retrait, conclut l'historien François-Georges Dreyfus, mais cela s'explique par trois choses : le poids de soixante ans de laïcisme intolérant, le mythe maçon et surtout la peur et le refus du communisme ».

---

19. Cité par François-Georges Dreyfus, *Histoire de la Résistance*, *op. cit.*

Dans un mémoire aux évêques de France, daté du 30 juin 1942, Charles Blondel, le fils du philosophe Maurice Blondel, lui-même conseiller d'État, très engagé dans l'Action catholique et le catholicisme social, dénonce « l'actuelle compromission de l'Église de France » comme « une faute, une erreur et un péril ». « Certes, écrit Charles Blondel, des déclarations ont été faites, des condamnations portées, des précautions prises. Elles sont, croyons-nous, trop lointaines dans le temps, trop vagues dans leurs termes, trop dispersées dans l'espace pour pouvoir contrebalancer et, à plus forte raison, effacer l'effet produit non seulement par le silence, mais par des paroles, des écrits et des attitudes qui dépassent le loyalisme normal et traditionnel dont l'Église ne saurait se départir[20]. »

Néanmoins, en 1942, à partir du moment où les Allemands imposent l'étoile jaune et que se multiplient les rafles, une grande partie de l'épiscopat, lui aussi, bascule. À l'instar, par exemple, de Mgr Gabriel Piguet, évêque de Clermont-Ferrand, qui organisait des grandes cérémonies où il exaltait le « providentiel » Pétain, « personne vénérée et respectueusement aimée » accomplissant une « œuvre courageuse et magnifique de renouveau », mais sera arrêté dans sa cathédrale le 28 mai 1944 par les Allemands pour avoir porté secours à un prêtre recherché par la Gestapo, et sera le seul évêque français déporté à Dachau. « Vichy, je le crois, avait son adhésion, commente dans *Rue de la Liberté* Edmond Michelet, à propos de ce compagnon

20. Cité par Émile Poulat, *Les Juifs, l'Église et la Shoah*, *op. cit.*

de déportation. Mais il ne fallait pas que Vichy lui demandât l'impossible : par exemple de refuser son aide à un juif ou son accueil à un proscrit politique recherché par la police. »

Tout en restant, le plus souvent, pétainistes, nombre d'évêques ne peuvent rester insensibles au sort des juifs. Ils se dressent alors contre l'abominable. Comme le firent Mgrs Gerlier, Saliège, mais aussi Théas à Montauban, Moussaron à Albi, ou encore, même si son action reste plus controversée, Mgr Piguet à Clermont-Ferrand, et bien d'autres encore… Ils sont tous pétainistes, mais ils couvrent des filières pour défendre les fugitifs, et leur proximité avec le gouvernement de Vichy permettra d'éviter nombre d'arrestations et de déportations. Tous ces évêques, même le très maréchaliste Piguet, seront reconnus Justes parmi les nations.

L'évolution des évêques libère les esprits au profit de la Résistance. « Il est évident que les prises de position pétainistes de l'épiscopat ont gêné le mouvement des catholiques vers la Résistance, pendant un moment, témoigne Pierre Corval, l'un des chefs de la résistance démocrate-chrétienne. Mais, vers la fin de 1943, je crois que l'épiscopat, prudemment, a commencé à évoluer et les catholiques ont fait ce qu'ils ont voulu[21]. »

Difficile de distinguer des trajectoires linéaires en eaux troubles. L'évêque de Versailles, Mgr Benjamin-Octave Roland-Gosselin, par exemple, entretient

21. Témoignage rapporté par Alain Guérin, *Chronique de la Résistance*, Omnibus, 2000.

d'excellentes relations avec la *Kommandantur* locale, qui met à sa disposition un véhicule avec chauffeur et un *Ausweis* (laissez-passer), et accorde largement des autorisations pour des processions et des cérémonies religieuses. Mais cette protection lui permettra de fournir un nombre important de faux certificats de baptême et de soustraire plusieurs juifs aux services raciaux. Le prélat n'hésite pas non plus à se heurter à l'évêque de la Légion des volontaires français qui s'engage dans la Wehrmacht contre le bolchevisme, Mgr Mayol de Lupé, qui a tendance à empiéter sur son territoire.

Dans l'Église comme ailleurs, le double jeu est une donnée de l'époque. À ce titre, le parcours de Mgr Paul Rémond, évêque de Nice, est assez symptomatique. Pétainiste, le prélat l'est, pétainiste, il le reste, du moins officiellement. Et ce loyalisme au régime de Vichy va loin : Rémond ne condamne pas les lois antisémites et, en mai 1941, à la demande du ministre de l'Intérieur, il évince de son diocèse le dominicain Bruckberger, qui critique ouvertement Vichy.

Indéniablement, le soutien pétainiste de Paul Rémond, relève l'historien Ralph Schor qui lui a consacré une biographie, fut « public, répété et sincère[22] ». « Jusqu'à la fin de la guerre, poursuit l'historien niçois, il conserva dans son bureau un portrait dédicacé du chef de l'État. » Mais Schor ajoute : « Pourtant, il convient de remarquer que l'évêque de Nice ne célébra pas le culte de la personnalité du

22. Ralph Shor, *Monseigneur Paul Rémond. Un évêque dans le siècle*, Éditions Serre, 1984.

Maréchal et ne sombra pas dans l'idolâtrie bêtifiante comme le firent d'abondance certains Français, particulièrement des membres du clergé. »

Comme d'autres de ses pairs, à partir de 1942, la défense des juifs persécutés propulse Paul Rémond dans l'action clandestine, le prélat agissant alors, note son biographe, « par une subtile combinaison de prudence et d'audaces ».

Cette action a été impulsée par la rencontre avec un jeune juif d'origine syrienne, né à Damas, acteur et historien du théâtre, réfugié depuis l'exode de 1940 à Nice. Moussa Abadi, c'est son nom, a fondé en compagnie de son épouse Odette Rosenstock une filière clandestine, en lien avec l'Œuvre juive de secours aux enfants (OSE), se consacrant notamment aux jeunes de moins de quinze ans et, pour eux, les établissements catholiques semblent des refuges sûrs.

Un jour, Moussa Abadi va donc trouver l'évêque, pour lui exposer son projet.

Il retranscrira ainsi la conversation (citée par Ralph Schor) :

« Monseigneur, je suis venu à vous en toute confiance. Je ne suis pas membre de votre troupeau. Je ne crois pas en votre Dieu. Il n'y a rien de commun entre vous et moi. Simplement, me voici, Monseigneur, et je vous demande de m'aider. De m'aider à accomplir une tâche ingrate, périlleuse, peut-être au-dessus de vos forces et des miennes, et qui, peut-être, nous enverra, vous et moi, à la mort.

— Qui dois-je aider, au risque de notre mort ? interroge l'évêque.

— Au risque de votre mort, Monseigneur, des enfants qui ne croient pas en votre Dieu et dont les parents ont été accusés, pendant des siècles, d'envoyer votre Dieu à la mort.

— Cette maison qui était ma maison est aujourd'hui la vôtre. À une seule condition. Vous m'avez demandé de sauver des vies humaines. Jamais n'entrera ici une arme. Jamais n'entrera ici ce qui peut servir la haine, la vengeance ou le ressentiment. »

Et c'est ainsi que les deux hommes se lièrent, à la vie, à la mort.

« L'évêque, raconte Ralph Schor, installa Moussa Abadi dans un bureau du rez-de-chaussée, pourvu d'une fenêtre par laquelle il était facile de s'enfuir en cas de danger, il lui remit une soutane qui pouvait servir de camouflage et le nomma inspecteur de l'enseignement catholique diocésain. Ainsi Abadi, désormais appelé "Monsieur Marcel", était muni d'ordres de mission signés de l'évêque, il pouvait circuler avec une raison plausible à travers la région, prendre des contacts dans les maisons religieuses, voir les possibilités d'accueil et ramifier le réseau. Trois jeunes femmes juives, dont une assistante sociale et une doctoresse, rejoignirent le groupe et furent agrégées à l'enseignement libre. Ainsi, tout était prêt quand les Allemands occupèrent les Alpes-Maritimes en septembre 1943 et commencèrent leurs rafles au sein de la population israélite. »

Les enfants étaient d'abord cachés dans une cave, avenue Georges-Clemenceau à Nice, puis menés vers le couvent des sœurs clarisses, sur la colline de Cimiez.

On estime qu'ils furent plus de cinq cents à être ainsi sauvés.

Parmi eux, Greta Herensztat, née à Paris de parents immigrés polonais, qui racontera plus tard sa rencontre, en 1942, avec Mgr Rémond[23]. Greta était alors âgée de huit ans, et l'évêque s'adressa à elle en ces termes :

« "Tu t'appelles désormais Ginette Henry. Tu es née à Orange et tes parents sont morts. Tu dois rester dans un couvent jusqu'à ce que nous retrouvions ton parrain et ta marraine. Puis tu iras vivre chez eux le plus tôt possible. Tu comprends ? Tu ne peux pas parler de l'endroit où tu es née, ni de tes parents. Maintenant répète ton nom et ton lieu de naissance après moi." Je restai là, muette, la gorge serrée par la peur. Je secouai la tête. J'étais incapable de répondre. Le prêtre me parla alors d'une voix angoissée : "Parle ! Répète ce que je viens de te dire. Je veux être sûr que tu comprennes la gravité de la situation. Répète, s'il te plaît." Finalement, d'une voix tremblante, je répétai l'impensable : mon nouveau nom et mon nouveau lieu de naissance. Mes parents étaient morts et je m'apprêtais à vivre chez mon parrain et ma marraine. Qui étaient ces gens ? Je ne savais pas que j'avais un parrain ou une marraine. Qu'est-ce que ces mots signifiaient exactement ? Je n'osais même pas le demander.

« Le prêtre m'invita à m'asseoir. On allait m'emmener dans un couvent à Nice, il s'agissait en fait d'un cloître de clarisses. À nouveau, toutes sortes de questions se bousculèrent dans mon esprit : "Qu'est-ce

23. Témoignage cité par Martin Gilbert, *Les Justes. Les héros méconnus de la Shoah*, Calmann-Lévy, 2002.

qu'un couvent ? Un cloître ?" J'attendais que ma nouvelle vie commence. Ma nouvelle vie ? Et qu'en était-il de l'existence que j'avais menée jusque-là, la seule que je connaissais ? Où était ma famille ? J'attendais en silence, sans pleurer. Ma mère m'avait demandé de ne pas pleurer. »

Mgr Paul Rémond, comme d'autres, fut un évêque à deux faces. Un prélat Janus bifrons. Derrière le visage officiel pétainiste se cache l'homme de miséricorde qui, « dans le secret de sa résidence », note Ralph Schor, lit la prose des jésuites résistants des *Cahiers clandestins du Témoignage chrétien*, écoute Radio-Londres et se félicite que plusieurs de ses neveux aient rejoints de Gaulle de l'autre côté de la Manche. Peu à peu, il prend ses distances par rapport à ceux qui ont choisi de collaborer avec l'occupant, jusqu'à refuser de lire un hommage en chaire, malgré la demande pressante des autorités civiles, au très catholique Philippe Henriot, secrétaire d'État à l'Information et à la Propagande, assassiné par les résistants le 28 juin 1944. « À bas Rémond, Rémond au poteau, gaulliste, juif... », crient les partisans d'Henriot dans les rues de Nice. On promet à l'évêque la prison, et celui-ci ne doit son salut qu'à son aura dans la population niçoise, manifestée par les acclamations d'une foule dense lors de la traditionnelle procession en l'honneur de Notre-Dame des Grâces, en plein cœur de Nice.

L'ire des collaborateurs permit à l'évêque pétainiste d'échapper aux règlements de comptes après la Libération. Mieux, les témoignages de Moussa Abadi, de son épouse Odette Rosenstock et des enfants qu'ils sauvèrent valurent au prélat d'être reconnu comme Juste. Le portrait de Mgr Paul Rémond trône désormais au cœur du Mémorial de Yad Vashem à Jérusalem.

En Allemagne même, où les jeunes catholiques de La Rose blanche, nous y reviendrons, sont à la pointe de la résistance au nazisme – et le paieront de leur vie –, tout comme le pasteur protestant Dietrich Bonhoeffer, théologien réputé qui sera fusillé au camp de concentration de Flossenbürg en 1945, des prélats se dressent contre Hitler. Dans *Ravensbrück*, son récit de déportation, Germaine Tillion dresse ainsi la liste des protestations publiques du clergé allemand contre les exterminations des infirmes. Le 12 juin 1940, le pasteur Braune demande ainsi audience au ministre de la Justice Gürtner pour exprimer son indignation. Le 9 juillet suivant, le même pasteur Braune remet un mémorandum à Hitler.

Mgr Konrad Grüber, archevêque de Fribourg, le cardinal Adolf Bertram, Mgr Wurm, évêque protestant du Wurtemberg, le pasteur Schlaich, le cardinal Fauhaber, archevêque de Munich, au long de l'année 1940, protestèrent. Tillion ajoute aussi la plainte contre inconnu pour assassinat déposée par le comte Clemens-August von Galen, l'évêque de Münster, le 28 juillet 1941, qui, sans réponse, protesta publiquement dans une lettre pastorale lue en chaire puis reproduite et très largement distribuée le 3 août 1941. « Bormann conseilla de le pendre, mais Goebbels s'y opposa, et la publicité fut telle qu'Hitler, le 21 août 1941 (vingt jours plus tard), donna l'ordre de suspendre la mise à mort de malades allemands. »

« Le pape Pie XII s'abstint malheureusement de toute déclaration. Mais, dans l'immense réseau de l'Internationale catholique, les informations circulèrent avec la discrétion et l'efficacité d'un rodage bimillénaire », souligne Germaine Tillion.

Il faudra attendre 1997 pour que les évêques de France, dans une déclaration solennelle portée par Mgr Olivier de Berranger, fassent acte de « repentance » sur ces années. La promotion de Jean-Marie Lustiger, né Aron, comme archevêque de Paris en 1981 – il le restera jusqu'en 2005 –, puis comme cardinal en 1983, créé par Jean-Paul II, fut évidemment décisive dans cet acte. Le destin de celui qui, né juif, devint une voix catholique marquante se confond avec celle des résistants chrétiens. Avant la guerre, lors d'un séjour en Allemagne en 1937, le futur cardinal Lustiger est hébergé chez les Bach, des antinazis chrétiens (il ignore alors s'ils sont catholiques ou protestants), et à travers eux « il découvre une Allemagne bienveillante », « un art de vivre pétri de morale et d'Évangile, exactement à l'opposé de la violence nazie »[24]. Puis, pendant la guerre, Aron et sa sœur Arlette sont cachés chez une jeune professeure de lettres d'une école catholique d'Orléans, Suzanne Combes, qui a perdu ses parents et qui, vivant dans une maison trop grande, veut se rendre utile. La jeune femme à la foi discrète lui fait découvrir la Bible, le jeune Aron fréquente les œuvres diocésaines dirigées par Mgr Henri Feuillâtre, aumônier de son lycée – il aura la révélation et demandera à se convertir

---

24. Henri Tincq, *Jean-Marie Lustiger. Le cardinal prophète*, Grasset, 2012.

en visitant la cathédrale d'Orléans pendant la semaine sainte de 1940, à l'âge de quatorze ans. Puis, réfugié auprès de son père, travailleur en usine, à Decazeville, il est protégé par une figure de la Résistance locale, l'abbé Bezombes. Dénoncée par son employée de maison, sa mère, Gisèle Lustiger, est arrêtée, internée à Drancy, puis déportée à Auschwitz où elle meurt le 13 février 1943 – ses enfants n'apprendront son décès que trois ans plus tard.

Sous le magistère de ce cardinal, grande figure chrétienne, marqué au fer rouge par la barbarie nazie, la déclaration de repentance des évêques de France de 1997 propose des paroles fortes, pesées au trébuchet, que nombre de chrétiens attendaient depuis des années :

« Dans leur majorité, affirment ces prélats de la fin du XXe siècle, les autorités spirituelles, empêtrées dans un loyalisme et une docilité allant bien au-delà de l'obéissance traditionnelle au pouvoir établi, sont restées cantonnées dans une attitude de conformisme, de prudence et d'abstention, dictée pour une part par la crainte de représailles contre les œuvres et les mouvements de jeunesses catholiques. Elles n'ont pas pris conscience du fait que l'Église, alors appelée à jouer un rôle de suppléance dans un corps social disloqué, détenait en fait un pouvoir et une influence considérables et que dans le silence des autres institutions, sa parole pouvait par son retentissement faire barrage à l'irréparable. »

Et aussi, plus loin :

« Ainsi, face à la législation antisémite édictée par le gouvernement français – à commencer par le statut des juifs d'octobre 1940 et celui de juin 1941 qui ôtaient à une catégorie de Français leurs droits de citoyens, qui les fichaient et qui faisaient d'eux des êtres inférieurs au sein de la nation –, face aux décisions d'internement dans des camps de juifs étrangers qui avaient cru pouvoir compter sur le droit d'asile et sur l'hospitalité de la France, force est de constater que les évêques de France ne se sont pas exprimés publiquement, acquiesçant par leur silence à ces violations flagrantes des droits de l'homme et laissant le champ libre à un engrenage mortifère. »

Dans cette déclaration musclée, enlevée, sans ambiguïté, les évêques reconnaissent :

« Au jugement des historiens, c'est un fait bien attesté que pendant des siècles a prévalu dans le peuple chrétien, jusqu'au concile Vatican II, une tradition d'antijudaïsme marquant à des niveaux divers la doctrine et l'enseignement chrétiens, la théologie et l'apologétique, la prédication et la liturgie. Sur ce terreau a fleuri la plante vénéneuse de la haine des juifs. De là un lourd héritage aux conséquences difficiles à effacer – jusqu'en notre siècle. De là des plaies toujours vives.

« Dans la mesure où les pasteurs et les responsables de l'Église ont si longtemps laissé se développer l'enseignement du mépris et entretenu dans les communautés chrétiennes un fonds commun de culture religieuse qui a marqué durablement les mentalités en les déformant, ils portent une grave responsabilité. Même quand ils ont condamné les théories antisémites dans leur origine païenne, on peut estimer qu'ils n'ont pas éclairé les esprits comme ils l'auraient dû parce qu'ils n'avaient pas remis en cause ces pensées et ces attitudes séculaires.

« Dès lors, les consciences se trouvaient souvent endormies et leur capacité de résistance amoindrie quand a surgi avec toute sa violence criminelle l'antisémitisme national-socialiste, forme diabolique et paroxysmale de haine des juifs, fondée sur les catégories de la race et du sang et visant ouvertement l'élimination physique du peuple juif – “une extermination inconditionnelle [...] mise en œuvre avec préméditation”, selon les termes du pape Jean-Paul II. »

Et les évêques de conclure :

« Aujourd'hui nous confessons que ce silence fut une faute. Nous reconnaissons aussi que l'Église en France a alors failli à sa mission d'éducatrice des consciences et qu'ainsi elle porte avec le peuple chrétien la responsabilité de n'avoir pas porté secours dès les premiers instants quand la protestation et la protection étaient possibles et nécessaires, même si par la suite il y eut d'innombrables actes de courage.

« C'est là un fait que nous reconnaissons aujourd'hui. Car cette défaillance de l'Église de France et sa responsabilité envers le peuple juif font partie de son histoire. Nous confessons cette faute. Nous implorons le pardon de Dieu et demandons au peuple juif d'entendre cette parole de repentance. »

Cette « faute », cette « défaillance » soulignées par l'acte de repentance des évêques de France, toute l'Église, fort heureusement, ne s'en rendit pas coupable. Aux compromissions du haut clergé répondirent les insoumissions du bas clergé. Heureusement qu'à la base, des prêtres, des religieux, de simples croyants ne suivirent pas les consignes de leur hiérarchie, et, écoutant leur conscience, se rebellèrent, au nom de leur foi, au péril de leur vie. Ils furent nombreux, très nombreux même, et la plupart restèrent anonymes, le sont encore. La résistante Odile de Vasselot, avec laquelle nous allons faire plus ample connaissance dans le prochain chapitre, témoigne ainsi qu'à Paris « certains fidèles n'allaient à la messe qu'à l'église Saint-François-Xavier, dans le 7ᵉ arrondissement, parce que Mgr Georges Chevrot prêchait ouvertement contre le nazisme ».

Qui se souvient de Mgr Chevrot ?

Prêcheur reconnu, ce prélat, qui sera curé de Saint-François-Xavier de 1930 à 1958 et prédicateur des conférences de carême en la cathédrale Notre-Dame en 1938, 1939 et 1940, fut engagé comme résistant au sein du Front national d'indépendance de la France, mouvement créé à l'origine par les communistes.

Pendant ces années de plomb, pour de nombreux chrétiens, à l'instar d'Odile de Vasselot, « l'espérance et la foi » sont dans le camp adverse, celui de l'ombre. Celle qui déplorera toute sa vie que « l'Église n'ait pas davantage condamné le nazisme en chair » s'échinera, chemin faisant, à tenter d'arracher les siens à cette collaboration contre nature.

« À l'entrée des églises parisiennes, sur les présentoirs au milieu des brochures chrétiennes expliquant le baptême, la communion, la confession, se souvient Odile de Vasselot, j'avais trouvé un jour une brochure rédigée par l'abbé Le Saulnier, du séminaire d'Issy-les-Moulineaux, appelant "la conscience chrétienne face au devoir civique actuel". Se référant à saint Paul, ce prêtre expliquait qu'un bon chrétien devait se montrer favorable au gouvernement régulier, donc à Pétain. J'ai eu le culot de me renseigner sur la paroisse où cet abbé officiait, et je suis allée le trouver pour me confesser à lui. Je lui ai dit :

« "Mon père, j'ai lu votre brochure, je suis gaulliste, j'ai fait de la résistance, suis-je en état de péché mortel ?"

« Après avoir dit ces mots, j'étais tellement étonnée de mon audace que je n'ai pas écouté ce qu'il me disait, mais il m'a tout de même donné l'absolution. »

Chapitre 3

« IL FALLAIT BIEN FAIRE QUELQUE CHOSE »

C'est une vieille dame maintenant, mais, sous la carapace du temps, dans ce regard direct qui s'enflamme encore, on devine les élans de la jeunesse, le caractère trempé qui a permis de traverser les épreuves, comme si de rien n'était. « Parce qu'il fallait bien que je fasse quelque chose », dit-elle quand on l'interroge sur ses actions de résistante.

La première fois que j'ai rencontré Odile de Vasselot de Régné, le 28 décembre 2019, quelques jours avant son quatre-vingt-dix-huitième anniversaire, elle m'attendait dans le hall d'un bel immeuble juste derrière le musée d'Orsay, dans l'arrondissement des ministères et de l'Assemblée nationale. Cette adresse était celle de la Maison saint François-Xavier, société apostolique fondée par Madeleine Daniélou que Mme de Vasselot avait rejointe après la guerre, en formant le vœu de consacrer sa vie aux autres, en l'occurrence à l'éducation au sein des prestigieux collèges et lycées Sainte-Marie de Neuilly, de Rueil-Malmaison, puis d'Abidjan qu'elle fonda.

Odile de Vasselot se tenait sur une chaise, le regard droit, sa canne à ses côtés et un porte-documents en toile bleu marine sur ses genoux, contenant ses archives de la guerre, « un tas de papiers que je montre à mes interlocuteurs quand je parle de cette période », disait-elle.

Elle en avait extrait des exemplaires originaux de journaux clandestins, enserrés dans des sacs plastique, pliés en quatre et rafistolés avec du scotch « pour les conserver ». Ainsi, il y avait le n° 8 des *Cahiers clandestins du Témoignage chrétien* avec ce dessin d'un supplicié sur son poteau d'exécution, souligné par cette légende : « Le sang des martyrs n'a jamais coulé en vain. » Elle m'avait montré aussi le n° 41 de *Défense de la France* avec à sa une ces quelques mots manuscrits du général de Gaulle : « Mes camarades, ce que vous faites, ce que vous souffrez dans la Résistance, c'est-à-dire dans le Combat, l'honneur et la grandeur de la France en dépendent. La fin approche ! Voici venir la récompense. Bientôt, tous ensemble, nous pourrons pleurer de Joie ! »

Je retournai plusieurs fois écouter Mme de Vasselot me raconter la guerre comme l'on va à une source fraîche, puiser un peu d'oxygène auprès de cette humble vieille dame, si vivante incarnation de l'engagement, du courage, du combat juste. Un grand témoin de l'Histoire se tenait devant moi, mais cette femme à la simplicité désarmante faisait tout pour ne pas en avoir l'air, elle partageait le plus tranquillement du monde son histoire extraordinaire, avec le scrupule du fait juste, grâce à une mémoire incroyablement intacte, entretenue en apprenant sa vie durant des vers de du Bellay, d'Hugo, de Vigny.

Odile de Vasselot n'aurait jamais dû approcher ainsi, en paix, les rivages du centenaire.

Née en 1922, enfant vomissant de la bile, un médecin avait pronostiqué qu'elle ne dépasserait pas l'âge de huit ans. Embarquée dès les premières heures de l'Occupation dans la Résistance, elle faillit être arrêtée et mourir au moins trois fois. Puis, après la guerre, engagée en Afrique, contaminée par des amibes, elle échappa, là encore de justesse, au trépas. Mais comme « le bon Dieu n'a pas voulu d'[elle] », glisse la vieille dame dans un sourire juvénile, la voici qui, vaillamment, inlassablement, continue de porter son témoignage partout où on le lui demande.

Odile n'a jamais baissé les bras.

Quand les Allemands envahissent la France, en mai 1940, elle est tout juste âgée de dix-huit ans. Dans sa famille, tout le monde est militaire. Les deux grands-pères sont officiers, comme son père et son frère, sortis de Saint-Cyr. À la veille du conflit, le père d'Odile, officier de cavalerie dans le 30e dragon, est en poste à Metz. Odile, sa sœur cadette et son aînée sont scolarisées au collège du Sacré-Cœur à Metz. « Ma famille était plutôt à droite, certains étaient royalistes ; moi, je passais pour une rebelle, j'étais du genre espiègle et plus à gauche, révoltée contre les injustices, se souvient-elle. Mais la politique ce n'était pas notre tasse de thé, on n'avait pas comme aujourd'hui chacun sa petite radio. Mon père recevait souvent à dîner ses lieutenants et on ne parlait jamais de la guerre. Je me souviens que l'un d'eux nous avait parlé des grandes réunions nazies à Nuremberg et que cela nous faisait froid dans le dos. On était en 1938, on habitait à deux pas de l'Allemagne et on ne se doutait pas de ce genre de choses. Quand la guerre est arrivée, on pensait juste qu'il fallait faire quelque chose contre les boches, parce qu'ils étaient les ennemis héréditaires de la France, parce qu'ils avaient pris l'Alsace et la Lorraine. »

Pendant la drôle de guerre, le père est réquisitionné sur le front, son frère sort de Saint-Cyr tandis qu'Odile, ses sœurs et sa maman trouvent refuge à Poitiers, dans la famille paternelle. « On a commencé à voir les réfugiés affluer sur les routes, notamment les Belges qui arrivaient par centaines, raconte-t-elle. Les rumeurs les plus folles circulaient comme celle qui affirmait que les Allemands coupaient les mains des petits garçons pour les empêcher d'être soldats… Puis, un jour, nous étions invitées à un grand pique-nique sur une vaste prairie, après la messe, et soudain a été annoncé à la radio le pacte germano-soviétique. Tout le monde s'est alors écrié : “Cette fois, c'est la guerre !” »

L'insouciante Odile est à l'affût.

« Mon frère avait fabriqué un poste à galerne que nous gardions dans notre chambre, ma sœur et moi, dit-elle. Le 18 juin 1940, je me suis mise à tapoter sur le charbon avec une épingle, et j'ai entendu soudain la voix du général de Gaulle : “Moi, général de Gaulle…” En réalité, c'était la fin de son appel, j'avais raté le début. Je ne me suis pas dit tout de suite : “Mais quelle chance !” Je suis descendue au grand salon pour annoncer que le général de Gaulle était à Londres. Mon grand-père maternel, le général Cugnac, qui avait toujours estimé ce militaire, considérant qu'il cultivait des idées en avance sur les autres, m'a coupé la parole et s'est exclamé : “Vous entendez, vous entendez, la guerre n'est pas finie ! Il y a encore de l'espoir...” Autour de lui, dans notre salon, la plupart des convives n'étaient pas du tout du même avis. “Il faut faire confiance au maréchal Pétain, le vainqueur de Verdun, qui a dit que la France avait perdu la guerre car elle s'était laissée aller au plaisir”, affirmaient les uns. “De Gaulle est un traître, il a promis obéissance au chef de l'État, il a trahi sa parole”, soutenaient les autres. Et encore : “Mais qui est ce petit inconnu qui se permet de parler au nom de la France ?” Beaucoup dans ma famille partageaient ce constat. Sauf Maman, mes deux sœurs et moi, qui pensions comme notre grand-père Cugnac : “Inconnu, inconnu... Mais ce de Gaulle n'a rien d'un inconnu, il faut lui faire confiance, continuer, la guerre n'est pas finie !” »

Comme Metz est annexée, la petite famille ne sait pas où aller et se trouve accueillie chez le grand-père Cugnac à Paris, au 221, rue du Faubourg-Saint-Honoré, en face de la salle Pleyel. « De plus en plus, poursuit Odile de Vasselot, montait en nous cette idée qu'il fallait faire quelque chose. Il nous était insupportable d'avoir sous les yeux ces croix gammées qui pendaient partout dans Paris, de voir chaque jour à midi ce peloton allemand remonter les Champs-Élysées et entonner une musique militaire sur la tombe du Soldat inconnu sous l'Arc de triomphe. Moi, je sortais de la fac, je remontais l'avenue à vélo, je m'arrêtais et tournais le dos en brandissant ostensiblement un livre ouvert pour marquer mon mépris. Les Allemands, c'étaient des beaux gars, Hitler avait fait exprès de prendre les plus beaux, et surtout ils étaient bien élevés, corrects. Ce mot, on l'entendait sans arrêt dans la bouche des Parisiens et des Parisiennes. Tout cela parce qu'ils en rajoutaient dans la galanterie, laissant passer les femmes devant eux. Nous étions sidérées. Nous, nous ne voulions qu'une chose : vider Paris des boches. » Qu'est-ce qui nourrit chez ces jeunes femmes cette volonté farouche d'en découdre avec l'Occupant ? « Certes, explique Odile, nous avions passé notre enfance à Metz, parmi des gens qui avaient vécu l'annexion ; la couturière qui nous fabriquait nos vêtements n'arrêtait pas de nous parler de cette époque, elle chantait, je me rappelle encore les paroles : “Vous avez pris l'Alsace et la Lorraine mais malgré vous, nous resterons français ; vous avez pu germaniser la plaine, mais notre cœur, vous ne l'aurez jamais…” Mais nous n'étions pas animés par une forte conscience politique. Ce qui était important pour nous, ce qui était intense, c'était ce sentiment patriotique qui nous poussait à dire : il faut faire quelque chose ! » Son premier acte militant, Odile l'accomplit, comme d'autres, en participant à la manifestation d'étudiants qui a lieu le 11 novembre 1940, sur les Champs-Élysées – quand bien même cette dernière a été interdite. Ils sont nombreux, ce jour-là, à braver les nazis en plein Paris. « Nous nous sommes rassemblés par le bouche-à-oreille, en suivant un mot d'ordre : “Tous à l'Étoile, si possible avec un insigne tricolore !” Les seuls insignes que nous avions trouvés avec ma mère et mes sœurs, c'étaient des petits pompons de laine bleu-blanc-rouge que nous avions tricotés les uns avec les autres, et en quantité pour distribuer autour de nous. Il y avait tellement de monde que nous étions serrés les uns contre les autres. Je me souviens d'une voiture allemande essayant de se frayer un passage au milieu de la foule, et nous, l'entourant au plus près et la faisant bouger en tapant sur les garde-boue ; à l'intérieur, les visages des soldats avaient viré au vert : ils n'ont jamais osé descendre. » Subrepticement, Odile vient de basculer. « À l'époque, témoigne-t-elle, on ne parlait pas de Résistance, on disait “les affaires clandestines”, ou “les actes de terrorisme contre les Allemands”. J'avais ramassé un petit bout de craie avec ma sœur aînée, et nous dessinions des croix de Lorraine sur les murs, nous arrachions aussi les affiches de propagande des nazis et de Vichy. Je me souviens de celle avec la photo de Philippe Henriot[1] que l'on avait affublé d'une bulle comme dans une bande dessinée pour lui faire dire “Je suis un salaud” ! »

Mais la jeune femme ne peut se contenter d'un si mince engagement. « Je ne faisais que des broutilles, lâche-t-elle aujourd'hui. Je priais, j'ai beaucoup prié pendant ces années, agenouillée devant mon lit le soir, pour implorer Dieu de m'aider à trouver un mouvement de résistance sérieux. Et c'est ainsi que, chemin faisant, nous nous sommes retrouvés dans des caves à plier des journaux clandestins qui sortaient de l'imprimerie… Puis, un jour, vers la fin de 1942, en compagnie de mon amie Hélène de Fels, que j'avais rencontrée à l'Action catholique, nous avons été voir

1. Milicien et propagandiste de la collaboration sur Radio-Paris qui, en 1944, deviendra secrétaire d'État à l'Information et à la Propagande du gouvernement Laval.

un film sur la vie du père de Foucauld, intitulé *L'Appel du silence*, qui soutenait la thèse selon laquelle le missionnaire avait été assassiné en 1916 par les membres d'une ethnie, les Senoussis, sur commande des Allemands parce que, tout en étant le grand mystique que l'on sait, le père de Foucauld livrait des renseignements au deuxième bureau français.

« En sortant de la salle de cinéma, j'ai dit à mon amie :

— Ils ont de la chance ceux qui ont pu accomplir quelque chose pour leur pays pendant la guerre. Moi, je rêve de faire de l'espionnage !

— Rien de plus simple, m'a rétorqué Hélène, je connais quelqu'un qui est dans ces affaires jusqu'au cou.

« C'est ainsi que j'ai fait la connaissance d'une certaine "Mme Poirier", qui portait les cheveux blonds platinés tirés en arrière en chignon, des sourcils épilés, un visage outrageusement fardé. Elle cherchait une "boîte aux lettres", où quelqu'un pourrait déposer du courrier une fois par semaine à jour et à heure fixes et une autre personne reprendre ces documents dans les mêmes conditions.

« Et voilà comment je suis entrée dans un service de renseignements. »

Désormais, elle s'appelle Danièle. L'étudiante sage, qui ne peut rien faire seule, comme l'exige la lutte, qui n'a jamais menti à sa mère, qui n'a quasiment jamais voyagé, rejoint un groupe clandestin dénommé « Le Service zéro ». Elle ne doit, comme on l'imagine, dire à personne, y compris à ses parents, ce qu'elle fait, où elle va. Et se retrouve en cachette à faire des allers et retours entre Paris et Toulouse pour livrer et faire remonter des courriers.

« Quand j'ai appris que je devais aller à Toulouse, la foudre m'est tombée sur la tête, mais je ne sais pas pourquoi, il fallait que je le fasse… »

Elle prend le train de nuit pour Toulouse, la peur au ventre de tomber sur une connaissance, la honte, dit-elle, de « rouler la famille ». Arrivée dans la Ville rose, elle rejoint un café, s'assoit à une table sur laquelle elle dépose le courrier, une serveuse arrive, prend l'objet, et en dépose un autre à remonter à Paris. Puis notre messagère reprend le train en sens inverse et, comme si de rien n'était, rentre chez sa mère qui croit que pendant toutes ces heures, sa fille était tranquillement installée à son poste de bibliothécaire à Versailles… Ce manège, Odile l'effectue des dizaines de fois. Jusqu'au jour où sa correspondante toulousaine ne se présente pas et Odile comprend alors qu'elle a été arrêtée…

« Quand je roulais vers Toulouse pour mes missions secrètes, à l'insu de tous mes proches, dans le train filant dans l'obscurité, m'a confié un jour avec une émotion contenue Odile de Vasselot, je trompais le cafard de ma solitude en me disant : “Au fond, Dieu, lui, me voit.” Ainsi, j'avais l'impression de cultiver une relation directe avec le bon Dieu. D'être dans sa main… Il n'y avait pas d'intermédiaire entre Lui et moi. Ce sont des moments auxquels je pense souvent. Depuis, je n'ai jamais eu besoin de textes, de psaumes pour prier. Avant, j'étais une catholique par tradition, par habitude ; cette expérience m'a conduite à faire de la religion une affaire personnelle. Quand je sortais de la gare de Matabiau, je me précipitais dans une église. Dans ce lieu, moi pour qui mener une double vie, mentir à sa famille tordait le cœur, je pouvais être moi-même sans être obligée de me cacher. Je n'étais plus Danièle, je redevenais Odile. »

Cette foi chevillée l'accompagne, mais elle n'est pas son seul moteur. « La foi m'a aidée, mais je me serais engagée de la même façon même si je n'avais pas été chrétienne, m'a-t-elle expliqué un jour. Je suis catholique, certes, mais aussi patriote. Le patriotisme, c'est le tissu dans lequel j'ai été élevée, la raison première de mon engagement. Je n'avais pas lu *Mein Kampf*, je ne savais pas que l'hitlérisme était synonyme d'antisémitisme et de racisme, et représentait une hérésie. Je ne me posais pas trop de questions. Je n'avais qu'un objectif : chasser les boches du pays ! “Mme Poirier”, qui était la filleule de Paul Claudel, se disait agnostique, elle savait que j'étais très pieuse mais cela ne posait aucun problème entre nous, la Résistance était faite de “celui qui croyait au ciel comme celui qui n'y croyait pas…”, selon le poème d'Aragon qui m'a toujours guidée. »

La foi est un roc, et une source d'espérance. Mais Odile n'a pas trop le temps de se poser toutes ces questions. « Je n'ai jamais beaucoup été taraudée par l'espérance, avoue-t-elle, je vis dans le moment présent. Nous ne songions même pas à nous préparer à la mort, à être pris et fusillés. Il arriverait ce qui arriverait… Tant pis si nous étions arrêtés. »

Après la prise de la serveuse contact à Toulouse, le chef d'Odile, qui est sèchement dénommé « PCC » (pour « poste central du courrier »), demande à la jeune fille d'interrompre ses allers et retours et de ne plus rencontrer les membres du réseau. Le PCC craint qu'elle ne soit filée par la Gestapo. La jeune femme décroche à contrecœur. Pas pour longtemps. « J'étais consternée de ne plus avoir d'activité dans la Résistance, se souvient-elle. J'ai donc cherché activement une autre manière de m'engager… »

La jeune gaulliste rencontre, à travers une association catholique, Jacqueline Darcy. La jeune femme est le bras droit du père Michel Riquet, un théologien et prédicateur jésuite renommé, disciple du philosophe Jacques Maritain, directeur de la Conférence Laennec, centre spirituel d'influence qui rassemble des médecins catholiques. En pleine Occupation, le prêtre se permet de sermonner les Allemands dans l'église Saint-Sernin – il sera finalement arrêté par la Gestapo en janvier 1944, puis déporté à Mauthausen, puis à Dachau, avec Edmond Michelet. Mais, pour l'heure, cet « homme de belle allure et sociable, qui connaît tout le monde », selon la description qu'en dresse Odile, ancien soldat de la Première Guerre mondiale, est engagé dans plusieurs réseaux, Hector, le groupe Combat Zone nord et Comète. Pour cette filière-ci, il a besoin de jeunes filles comme agentes de liaison. Rôle dont va s'acquitter Odile de Vasselot.

« Beaucoup de jeunes filles, raconte celle-ci, étaient utilisées comme agentes de liaison parce que les nazis ne s'en méfiaient pas : pour eux, les filles étaient cantonnées à s'occuper des enfants, aller à l'église, travailler en cuisine ; ils étaient adeptes des trois K : *Kinder, Kuche, Kitchen.* »

Odile devient membre de la « Ligne d'évasion » Comète, convoyant des aviateurs alliés tombés au cours d'une mission de bombardement, afin de les faire rentrer en Angleterre. Cette ligne avait choisi de faire passer ces hommes par l'Espagne, *via* les Pyrénées basques et Gibraltar, comme elle le raconte dans le récit haletant qu'elle a fait de cette période[2]. Les marches dans la campagne de nuit derrière les passeurs, en prenant garde à ne pas faire de bruit, en mouillant ses bottes dans les flaques d'eau pour que les chiens ne puissent les suivre à l'odeur… Et ces traversées de gares puis de trains, se faufilant à travers les foules pour, discrètement, ouvrir le chemin aux soldats habillés en civils… Odile conservera sa vie durant un souvenir intact de ces moments.

De ce jour, notamment, où deux parachutistes anglais qu'elle convoie sont arrêtés dans le couloir du train. Elle est à leurs côtés, au milieu des autres voyageurs, elle a dans sa poche un billet de train pour trois personnes, s'ils le découvrent, les Allemands n'auront aucun mal à la démasquer… C'est une souricière ! Il faut agir vite : alors que les soldats nazis ont le dos tourné, Odile se saisit de son billet, le roule en boulette et l'avale – elle gardera longtemps dans sa bouche le goût infect de l'encre carbone. Finalement, les Allemands arrêteront à sa place un troisième homme : il

---

2. Odile de Vasselot, *Tombés du ciel. Histoire d'une ligne d'évasion*, Éditions du Félin/Résistance, 2019.

doit bien être de mèche avec les Anglais puisqu'il transporte des pommes de terre, ce qui n'est pas commun pour un passager de première classe…

Que faire ? Infernal cas de conscience. Doit-elle se livrer ou laisser ce pauvre homme se faire arrêter ? La jeune fille est coincée. Les consignes de la Ligne sont claires, elle ne peut les enfreindre, le danger est important : « Faites tout pour ne pas vous faire arrêter, même si un innocent doit l'être à votre place. Il a bien des chances de s'en tirer en prouvant qu'il n'a rien fait. En tout cas, il ne pourra rien dire puisqu'il ne saura rien. Vous, au contraire, si vous parlez – et personne ne peut être sûr de ne pas parler sous la torture –, vous risquez de dire des choses qui peuvent mettre la Ligne à terre. »

« C'est donc avec un grand malaise que je laissai partir cet homme inconnu, se souvient Odile de Vasselot dans ses Mémoires. Il avait une femme, il l'avait dit, probablement des enfants. J'en étais malade. Je ne pouvais que prier pour lui, ce que je faisais intensément. »

Les Anglais ont été arrêtés sur dénonciation d'un traître de Comète. C'est toute la Ligne qui est menacée de démantèlement. Mais Odile ne désarme pas et décide d'offrir ses services à nouveau au premier réseau dans lequel elle s'était engagée entre Paris et Toulouse, le PCC du Service zéro.

La résistante traverse la guerre en échappant par miracle aux griffes ennemies. La vie ne tient qu'à un fil… À la fin de la guerre, alors qu'elle traverse une forêt à bicyclette pour porter un message à travers les lignes ennemies, un sniper la vise. Elle sent les balles siffler à ses oreilles… À la Libération, la voici arrêtée à un barrage de FFI parce qu'on la prend pour une collaboratrice alors qu'elle ne fait encore que poursuivre sa mission, portant un message dans le nord de la France. Les libérateurs ne veulent rien entendre. Elle a beau affirmer qu'elle est résistante, personne ne la croit en cette période trouble où les doubles jeux se multiplient. Et elle ne peut fournir aucune preuve à l'appui de ses dires : elle ne connaît aucune identité des gens avec qui elle a bataillé, puisque toutes et tous œuvraient dans la clandestinité avec des noms d'emprunt…

« Comment s'appelle votre chef ?

— Je l'appelle Christian, d'autres l'appellent Philippe, d'autres encore Raoul.

— Où habite-t-il ?

— Je n'en sais absolument rien. Je le retrouvais tantôt dans le square de la Bibliothèque nationale, tantôt devant tel quai de la gare Saint-Lazare ou ailleurs encore.

— Ce serait tout de même plus simple que vous nous disiez tout de suite la vérité. »

Dans ses Mémoires, Odile de Vasselot confie ainsi cette impression « horrible », face au commissaire qui l'interroge, « de se heurter à un mur, à un esprit complètement obtus » :

« Vous dites que vous êtes en rapport avec l'Intelligence Service. Alors, montrez-moi votre carte.

— Mais enfin, si je dois entrer tout à l'heure dans une zone occupée par les Allemands, je ne vais tout de même pas avoir sur moi une carte de l'IS !

— Alors montrez-moi votre ordre de mission.

— Je ne peux pas non plus en avoir un si je suis fouillée. »

Odile est jetée dans une cellule de la police judiciaire, au milieu de femmes tondues, dont le haut du crâne porte une croix gammée peinte en noir.

Elle est brinquebalée ainsi d'interrogatoire en interrogatoire, imaginant « que l'on pouvait à tout moment ouvrir la cellule, [l]'appeler et [la] passer par les armes ».

Après la guerre, Odile de Vasselot se dévoue à son rôle d'éducatrice, et témoigne inlassablement dans les collèges, les lycées, avec pédagogie et générosité, de ce qu'elle a vécu.

Inlassablement, elle dit à ces jeunes devant lesquels elle raconte ses combats de façon très simple, mais très forte : « La seule chose que vous devez conserver dans votre esprit est qu'il ne faut jamais baisser les bras. Jamais ! »

Et, devant moi, quand elle prononce, une fois de plus, ces paroles dont elle a fait sa ligne de vie, le regard de la résistante s'embue dans ses pensées…

Chapitre 4

LE BAS CLERGÉ ENTRE EN RÉSISTANCE

Résister, ce n'est pas seulement collecter des renseignements, imprimer et distribuer des journaux clandestins, intervenir comme opérateur radio, dénoncer la propagande de Vichy, participer à des filières d'évasion, organiser et réceptionner des parachutages, combattre les armes à la main, contribuer à des actions spectaculaires, des sabotages, des assassinats… Résister, c'est aussi, d'abord, dans un climat d'effondrement général, mener une lutte patriotique et, souvent, avant tout, désobéir, se mettre dans une position de rupture. Un choix qui prend une dimension particulière pour des prêtres élevés à être des serviteurs de la Parole et soumis à ceux qui, au-dessus d'eux, la portent : le pape, les cardinaux et les évêques. Ils ont décidé de dire « non », non à l'occupant nazi, mais aussi non à leurs chefs religieux, non à leur communauté, non à leur milieu, non au pouvoir légitime… Non ! Ils risquent tout, en suivant leur conscience, en plongeant dans le combat obscur, en s'engageant face au vent de l'Histoire. La résistance spirituelle est un acte de courage à plus d'un titre.

Tel ce père Paulet, dont l'Histoire a oublié le nom, mais pas Odile de Vasselot. Prêtre officiant à la chapelle Corpus Christi, avenue de Friedland, dans le 8e arrondissement de Paris, où la résistante avait ses habitudes – ses grands-parents habitaient à côté. Elle y entendit un jour, elle me l'a raconté, ce prêtre insoumis se livrer à un sermon audacieux, en plein Paris occupé.

« Le père Paulet avait lu ce passage de l'Évangile où les apôtres lancent à Jésus : "Seigneur, nous sommes bien ici ; nous pouvons y planter notre tente." Commentant le texte, le prêtre avait dit à ses fidèles : "Eh bien, nous, nous ne pouvons pas dire que nous sommes bien ici..." L'église était pleine d'Allemands ! J'étais vraiment sidérée par cette prise de parole courageuse. En rentrant à la maison, je m'en suis ouvert à mon grand-père, en lui disant :

— Mais ce prêtre est fou ! Il va se faire arrêter...

Et mon grand-père répliqua alors, je m'en souviens comme si c'était hier, devant nous, médusés :

— Ce serait alors une bonne chose ! Qu'il y ait le plus possible de prêtres, et même d'évêques en prison serait le meilleur service qu'Adolf Hitler pourrait rendre à la religion ! Parce qu'ainsi les gens comprendraient que le Führer nous est hostile... »

Ce sacrifice, ils furent nombreux parmi les hommes d'Église à le subir. Le plus connu est le frère franciscain polonais Maximilien Kolbe, qui décida de mourir à la place d'un père de famille dans la chambre à gaz, à Auschwitz. Il a été canonisé en 1982 par le pape Jean-Paul II. Mais il y en eut d'autres, des centaines d'autres. Tels l'abbé Charles Lair, vicaire de la cathédrale de Tulle, arrêté peu avant Edmond Michelet et fusillé quelques mois après, le père Fonlupt, engagé dans le réseau Combat, le père Victor Dillard, mort à Dachau le 12 janvier 1945, personnalités auxquelles Edmond Michelet rend hommage dans *Rue de la Liberté*. À Dachau, ils furent pas moins de deux mille cinq cent soixante-dix-neuf prêtres, frères et séminaristes, arrêtés dans le Reich et toute l'Europe occupée, qui se succédèrent dans deux ou trois baraques – sur les trente du camp – de 1938 à 1945. Mille trente-quatre d'entre eux y laissèrent la vie[1].

En déambulant dans Paris, à deux pas des Invalides, passant devant une salle paroissiale, une institution bien connue des catholiques parisiens, je suis tombé sur cette plaque commémorative annonçant : *À la mémoire de l'abbé Roger Derry et de ses compagnons du Bon Conseil morts en déportation ou tombés pour la libération de Paris.*

Je ne connaissais pas l'abbé Roger Derry. Encore un nom anonyme, comme tant d'autres, gravés sur des plaques en marbre qui ornent les murs de Paris. Morts pour la France. Tant de héros oubliés.

Roger Derry était l'un d'entre eux. Il est né dans une famille ouvrière à Aube, dans l'Orne normande, en 1900. Son père, chef d'entretien dans l'usine électrique du coin, meurt quand Roger a dix ans, après avoir été alité pendant trois ans à l'hôpital, et cinq ans

1. Lire à ce sujet Guillaume Zeller, *La Baraque des prêtres. Dachau (1938-1945)*, Tallandier, 2017.

après son autre fils. Roger et sa mère s'installent chez la sœur de celle-ci à Paris, dans le quartier du Champ-de-Mars. Comme ils n'ont pas assez d'argent, Roger doit arrêter ses études, il apprend la tapisserie et, tout en s'investissant dans le patronage catholique du Bon Conseil, fondé en 1894 par l'abbé Louis Esquerré, qui le prend sous son aile, il entre comme ouvrier dans un atelier qui, malheureusement, doit fermer à cause de la guerre. À la sortie du conflit, qu'il a passé comme réfugié dans l'Orne, il entre au séminaire d'Issy-les-Moulineaux et devient prêtre en 1930. Mobilisé en septembre 1939 comme aumônier dans l'infanterie, il revient avec déjà des médailles – Légion d'honneur, Croix de guerre. Dès l'été 1940, en entendant Pétain annoncer qu'il faut déposer les armes, Roger Derry s'engage. C'est un résistant de la première heure. Il rejoint le réseau Saint-Jacques, le premier réseau de résistance en France créé par Maurice Duclos, un émissaire du général de Gaulle, agent de renseignements de la France libre, qui établit la première liaison radio entre Paris et Londres en avril 1941. Agent de liaison, le père Derry, qui a pris la direction du Bon Conseil, aide des combattants évadés et des officiers à passer en zone sud. Las, deux membres du réseau sont arrêtés en Dordogne, puis un troisième, Charles Deguy, à Paris. Il est fusillé au Mont-Valérien, le réseau est démantelé.

L'abbé Derry est arrêté au Bon Conseil le 9 octobre 1941 avec un groupe d'étudiants. Emprisonné à Fresnes, classé « *Nacht und Nebel* » (« Nuit et

Brouillard »)[2], il est déporté en Allemagne, à la prison de Düsseldorf. Au cours de son procès, il demande à être reconnu comme l'unique coupable de tous les faits, alors qu'il comparaît avec la plupart des membres du réseau Saint-Jacques, dont le Briviste Jean Védrines, blessé à l'œil pendant la Première Guerre mondiale, engagé lui aussi parmi les premiers dans le réseau, affecté comme commandant militaire des Invalides. Derry, tout comme Védrines, est condamné à mort, puis exécuté, après avoir pu dire une dernière messe, à Cologne, le 15 octobre 1943, de l'une des façons les plus horribles qui soient : il est décapité à la hache. Quelques jours auparavant, le 2 septembre 1943, dans sa dernière lettre, adressée à Georges Chevrot, le curé de saint François-Xavier, dont dépend le Bon Conseil, l'abbé Derry avait écrit :

« Je suis à quelques jours, peut-être à quelques heures, de ma mort. […] Il n'y a rien pour la nature : le corps est brisé, le cœur est meurtri, mais l'âme est dans les hauteurs. […] J'aurais pu mourir, sinon dans le péché, du moins dans la tiédeur que la trop grande activité extérieure risquait d'entraîner. Or la paille des cachots, le jeûne le plus rigoureux, les humiliations et les misères de toutes sortes, la solitude, tout ce que Dieu dans sa providence a permis pour mon bien, joint à la prière et à l'oraison continuelle, m'ont conduit sur des sommets où il fait beau et bon. »

---

2. Le décret « NN – *Nacht und Nebel* », signé par le maréchal Keitel le 7 décembre 1941, sous son appellation presque poétique, renvoie à une réalité sordide : les prisonniers visés par ce texte, considérés comme représentant un danger pour la sécurité de l'armée allemande, disparaissent sans laisser de traces et sont donc internés dans un secret absolu.

Le 26 novembre 2019, un autre nom oublié a surgi, au milieu d'une actualité tragique : la mort de treize militaires français dans l'accident de deux hélicoptères au Mali. Parmi les victimes, se trouvait un lieutenant de vingt-huit ans, Pierre Bockel. Ce jeune officier était le fils de l'ancien ministre, maire de Mulhouse et sénateur Jean-Marie Bockel, mais aussi le petit-neveu d'un prêtre hors du commun, qui l'avait baptisé et dont il portait le prénom : le père Pierre Bockel. Cet Alsacien, ordonné en la cathédrale Notre-Dame de Fourvière à Lyon le 24 juin 1943, était entré en résistance dès le mois d'août 1940, en même temps qu'il effectuait ses études de séminariste à Strasbourg, ne pouvant se résoudre à voir sa terre natale annexée par le Reich et n'ayant de cesse de préparer la reconquête.

Pierre Bockel rejoint le réseau Martial – celui qui organisera l'évasion du général Giraud en 1942 –, fondé par Paul Dungler. Cet industriel du textile de Thann – ville où le père du prêtre, Louis Bockel, était notaire –, catholique fervent et patriote passionné, a monté cette organisation structurée à partir des réseaux de l'Action française, groupe dont il est militant. Il enrôle Bockel. Le patriotisme terrien du prêtre alsacien le conduit à rédiger, en septembre 1943, un numéro unique de soixante-quatre pages – imprimé à soixante mille exemplaires (le double du tirage habituel) – des *Cahiers clandestins du Témoignage chrétien* qui a pour titre : « Alsace et Lorraine, terres françaises ». En juin 1944, Bockel rejoint le maquis et contribue à la création de la Brigade Alsace-Lorraine, dont il sera l'aumônier et qui aura pour commandant un certain « colonel Berger », qui n'est autre qu'André Malraux. À partir de leur rencontre au PC du général de Lattre de Tassigny, à Besançon, naît entre le prêtre et l'écrivain une amitié indéfectible. Le père Bockel parle ainsi de Malraux, dans son autobiographie, *L'Enfant du rire*, parue en 1973 :

« Dans le baptême du feu et de la liberté, Malraux fut pour nous le grand prêtre de cette initiation. Il fut aussi l'inspirateur tout à la fois présent et mystérieux de notre fraternité, dont la force était à la mesure de son projet de fraternité universelle. Nous recevions de Malraux sa foi en la transcendance de l'homme[3]. »

Quel plus beau message spirituel que ce lien entre le prêtre catholique et l'écrivain agnostique, dont Bockel, dans un chapitre de son livre, soulignera la proximité chrétienne. « Il m'a obligé à plus d'exigence au plan sacerdotal [...], écrit le prêtre à propos de son ami. Il m'a révélé la dimension, je dirai la démesure des valeurs essentielles de l'Évangile, celles de la liberté, de la soumission à la transcendance, de la fraternité, de l'engagement et du dépassement. » « [Il est essentiel que] nous mettions l'accent sur notre défense de la part éternelle de l'homme, que nous la concevions ou non comme liée à la Révélation », écrit magnifiquement Malraux dans une lettre du 28 août 1948 à son ami. Cette « part éternelle de l'homme », c'est pour l'écrivain « ce qui en lui le dépasse ». Les uns qualifient cette dimension par la fraternité, d'autres par la foi, les

3. Pierre Bockel, *L'Enfant du rire*, Grasset, 1973.

deux peuvent conduire ceux qui empruntent ces chemins vers l'absolu jusqu'au sacrifice.

C'est le père Bockel qui prononcera l'homélie de la messe de la libération de Strasbourg, dans la cathédrale, le 18 janvier 1945.

Ce prêtre de feu faisait partie de « la bande à l'abbé Flory », comme la désigne le « faussaire résistant » lyonnais Jean Stetten-Pigasse, surnommé ainsi parce qu'il fabriquait des faux papiers, dans sa biographie, *Sur le fil de l'espoir*. Celui-ci décrit Bockel comme « un brun au regard concentré », « un homme d'action » qui « s'occupait d'un réseau de passage pour l'Espagne et en tant qu'Alsacien en lien direct avec un service d'espionnage ». Jean Flory, qui fut à l'origine de la vocation du père Bockel et de tant d'autres tant ce prêtre lyonnais, défenseur de la laïcité et du catholicisme social, savait s'entourer de jeunes, était un « inspirateur spirituel », selon le mot du père Jean Kammerer, l'un des quatre séminaristes alsaciens membres de « la bande à l'abbé Flory ». Dans le livre de Stetten-Pigasse, un autre résistant, André Kaemmerlen apporte le témoignage suivant sur l'abbé Jean Flory, ce qui donne une idée de la dimension du personnage :

« L'abbé Flory était un phénomène extraordinaire, animé d'une profonde et véritable foi. Pendant la Première Guerre, il avait participé à la bataille de Caporetto. Alors que tous les officiers de son bataillon avaient été tués, il avait pris le commandement. Plus tard, muté en Champagne, il avait vu brûler une synagogue et sans réfléchir il était entré pour y récupérer le Talmud, qu'il voulait sauver des flammes, et l'avait remis au rabbin. Cet acte lui avait donné un grand crédit auprès des juifs et le jour de son enterrement, une cinquantaine de rabbins de France sont venus assister à ses obsèques. »

Outre sa formation de séminariste, l'abbé Flory se distinguera pendant les fêtes de Noël 1942 en affublant Jésus, Marie et Joseph dans la crèche de son église d'étoiles jaunes pour rappeler leur origine juive, puis, surtout, il s'engagera auprès du père Chaillet dans *Les Cahiers clandestins du Témoignage chrétien*, dont nous reparlerons bien entendu, puisque cette équipe fut le fer de lance de la « résistance spirituelle ».

Nombre d'ecclésiastiques se sont comportés en héros, en laissant peu de traces de leurs actes sinon dans la mémoire de ceux qu'ils ont sauvés. En août 2020, le quotidien espagnol *El País*, dans son supplément magazine *Semanal*, exhumait ainsi l'histoire de quatre prêtres de la mission catholique espagnole, rue de la Pompe à Paris, qui, entre 1940 et 1944, accueillirent des juifs de Salonique et d'Istanbul et leur famille, et les sauvèrent en fabriquant des faux certificats de baptême catholiques. Une liste de cent cinquante-cinq noms fut ainsi retrouvée, en 2020, par hasard, par un jeune historien qui révélera cette histoire oubliée de la Seconde Guerre mondiale longtemps après la mort des protagonistes. Ils n'en avaient parlé à personne. Ils ont poursuivi leurs vies sacerdotales comme si rien ne s'était passé, puis ils sont partis avec leur secret. Sans doute parce qu'ils considéraient qu'ils n'avaient fait que leur devoir. Leur devoir d'hommes, et de prêtres.

Chacun fait ce qu'il peut, comme il peut, avec ses armes, près de chez lui. C'est ainsi que l'abbé Charles

Prévost, un ancien avocat mondain converti à la prêtrise sur le tard, dans l'Enclos Saint-François qu'il a fondé à Montpellier – à cinq cents mètres d'un bureau de la Gestapo –, héberge certains des « enfants d'Izieu », qui lui sont confiés par Sabine Zlatin, infirmière et juive. Malheureusement, celle que l'on surnomme « la dame d'Izieu » apprendra chez l'abbé que quarante-quatre de ses protégés ont été raflés le 6 avril 1944 sur ordre de Klaus Barbie. Les enfants mourront exterminés à Auschwitz. Dans sa déposition au procès de celui-ci, Sabine Zlatin parlera du père Prévost, décédé en 1948, et dans une lettre adressée à son successeur, le père Robert Pin, elle louera cet homme, incarnation de « l'image de la bonté et du courage ».

Partout en France, oui, partout, au cœur de cette nation de « quarante millions de pétainistes »[4], suivant la formule du journaliste Henri Amouroux qui fit florès et fixa tragiquement pour longtemps la doxa, on trouve des histoires édifiantes de ce type. Celle par exemple de Dimitri Klépinine, russe blanc émigré à Paris en 1925 afin de fuir le régime bolchevique et de suivre les études de théologie de l'Institut Saint-Serge. Ce prêtre orthodoxe engagé auprès de ses frères russes, « sans domicile fixe » ou ouvriers dans les usines Renault de Billancourt, vient en aide aux juifs persécutés, en fabriquant notamment de faux certificats de baptême, aux côtés de la solaire mère Marie,

4. Voir Henri Amouroux, *La Grande Histoire des Français sous l'Occupation*, t. II, *Quarante Millions de pétainistes*, Robert Laffont, 1976.

que nous croiserons dans un prochain chapitre. Klépinine recueillit chez lui des enfants après la rafle du Vél' d'Hiv, en cacha d'autres dans le camp de Compiègne, où il sera lui-même interné par la suite. Déporté au camp de Buchenwald en décembre 1943, il meurt à Dora d'épuisement et des suites d'une pneumonie, au milieu des immondices, selon le témoignage de son ami Georges Kazatchkine, en février 1944. Lors d'un interrogatoire par la Gestapo, projetant son crucifix à la face de ses tortionnaires, le prêtre aurait lancé : « Et ce juif-là, vous le connaissez ? »

Les soutiers de Dieu rachètent les compromissions de leurs supérieurs. Ils ont choisi le combat du bien, sans toujours le savoir, sans jamais le dire, dans l'ombre d'évêques corrompus. Nombre d'innocents pourchassés par les nazis leur doivent la vie, et l'Église de France son salut. Sans eux, elle aurait sombré, sous le poids des fautes de ses chefs.

Dans le Gard ainsi, quand l'évêque, Mgr Girbeau, se complaît dans le « loyalisme sans inféodation » à Vichy, son « bas clergé » officie dans le maquis, comme le montrent des rapports du commissaire principal au préfet, épluchés par Fabrice Sugier et Monique Vézilier[5]. Le fonctionnaire fait état de plusieurs prêtres qui, en avril 1943, « critiquent, quelquefois ouvertement, les mesures prises par un gouvernement qui n'est rien de plus que le serviteur d'Hitler ». Deux mois plus tard, le même commissaire relève que « de nombreux »

---

5. Monique Vézilier et Fabrice Sugier, *Le Gard dans la guerre (1939-1945)*, *op. cit.*

prêtres critiquent à la fois Laval et la politique de collaboration, puis, en mars 1944, que beaucoup « sont apparemment plus ou moins sous l'influence de la propagande clandestine comme *Les Cahiers clandestins de Témoignage chrétien* ».

Certains de ces ecclésiastiques, à l'instar du curé de Laudun ou de l'abbé Stevens de Cavillargues, sont signalés par les collaborateurs pour leurs prêches contre la politique mise en œuvre par la révolution nationale. D'autres se montrent encore plus actifs, à l'instar d'Aimé Tournaire, le curé de Saint-Michel-d'Euzet, qui est aussi secrétaire de mairie et distribue des cartes d'identité et de ravitaillement ; de Fernand Leclercq, prêtre à Nîmes, qui soutient Combat et l'Armée secrète à partir de février 1943 ; de l'abbé Louis Duplan, curé de Saint-Vincent-de-Paul à Nîmes, qui contribue aux filières de passages de clandestins vers les maquis ou l'Afrique du Nord.

Figure iconoclaste parmi d'autres, le père Alary, curé d'Arre, un village près du Vigan, parfois qualifié de « curé rouge », appelle à prier pour la France libre et décide de se « laisser pousser la barbe jusqu'à ce que le nazisme ait été détruit » – il tiendra jusqu'à la Libération. Il organise des filières de ravitaillement et d'équipement pour le maquis, cache nombre de combattants chez lui. Mgr Girbeau, qui est au courant du manège, le met en garde plusieurs fois, comme dans cette missive de septembre 1942 : « Quelle que soit votre opinion sur l'Angleterre et l'Allemagne, gardez-la bien serrée au fond de votre cœur et veillez à n'en parler à personne… Pourquoi avez-vous laissé croître votre barbe ? D'aucuns disent que vous avez promis de la couper après la victoire anglaise. Vos confrères rient ; mais l'autorité civile s'irrite. On vous observe. Vous avez à la préfecture une fiche qui vous présente comme l'ennemi du gouvernement actuel et le partisan aveugle et passionné de M. de Gaulle. J'ai vu longuement M. le préfet à votre sujet : pourrai-je écarter la menace qui pèse sur vous ? Je l'espère, mais tenez-vous tranquille. » Le 11 novembre 1942, le curé brave l'interdiction par Vichy de toute célébration – pour éviter les manifestations gaullistes – en organisant une cérémonie aux monuments aux morts. De plus en plus menacé, il rejoint le maquis, à l'âge de soixante et onze ans, où il combattra jusqu'à la Libération.

La grande figure du maquis cévenol est alors le pasteur Laurent Olivès qui, dès 1940, fait fabriquer de faux papiers pour les proscrits, puis cache les fuyards et les conduit lui-même à travers les forêts de l'Aigoual dans des familles d'accueil. Il deviendra l'un des initiateurs du maquis d'Ardaillers, dans lequel il installe même une école des cadres.

Autre personnage, Georges Gillier, pasteur à Mandagout, qui cache des juifs, leur fournit de faux certificats de baptême et sera l'un des artisans du maquis local.

Ces pasteurs sont influencés par la pensée du pasteur suisse allemand Karl Barth, qui incite les protestants à s'engager contre l'idéologie nazie. Dans une lettre à ses coreligionnaires français, le théologien de Bâle s'élève contre « le silence triste » qu'il considère comme « la réserve féconde de ceux qui ont trop à faire secrètement pour pouvoir beaucoup parler ». Et il lance : « Dans l'Église de France, la guerre doit continuer spirituellement. L'Église de France ne saurait conclure la paix ou l'armistice avec Hitler. »

C'est ainsi qu'agit le pasteur Lauriol, dont la résistante Georgette Meyrueix se souvient en ces termes, dans un témoignage recueilli par le pasteur Aimé Bonifas : « Comment ne pas évoquer les cultes du pasteur Lauriol au Grand Temple qui, en plus du message biblique, par des allusions très pertinentes, nous redonnait espoir ? »

La « résistance spirituelle » prend sa source dans ce qu'on a appelé « les thèses de Pomeyrol », fruits d'une réflexion partagée par plusieurs pasteurs au cours de rencontres et qui, souligne l'historien Patrick Cabanel, « sonnent comme une déclaration de guerre spirituelle au régime et à son antisémitisme[6] ».

Ainsi, dans le premier de ces textes, dès septembre 1941, les pasteurs affirment : « Fondée sur la Bible, l'Église reconnaît en Israël le peuple que Dieu a élu pour donner un Sauveur au monde et pour être, au milieu des nations, un témoin permanent du mystère de sa fidélité. C'est pourquoi, tout en reconnaissant que l'État se trouve en face d'un problème auquel il est tenu de donner une solution, elle élève une protestation solennelle contre tout statut rejetant les juifs hors des communautés humaines. »

Un peu partout en France, on trouve aujourd'hui des musées et des centres de documentation qui perpétuent l'histoire de la Résistance, conservant témoignages

6. Patrick Cabanel, *De la paix aux résistances. Les protestants en France de 1930 à 1945*, *op. cit.*

et archives. Certains sont importants, tel celui de Lyon. D'autres sont plus discrets, et sont maintenus grâce à l'énergie de bénévoles, et les soutiens de collectivités locales. C'est ainsi que j'ai découvert le centre régional Résistance et Déportation de Castelnau-le-Lez, commune des faubourgs de Montpellier, dont le nom ne reflète pas la sobriété du lieu. Dans la bibliothèque de cette maison discrète, j'ai déniché un petit livre qui prenait la poussière, à l'auteur oublié, lui aussi.

Il s'appelait Paul Parguel, il était abbé, et en 1946 il avait signé un témoignage au titre éloquent : *De mon presbytère aux bagnes nazis. Mémoires d'un prêtre déporté en Allemagne.* Sur la couverture de l'ouvrage, l'homme de Dieu avait placé cet exergue, tiré de l'Épître aux Corinthiens de saint Paul (chapitre IV, versets 11 à 13) : « À cette heure encore, nous sommes meurtris de coups, nous n'avons ni feu, ni lieu, et nous nous épuisons à travailler de nos mains... Nous sommes comme le rebut des hommes. » Et à l'intérieur, un autre exergue, une phrase de Maxime Gorki, cette fois : « On n'étouffe pas la vérité avec du sang. »

S'il a aujourd'hui son avenue à Montpellier, l'abbé Paul Parguel, curé de Sainte-Bernadette, paroisse étudiante dans le quartier des hôpitaux et des facultés dont il fut le bâtisseur, n'a guère laissé de traces, hormis ce petit livre de souvenirs, témoignage oublié et pourtant exceptionnel car écrit sur le vif, et visiblement par un homme de cœur. Il est arrêté à son presbytère début mars 1944, refusant de livrer les noms des paroissiens et paroissiennes qui se sont engagés dans la Résistance et qu'il protège ; le brave curé sera emprisonné, torturé aux « Rosiers », la maison qui accueille les bureaux de la Gestapo, puis interné à Compiègne et au camp de Neuengamme, en Allemagne. Il se taira. Son combat, l'homme de Dieu le nourrit à la sève de l'Évangile.

« Dans la Résistance, écrit l'abbé Parguel, la souffrance, l'exil, le patron était coude à coude avec ses ouvriers, le militant de parti politique avec ses adversaires d'hier, tous oubliaient des divisions souvent sans fondement et ils cherchaient les uns et les autres, dans des cercles d'études appropriés, les moyens de réaliser demain une union plus étroite et plus forte. Tous les courants politiques et toutes les classes sociales, unis pour un but commun, fraternisaient avec un enthousiasme que les difficultés de la vie de camp n'arrivaient pas à émousser. »

Qu'est-ce qui porte ces fantassins de Dieu ? L'amour et le partage : « Tout ce que vous faites aux plus petits d'entre nous, c'est à moi que vous le faites », comme le dit Jésus. Mais pas seulement. Ils sont aussi entrés en résistance contre un Reich et un régime de Vichy qui instrumentalisent la foi, leur Foi, au service d'une idéologie de haine. L'abbé Parguel raconte ainsi comment le 1er mai 1944, traversant une partie de Paris avec un groupe de prisonniers encadré par quatre soldats allemands, il fit cette drôle de rencontre :

« Nous, disciples et ministres du Christ, emprisonnés pour avoir défendu selon l'Évangile la liberté et la justice, nous avons pu voir sur les murs de Paris ces affiches d'une allocution du maréchal Pétain : “L'Allemagne… dernier rempart de la civilisation chrétienne…” Dérision que les Parisiens, goguenards, ne manquaient pas de souligner en montrant du doigt notre cortège. » Il égrène les noms de ses compagnons d'infortune, les abbés Coutteret et Priou, Vincent Badie, député de l'Hérault, Guy de Moustier et son père, le marquis de Moustier.

À la rescousse, le curé cite encore saint Paul, dans sa Deuxième Épître aux Corinthiens (chapitre IV, 8-11). Le texte aurait été écrit en grec ancien vers l'an 55 de notre ère, et pourtant, les mots tapent avec une acuité étonnante, à un point tel que la résistance chrétienne pourrait les utiliser pour un tract :

« Nous sommes opprimés de toute manière, mais non écrasés, dans la détresse mais non dans le désespoir, persécutés mais non délaissés, abattus mais non perdus, portant toujours avec nous dans notre corps la mort de Jésus afin que la vie de Jésus soit aussi manifestée dans votre corps. »

La foi est un roc.

Le 28 mai 1944, un soldat SS accueille l'abbé Parguel au camp de Neuengamme, à dix kilomètres d'Hambourg, par ces mots :

« Voyant que je portais une croix, il s'approcha et me fit comprendre que cet insigne était interdit :

— Ici, me dit-il en français, il n'y a qu'une croix, celle de fer ou celle de bois, il faut choisir.

« Et prenant *Le Livre de prières du prisonnier* qui sortait de ma poche :

— Pas d'église non plus, ajouta-t-il en riant, une cantine et un bordel. C'est compris ? »

L'abbé poursuit :

« Les prêtres, au nombre de quinze, avaient été partout les soutiens de leurs camarades pendant le voyage. Mais leur présence n'était guère agréable aux SS et ceux-ci allaient nous le prouver. En effet, prêtres et religieux se trouvant dans les groupes étaient convoqués, et aussitôt, sans motif sinon la haine que pouvait inspirer l'idéal que nous représentions, une rouée de coups de bâtons s'abattait sur nous. Pour certains, ce fut dans un espace de quelques dizaines de mètres carrés une vraie chasse à courre. Pour d'autres, dont je fus, avertis par nos camarades, nous ne dûmes notre salut qu'aux haillons de vêtements civils qu'ils purent nous procurer. Le jeune frère Joseph, des dominicains de Bordeaux, plus remarqué en raison de son costume blanc, connut ce jour-là les souffrances d'une véritable flagellation. C'était pour lui le début d'un calvaire qui devait se terminer par sa mort à Dachau le 5 janvier 1945. »

Le père Parguel partage l'enfer de Neuengamme avec, outre les abbés Priou et Coutteret, l'abbé Leroy, un Vendéen qui mourra en Allemagne, le révérend père Muller, qui devait lui aussi y laisser la peau quelque temps plus tard. Comme Edmond Michelet, Paul Parguel témoigne aussi de « quelques-uns des plus beaux exemples de fraternité vécue » qu'il a observés chez les prisonniers communistes. « Ils avaient poussé très loin, souligne le prêtre catholique, la conscience d'appartenir à une communauté dont tous les membres étaient dans le malheur étroitement dépendant les uns des autres. Leur solidarité était magnifique, plusieurs s'interdisaient même, au moment de l'épluchage des légumes, de manger en cachette pommes de terre ou carottes crues, pour ne pas grever la portion si maigre de leurs compagnons de bagne. » Et le brave curé de lancer, avec lyrisme :

« Déjà, nous bâtissions ensemble la cité future dans la fraternité et le respect des uns et des autres. L'un d'eux, qui travaillait à la forge de l'usine, voulut comme marque de son amitié me donner un souvenir, il me façonna une petite croix en aluminium que je garde précieusement. »

L'un de ses compagnons codétenus lui inspire un hommage particulier. Il s'appelle l'abbé Coutteret ; arrêté par la Gestapo pour avoir secouru un officier américain, « se donnant à tous sans compter », il mourra d'épuisement le lendemain de la Libération.

« Après avoir rabattu sur sa tête la couverture, en forme de capuchon, et récité les prières de la sépulture, nous recouvrîmes son corps de terre, se souvient notre témoin. Sur le tertre, nous plaçâmes une croix que nous avions faite nous-mêmes et sur laquelle j'écrivais au crayon-encre ces quelques mots : *Ici repose l'abbé Germain Coutteret, Prêtre du Christ, Fils de France, Curé de Bouffar (Doubs), mort le 3 mai, le lendemain de sa libération, victime de la barbarie allemande.* »

Pour soutenir l'engagement en résistance de l'abbé Parguel, comme de nombreux autres, un organe de presse joua un rôle primordial. Le curé montpelliérain le célèbre dans son livre ; et son presbytère, comme tant d'autres, en assura la distribution. « Au milieu de cette confusion, de cette anxiété de l'esprit et du cœur, *Les Cahiers clandestins du Témoignage chrétien*, avec la voix de la Radio du Vatican, furent pour nous de précieuses consignes, écrit l'abbé. Le cri d'alarme des premiers cahiers – "France, prends garde de perdre ton âme" et "Les voiles se déchirent" – réveilla dès 1941, dans l'âme de tous, les sentiments de foi et d'héroïsme des chrétiens des premiers siècles. Les cahiers suivants, avec "Défi" et "Déportation", venaient nous raconter tout ce que nos frères de tous les autres pays occupés avaient souffert pour garder leur idéal et sauver leur patrie. Cela il fallait le dire bien haut, il fallait qu'on le sache partout. C'était un devoir d'enrayer cette vague de mensonge qui s'infiltrait peu à peu dans les esprits. C'était un devoir surtout d'empêcher la "satanique" doctrine nazie, comme l'appelait Pie XI lui-même, de tuer l'âme de la France sous prétexte de "collaboration" et de "lutte pour la civilisation". »

L'aventure des *Cahiers* débute à Lyon dès 1941, et là aussi fut animée par une poignée de prêtres, les pères jésuites de Fourvière. Les *Cahiers* ? « Une lumière fulgurante qui a surgi du fond de la nuit », une révolution, comme le soulignent les historiens Renée et François Bédarida, dans l'ouvrage qu'ils leur ont consacré. Les jésuites résistants en appellent au sursaut des consciences, dans un monde catholique où, soulignent nos historiens, « toute expression apparentée au libre examen, ou même simplement toute forme d'indépendance critique apparaissait entachée de protestantisme ».

Les *Cahiers* apportent bien davantage que les journaux et tracts clandestins de la Résistance qui diffusent des slogans et des commentaires cinglants. Les *Cahiers* – on reconnaît là la patte jésuite – sont bien plus que des vecteurs de communication, ils sont des petits *vademecum* de réflexion, ils en appellent au sursaut des âmes. « Nourrie de théologie – spéculative ou morale –, d'ecclésiologie, de christologie, de patristique, d'exégèse, la culture du *Témoignage chrétien* se situe sans conteste dans l'héritage intellectuel des années 1930, précisent les Bédarida. On y retrouve l'influence de Péguy, de Blondel, de Mounier, de Mauriac, de Bernanos, et plus que tout autre de Maritain – le Maritain d'*Humanisme intégral*, son maître ouvrage de 1936 qui, à l'encontre des totalitarismes misant sur l'État pour créer un "homme nouveau", défendait la vision d'un nouvel humanisme respectueux des personnes, des corps sociaux et des nations tout en reconnaissant la légitimité d'un espace propre pour le temporel et son autonomie. »

Le premier numéro paraît le 16 novembre 1941, pour « empêcher la lente asphyxie des consciences », et le premier article porte un titre en forme de programme spirituel : « France, prends garde de perdre ton âme ». L'initiative en revient au père Chaillet, mais pour ce numéro initial, c'est le père Gaston Fessard, théologien parisien officiant à la revue *Études*, qui tient la plume. L'équipe est constituée d'autres théologiens de calibre, les pères de Lubac et Yves de Montcheuil, et est largement inspirée par Victor Fontoynont, préfet des études, humaniste et helléniste qui jouit d'un grand magistère intellectuel et moral. Tous, selon la juste expression de leur chef de file, le père Pierre Chaillet, brandissent « la Croix contre la croix gammée »[7].

---

7. Pour en savoir plus : lire Jérôme Cordelier, *Rebelles de Dieu*, *op. cit.*

De 1941 à la Libération, treize cahiers seront ainsi publiés et diffusés sous le manteau tous les deux mois – jusqu'à trente mille exemplaires, et même cinquante-cinq mille pour le numéro d'août-septembre 1943 – ; ils seront même doublés, parfois, par des courriers mensuels tirés entre cinquante et cent vingt mille exemplaires, et même exceptionnellement deux cent mille. « Nous sommes de simples chrétiens, affirme le père Chaillet. Sans prétendre engager d'aucune manière la hiérarchie [...] nous accomplissons le devoir qu'a tout croyant [...] de porter témoignage de sa foi [...], de la défendre quand elle est menacée. »

Témoignage chrétien est bien plus qu'un journal, c'est une véritable organisation souterraine dont les ramifications irriguent la zone sud, qui diffuse une pensée résistante mais aussi assure l'entraide auprès de réfugiés. Le « résistant faussaire » Jean Stetten-Pigasse témoigne ainsi de la façon dont il fut enrôlé par le père Chaillet pour fabriquer de faux papiers. « Les premiers papiers pour *Témoignage chrétien* ont été difficiles à réaliser, raconte-t-il dans son autobiographie. Le père Chaillet m'avait donné une poignée de cartes à tamponner au plus vite en me précisant qu'il y en aurait d'autres rapidement. Au début, pour l'essentiel, je réalisais de fausses cartes d'identité. *Témoignage chrétien*, qui les achetait vierges, me les remettait en même temps que les modèles des tampons voulus. Je fabriquais le cachet du commissariat ou de la mairie dont il s'agissait si je ne l'avais pas encore fait, j'apposais le cachet et la signature du préposé, j'attribuais un numéro aux cartes et je renvoyais le tout à *Témoignage chrétien.* »

Les artisans des *Cahiers* agissent dans le sillage de leur ancien professeur au scolasticat de Fourvière, le père Victor Fontoynont, qui exerce sur eux un grand magistère spirituel et, dès l'été 1940, s'oppose à Vichy. Hostile à Pétain, il ne croit pas à cette restauration spirituelle que « vend » le nouveau régime et ne cesse de mettre en garde ses coreligionnaires contre les accommodements maréchalistes qui conduisent dans la réalité à la soumission de l'Église au pouvoir. Fontoynont veut « défendre l'âme de l'esprit chrétien ». Il adresse une note en ce sens au provincial de la Compagnie. Son assistant, le père Norbert de Boynes, lui répond par une vibrante profession de foi au nouveau régime. Le texte, exhumé par l'historienne Renée Bédarida, affirme en effet :

« Nous devons tout d'abord accepter le gouvernement établi et lui obéir en tout ce qui n'est pas contraire à la loi de Dieu, quelles que soient nos préférences politiques. En tout cas, nous ne devons pas lui faire d'opposition soit à l'intérieur de nos communautés, soit à l'extérieur. Nous devons même user de notre influence, là où elle s'exerce, pour amener les âmes, s'il y a lieu à pratiquer l'obéissance que tous, surtout les catholiques, doivent au chef de l'État. »

Quand on sait que les soldats d'Ignace de Loyola doivent à leurs supérieurs vœu d'obéissance – « comme un cadavre » (*perinde ac cadaver*), affirme même leur fondateur –, on imagine les risques pris par les jésuites de Fourvière en lançant la « résistance spirituelle ». Ils se mettent au ban de leur hiérarchie, des maîtres de l'Église, de la majorité des croyants et de l'État.

Partout en France, la guerre déchire les paroisses. Il en est ainsi, par exemple, dans le diocèse d'Aix-en-Provence, où l'archevêque, Florent Du Bois de La Villerabel, jeune séminariste au moment de la discussion de la loi de 1905 sur la séparation de l'Église et de l'État, nommé en 1940, fait partie des prélats qui soutiennent Pétain, l'accueillant dans sa cathédrale. « Et il restera pétainiste jusqu'à la fin : il ne s'est jamais réveillé », nous explique aujourd'hui le père Hervé Chiaverini, chancelier de l'archevêché, et historien de formation.

Et pourtant, dans ce diocèse, se trouvait le camp des Milles, où furent parqués plus de dix mille internés entre 1939 et 1942, de près d'une quarantaine de nationalités, parmi lesquels beaucoup d'artistes et d'intellectuels, dont deux mille juifs, hommes, femmes, enfants qui seront déportés vers Auschwitz, *via* Drancy et Rivesaltes. Mgr Du Bois de La Villerabel a fermé les yeux. « L'aumônier de la Résistance est venu le voir en 1944 pour lui dire que s'il ne partait pas il serait pendu, explique le père Chiaverini. Il a essayé de revenir, mais il a fait partie des sept évêques qui ont été démissionnés à la Libération à la demande du gouvernement de Georges Bidault. » Du catholique Bidault… L'archevêque sera remplacé par le père Charles de Provenchères, « qui avait protégé des pourchassés à Moulins dans le petit séminaire dont il était le supérieur », explique notre historien. Acte symbolique fort : à la Libération, le parvis de la cathédrale d'Aix sera débaptisé pour devenir la place des Martyrs-de-la-Résistance.

Pendant que l'évêque Du Bois de La Villerabel fait les yeux doux à Pétain, son bras droit, le vicaire général

Mgr Marius Chalve, résiste. « Il s'occupait d'une maison de prêtres à Miramas qui accueillit beaucoup de réfugiés, dont notamment le grand rabbin de Marseille et sa famille, que le père Chalve a sauvé de la déportation, souligne le père Chiaverini. À cette époque, il ne s'agissait pas seulement de venir en aide aux juifs mais plus largement d'assister les personnes dans la détresse, au nom des valeurs évangéliques de solidarité. » Plusieurs prêtres du diocèse ont rejoint les rangs de la Résistance. « Ces pères qui résistaient, remarque Hervé Chiaverini, étaient des gens ordinaires qui n'agissaient pas forcément dans une élaboration métaphysique ou idéologique, mais simplement dans le but de faire du bien aux autres, autour d'eux, où ils se trouvaient. »

Couvents et monastères deviennent des refuges pour les juifs persécutés. Des familles entières sont ainsi accueillies par les moines de Saint-Martin de Ligugé, dans la Vienne, ou d'En-Calcat, dans le Tarn, ou encore par les sœurs de Notre-Dame-de-Sion : sept d'entre elles seront faites Justes parmi les nations.

Dans le Sud, plusieurs couvents dominicains servent de centres d'accueil clandestins. À Nice, comme me l'a raconté un jour l'archiviste de la province, le frère Laurent Béthoux, le père Maximin Barrière (1907-2001) aménage des cachettes pour des familles « sous les voûtes de l'Église, au milieu de magnifiques poutres du XIIIe siècle ». Notre témoin religieux, né le 18 octobre 1926, se souvenait aussi lors de notre rencontre du père Stève, honoré aujourd'hui d'une placette à son nom à Nice.

« Je l'ai très bien connu, racontait le frère Laurent Berthoux. Il cachait beaucoup de monde dans notre couvent de Marseille, et discrètement à partir de 1942, il assurait lui-même le passage, en habit dominicain et bréviaire à la main, de ces hommes, de ces femmes, et de ces enfants vers l'Espagne. Mais un jour, arrivant dans un village espagnol avec ces protégés, il a été dénoncé à la police par… le curé. Heureusement, le père Stève a été averti et il a pu rentrer à Marseille. Après la guerre, historien de l'Antiquité, il a procédé à plusieurs fouilles en Irak. Puis il a fini sa vie au couvent de Nice. C'était un homme charmant, très doux mais qui pouvait être catégorique. Il parlait peu de cette période, et encore moins de son action. »

Sous la houlette du père Reginald de Parseval, en lien avec les jésuites des *Cahiers*, dont ils furent parmi les premiers à assurer la diffusion clandestine, et avec le groupe piloté par Edmond Michelet pour, notamment, obtenir de faux papiers, les dominicains de Marseille, jeunes et dynamiques, font de leur couvent une plaque tournante de la « résistance spirituelle ». Dès la mi-septembre 1940, comme le raconte l'un des meilleurs historiens de l'ordre, le père Augustin Laffay, dans une étude documentée qu'il a eu l'amitié de me transmettre, les frères dénoncent dans un tract-programme le « régime policier » que représente Vichy. Les religieux sont sensibilisés aux drames qu'affrontent les juifs, parce que leur couvent, dès 1939, est devenu le refuge de milliers d'Allemands et d'Autrichiens qui fuient le régime nazi.

« Moi-même et mes principaux collaborateurs, les pères Perrin et Boulogne, étions littéralement assaillis par ces êtres poursuivis et traqués, note le père de

Parseval. Dans les parloirs du couvent, dans la rue, dans les divers lieux où nous nous trouvions pour notre ministère, nous étions interpellés par "quelqu'un qui désirait nous entretenir d'un sujet personnel et grave"... Ce "quelqu'un", vous devinez qui c'était... Un juif, qui s'inquiétait pour lui, pour sa femme et ses enfants... »

Parmi ces réfugiés, l'écrivain allemand Ernst Erich Noth, pourchassé par les nazis depuis la parution d'un essai antihitlérien, *La Tragédie de la jeunesse allemande* (1934). Noth a rencontré le père Raymond-Léopold Bruckberger, l'incroyable « Bruck », résistant de la première heure, ami de Georges Bernanos, qui deviendra l'aumônier des Forces françaises de l'intérieur (FFI), célébrera la messe de la libération de Paris à la cathédrale de Notre-Dame devant de Gaulle, tout en accompagnant les miliciens Bassompierre et Darnand, dont il était l'ami et le confesseur, jusqu'au peloton d'exécution[8].

Vient aussi frapper à la porte du couvent la philosophe juive Simone Weil, qui entretiendra un long dialogue spirituel avec un autre dominicain valeureux, le père Joseph-Marie Perrin. Lequel écrira à son propos dans son livre de souvenirs, *Comme un veilleur attend l'aurore*[9] :

« Ce que j'étais pour elle ? Un prêtre, le seul prêtre qu'elle connût. J'aurais pu être le "vicaire de garde" à

---

8. Lire son portrait dans Jérôme Cordelier, *Rebelles de Dieu*, *op. cit.*

9. Joseph-Marie Perrin, *Comme un veilleur attend l'aurore*, Éditions du Cerf, 1998.

qui s'adressent indistinctement le pauvre mendiant un secours, le fidèle désirant la grâce d'un sacrement et l'incroyant en quête de Dieu. C'est à cela que ressemblait ma vie d'alors, en y ajoutant une aumônerie d'étudiantes et le souci dévorant des malheureux traqués, pour qui il fallait trouver refuge ou moyen de fuir. Ce qu'elle était pour moi ? Une âme que j'avais la terrible responsabilité de servir et qui me faisait l'émouvante confiance de me parler de sa vie avec Dieu. »

Non seulement les dominicains de Marseille ouvrent leurs portes aux réfugiés, mais ils accueillent aussi les réunions clandestines des résistants. Ils agissent, souligne le frère Augustin Laffay, au nom d'un « choix de conscience individuel », qui contrecarre « le passif maurrassien de la province, le maréchalisme d'un certain nombre de religieux », qui sans être concerté entraîne, c'est ce qui est remarquable, dans un élan unanime l'ensemble d'une communauté, animée et arrimée dans un même but, tel que le décrit le père de Parseval : « La préoccupation chrétienne avait le pas sur tout, à ce moment-là. »

Sur la nature de cette action, le père de Parseval, témoigna ainsi en 1973[10] :

« Notre activité doit se qualifier de "résistance spirituelle" plutôt que de "résistance tout court" ! J'ai connu des "réseaux", des "chefs de réseaux", des maquisards et leurs terrains de refuge ; mais jamais personnellement je n'ai fait partie d'un réseau ni d'un

10. Notes conservées dans les archives de la province (et citées par Augustin Laffay).

maquis ; ni aucun des religieux de ma communauté. Que nous ayons été suspectés de manœuvres subversives ou de complicité avec la Résistance, c'est sûr. Mais il demeure que, pour nous, en priorité, ce qui importait c'était l'homme, sa liberté, sa vie. Tout ceci est parfaitement exprimé dans ces lignes diffusées, dans une publication clandestine, dès la fin de 1940 : "Nous défendrons toujours les principes éternels sur lesquels se basent le bonheur de l'homme ; mais nous ne pourrons jamais dire que ce qui est mal est bien, que l'injustice est juste et que la force est le droit. Jamais nous ne pourrons souscrire à ces formules. C'est notre strict devoir de parler : le silence serait un consentement gravement coupable de notre part si des faits tombent sous notre réprobation, si certains se sentent visés, ce n'est pas la voix qui défend les principes, ce sont les faits qui entrent avec violence dans le domaine de Dieu et contre Dieu. Nous n'entrons pas dans le domaine politique ; nous restons dans le domaine de la Vérité, de la Justice, du Droit. Ce que nous disons, nous ne pouvons pas ne pas le dire et nous le disons sans parti pris." »

Ce qui, dans le for intérieur d'un prêtre comme le Joseph-Marie Perrin, comme dans celui de nombreux autres, peut-on subodorer, se traduit par ces termes, qu'il emploie dans son autobiographie : « J'en avais conscience, la résistance au nazisme concernait directement le règne de Dieu et, plus encore, l'aide aux juifs, puisque ceux-ci tiennent à son cœur même et que c'est parmi eux qu'il a choisi de s'incarner. »

L'ordre des dominicains, comme celui des jésuites, a payé au prix fort l'engagement des religieux contre l'occupant. Comme le rappelle une plaque à l'entrée du couvent Saint-Jacques, rue des Tanneries, dans le 5e arrondissement de Paris :

Ici, couvent des dominicains, le 25 novembre 1941 furent arrêtés par la Gestapo le frère Joseph-Marc Guihaire, condamné à mort et exécuté en mars 1943[11]*, et le frère Denys-Rémi Chenault, mort en camp de concentration le 15 juillet 1943. Heureux ceux qui ont faim et soif de la justice.*

Impliqué dans un réseau de résistance baptisé La Vérité française, auteur de nombreux articles montrant l'incompatibilité entre nazisme et christianisme, fournissant des faux papiers aux juifs que les sœurs de Notre-Dame-de-Sion cachent, arrêté sur dénonciation dans son couvent, Joseph-Marc Guihaire fut décapité à la hache. Denys-Rémi Chenault compta parmi ceux qui, en vertu du décret « Nuit et Brouillard », étaient perçus comme « un danger pour la sécurité de l'armée allemande » et devaient disparaître dans le secret absolu. Ainsi fut fait. De la vie et de l'engagement du frère Denys-Rémi Chenault, il ne reste plus que la mention de son nom et de son exécution sur cette plaque sibylline à l'entrée du couvent Saint-Jacques.

Qui sauve la vie, sauve l'humanité entière, comme le souligne cette phrase frappée dans le marbre, cette fois sur le mur d'une maison de Sorrèze, petite commune du Tarn (deux mille huit cents habitants au dernier recensement), en mémoire de « l'extraordinaire courage » de la mère supérieure Rosalie et de ses sœurs dominicaines qui, ici, cachèrent des enfants juifs de

11. Il serait en réalité mort le 5 décembre 1942.

1943 à 1944. Cette plaque fut apposée grâce à l'acte de mémoire de l'une de ces enfants cachés, juive allemande, Ruth Kapp Hartz, en 2017, rebaptisée alors Renée. Au cours de la cérémonie, le maire de la commune, Albert Mamy, souligna que la *Kommandantur* allemande était installée dans l'école en face mais qu'aucun de la quinzaine d'enfants cachés ne fut jamais inquiété.

Près de soixante-seize mille juifs – dont onze mille enfants et cinquante-cinq mille étrangers – furent déportés dans les camps nazis. Ils étaient trois cent trente mille à vivre en France avant la guerre. Si la majorité échappa à la Shoah, l'engagement des nombreux prêtres, religieux et religieuses, et leur couverture par quelques prélats, ainsi que les actions d'une multitude de croyants chrétiens, comme nous allons le voir maintenant, y fut sans nul doute pour quelque chose. Pour ne pas dire pour beaucoup.

Chapitre 5

DÉSOBÉIR AUX HOMMES PLUTÔT QU'À DIEU

« Éminence,

Je suis un de ces innombrables catholiques qui ont lu l'article de Votre Éminence, “Choisir, vouloir, obéir” [...] et qui ont été profondément scandalisés de ce qu'un prince de l'Église [...] ait osé présenter comme un “cri de sa conscience” un appel en faveur d'une politique de “collaboration” avec la “grande et puissante Allemagne” d'Adolf Hitler [...]. »

C'est un tract anonyme intitulé « Lettre ouverte à Son Éminence le cardinal Baudrillart, recteur de l'Institut catholique de Paris, par un de ses diocésains qui circule dans Paris pendant Noël 1940 ».

Les mots cognent :

« Si je n'étais pas catholique [...] l'appel de Votre Éminence m'aurait tout au plus arraché une moue de dégoût et n'aurait pu avoir pour effet que de me détourner davantage de la religion. Mais, catholique pratiquant, je suis bien forcé de le prendre au sérieux. [...] “Choisir, vouloir, obéir”, quelle belle devise ! C'est aussi la nôtre. Nous avons *choisi*, nous saurons *vouloir* – et aussi *obéir*, mais aux enseignements du

Chef de l'Église, de préférence à ceux de M. Maurras et aux vôtres. »

Ce catholique anonyme s'appelle Paul Petit, et c'est un personnage plutôt en vue à Paris. Diplomate respecté, il parle couramment l'allemand, l'anglais, le danois, et il s'est fait connaître dans le milieu des lettres comme traducteur de Kierkegaard, Maître Eckhart et de l'Allemande Gertrud von Le Fort, figure du renouveau catholique. Paul Petit est l'ami de Max Jacob, et surtout il a la confiance de Paul Claudel. Antipétainiste, il s'en prend avec véhémence dans plusieurs textes qui circulent sous le manteau à la collaboration de prélats, ciblant notamment les cardinaux Suhard et Baudrillart, et dénonce l'imposture du régime de Vichy, contre lequel, dans un texte du 20 mars 1941, il préconise qu'il vaut mieux « désobéir aux hommes plutôt qu'à Dieu et sauver [son] âme plutôt que de la perdre ».

Paul Petit…

Son nom de nos jours est oublié. Et pourtant, voici un homme de feu, un esprit intransigeant accablé par ce régime qui déshonore la France et par ceux qui, au passage, en pactisant avec lui, salissent la foi dont il a fait la colonne vertébrale de sa vie ; fermeté que l'on retrouve dans *Résistance spirituelle*, ouvrage dont Petit est l'auteur et qui sera publié en 1947, à titre posthume. Car son auteur est allé au bout de cette « résistance spirituelle », et après trois ans d'« effroyable captivité », souligne Claudel, Paul Petit est mort décapité à la hache à la prison de Cologne le 24 août 1944.

Ainsi finit ce glorieux et humble esprit, auquel Paul Claudel rendit hommage dans un poème.

Par ces vers, notamment :

« Le vingt mars mille neuf cent quarante un, il y eut un homme sévère, glace et feu, ignorant de toute espèce de tact,

Qui jugea que le moment était venu de prendre la plume et de faire un tract,

Et que l'heure pour lui était là, et qu'il n'y avait pas moyen d'attendre plus longtemps,

L'heure dans la trahison générale, je suis tout seul ! Et tradition solennelle et bénite et officielle de notre héritage à Satan,

De lever la main à Dieu, et de crier, comme Daniel :

Je suis innocent ! »

Paul Petit était l'âme de *La France continue*, journal lancé par le journaliste Henri de Montfort et son épouse, dont Petit fit, épaulé par l'étonnante poétesse mystique Marietta Martin que nous rencontrerons plus tard, un organe violemment hostile à Pétain, sur douze numéros, publiés entre 1941 et 1942. Faisait partie de l'équipe aussi Raymond Burgard, professeur de lettres au lycée Buffon, membre du mouvement catholique de la Jeune République, fondateur du groupe de Valmy, et qui sera lui aussi décapité à Cologne.

On ne connaît plus leurs noms. L'histoire a retenu les engagements et les supplices de quelques-uns, élevés désormais au rang d'icônes. On s'incline devant l'héroïsme d'un Tom Morel dans le maquis des Glières, « âme de la Résistance du Plateau », « incarnation du patriotisme français et l'un des plus prestigieux martyrs de la Savoie », comme le qualifie sa citation posthume pour la croix de la Libération. On se souvient des luttes fructueuses du journaliste trentenaire Philippe Viannay, l'initiateur avec Robert Salmon, étudiant comme lui, du journal *Défense de la France* dont il publie, à partir de 1941, quarante-sept numéros – certains atteindront jusqu'à deux cent cinquante mille exemplaires – et, à partir de 1942, depuis l'appartement de Mme Fontaine-Monod, rue Denfert-Rochereau dans le 14e arrondissement de Paris, organise sabotages, caches d'armes, filières d'évasion… On se remémore la noblesse du protestant et socialiste André Philip, plusieurs fois ministre, engagé toute sa vie dans l'éducation populaire et le christianisme social, et du catholique centriste Georges Bidault, hostile à l'Action française, codirigeant de Combat, cofondateur du MRP et qui dirigera les gouvernements de l'après-guerre. On s'incline humblement devant le sacrifice du polytechnicien Honoré d'Estienne d'Orves[1], fervent patriote et profond spirituel, parmi les premiers à rejoindre de Gaulle à Londres, exécuté au Mont-Valérien le 29 août 1941 et tombé en héros, comme nous le verrons dans un prochain chapitre grâce au témoignage de l'abbé Franz Stock.

Mais il y en eut d'autres, des dizaines, des centaines, des milliers d'autres qu'on ne connaît plus et dont on retrouve, parfois, par hasard, la trace en tirant le fil des engagements. Étonnante amnésie de notre époque qui néglige ces héros dont les noms s'effacent sur les plaques de nos rues, devant lesquelles on passe sans plus guère faire attention.

1. Lire Étienne de Montety, *Honoré d'Estienne d'Orves. Un héros français*, Perrin, 2001.

Face aux nazis, les chrétiens furent nombreux, comme le pressentait Georges Bernanos dans *Les Grands Cimetières sous la lune*. Ces pages incandescentes publiées en avril 1938, par lesquelles le grand écrivain catholique voulut fouetter les consciences et lança au Führer :

« La guerre abjecte, la guerre impie par laquelle vous prétendez dominer le monde n'est déjà plus une guerre de guerriers. Elle avilira si profondément les consciences qu'au lieu d'être l'école de l'héroïsme, elle sera celle de la lâcheté. Oh ! bien sûr, vous vous flattez d'obtenir de l'Église toutes les dispenses qu'il vous plaira. Détrompez-vous. Un jour ou l'autre, l'Église dira non à vos ingénieurs et à vos chimistes. Et vous verrez à son appel surgir de votre propre sol – oui, de votre sol allemand –, de votre propre sol et du nôtre, de nos vieilles terres libres, de la renaissance chrétienne, une nouvelle chevalerie, celle que nous attendons, celle qui domptera la barbarie polytechnique comme elle a dompté l'autre, et qui naîtra, comme l'autre, du sang versé à flots des martyrs. »

Bernanos avait vu juste… Dès 1933, les premiers à s'insurger contre l'emprise hitlérienne sont des chrétiens, et en particulier des protestants. Il s'agit de résister aux tentatives de noyautage des églises par les nazis. Un groupe, qui se nomme « Les chrétiens allemands » et se dote de l'emblème d'un crucifix occupé en son milieu – à la place du Christ ! – par la croix gammée, s'est donné pour mission de rapprocher les paroisses du parti nazi. Objectif : créer une grande Église protestante du Reich. Une Église officielle destinée à servir d'instrument spirituel à la propagande hitlérienne. Mais ces chrétiens dévoyés trouvent sur leur chemin des coreligionnaires, et notamment sept mille pasteurs, emmenés par le pasteur Martin Niemöller, qui s'opposent dans les églises aux infiltrations nazies et à leurs visées purificatrices, notamment l'exclusion de pasteurs d'origine juive ou mariés avec une juive. Un mouvement se forme ainsi sous la bannière d'une auto-proclamée « Église confessante allemande » et il se rapproche d'un autre groupe de réformés, inspiré par Karl Barth, considéré comme l'un des plus puissants théologiens du siècle. Cette opposition mènera à la déclaration de Barmen affirmant que l'Église d'Allemagne n'est pas « un organisme d'État » et n'a d'autre mission que de servir la parole de Dieu.

Dans ce combat des esprits, un homme se détache par sa radicalité : le pasteur Dietrich Bonhoeffer. « Celui qui se sépare sciemment de l'Église confessante en Allemagne se sépare du salut », professe celui-ci. Intégré à l'élite, en lien avec plusieurs officiers en opposition à Hitler, Bonhoeffer se distingue dans sa dénonciation frontale du régime, à travers de nombreux écrits et interventions publiques, et il apporte son aide aux filières clandestines de sauvetage des juifs. Après avoir séjourné dans les geôles de la Gestapo et le camp de Buchenwald, le pasteur Bonhoeffer sera pendu le 9 avril 1945 dans le camp de concentration de Flossenburg.

Au cœur du Reich, face à ses nouveaux maîtres, des chevaliers chrétiens portent le fer, ou plutôt en l'occurrence la plume, mais l'issue est la même : ils le paieront de leur vie. Ils sont étudiants, ils ont créé le mouvement La Rose blanche, ils s'appellent Hans et Sophie Scholl, ils sont frère et sœur, et ils mourront décapités le 22 février 1943, aux âges respectifs de vingt-cinq et vingt-deux ans, avec leur ami Christoph Probst, âgé, lui, de vingt-quatre ans. Suivront à l'échafaud Willi Graf, Alexander Schmorell, et leur professeur de philosophie Kurt Huber. Sans n'avoir jamais pris les armes, sans n'avoir jamais tué personne.

Leur crime ? Avoir rédigé et distribué des tracts contre les nazis dans leur université de Munich, puis dans la ville.

Des textes puissants.

« Où que vous soyez, organisez une résistance passive – une Résistance –, et empêchez que cette grande machine de guerre athée continue de fonctionner, exhortent-ils. Faites cela avant qu'il ne soit trop tard, avant que nos dernières villes ne soient devenues un amoncellement de ruines, comme Cologne, et que la jeunesse allemande ne soit immolée à la démence d'un monstre. N'oubliez pas que chaque peuple mérite le gouvernement qu'il supporte. »

Elles seront nombreuses à circuler dans les rues munichoises ces feuilles ronéotypées, pour la plupart écrites par Hans Scholl, dans un style qui frappe, à grands renforts de citations de Goethe, Schiller, Aristote, Lao-tseu, à l'appui de poèmes de sa main, pour tenter de secouer un peuple anesthésié par l'emprise totalitaire.

La Rose blanche fut la figure de proue d'un christianisme de combat.

« Êtes-vous à ce point abrutis pour oublier que ce n'est pas seulement votre droit, mais aussi votre *devoir social* de renverser ce système politique ? interpelle Scholl. Qui n'a plus la force de faire respecter son droit doit, en toute nécessité, succomber. Nous mériterons de nous voir dispersés sur la Terre, comme la poussière l'est par le vent, si nous ne rassemblons pas nos forces et ne retrouvons, en cette douzième heure, le courage qui nous a manqué jusqu'ici. Ne cachez pas votre lâcheté sous le couvert de l'intelligence. Votre faute s'aggrave chaque jour, si vous tergiversez et cherchez des prétextes pour éviter la lutte. »

Ces apôtres d'une « résistance passive », au cœur de l'Allemagne, qui défendent un impératif, « abattre le national-socialisme », « atteindre le nazisme partout où cela est possible », pour qui cette lutte doit supplanter celle contre le bolchevisme, en appellent à la révolte de l'Esprit. Face à un État totalitaire et criminel, ils n'ont pour seuls outils que des mots affûtés, aiguisés à l'ardeur de leur Foi. Ces jeunes étudiants regardent le Mal dans les yeux, ils marchent vers la mort, mais ils n'en ont pas peur.

Sont-ils des héros, les chevaliers de La Rose blanche ? C'est leur immense humilité que retient, d'abord, leur sœur Inge.

« Ils n'ont rien entrepris de sublime, n'exigeant qu'un droit élémentaire, celui de vivre, librement, dans un monde qui soit humain, écrit-elle. La vraie grandeur est sans doute dans cet obscur combat où, privés de l'enthousiasme des foules, quelques individus, mettant leur vie en jeu, défendent, absolument seuls, une cause autour d'eux méprisée. Ils luttent, avec un humble héroïsme, pour ce qui est modeste, très quotidien, mais non point sans valeur ; et dans le même moment, des despotes habiles sont acclamés sur l'estrade publique, qui ne promettent, sous prétexte de puissance, qu'une gloire honteuse et la misère. »

Des chevaliers de cette trempe, il y en eut en France aussi, beaucoup. Comme ce jeune Henri Fertet, dont on découvre l'émouvante figure, exhumée des oubliettes de l'Histoire en 2019 par le président de la République Emmanuel Macron pour la commémoration du soixante-quinzième anniversaire du débarquement de Normandie. On a statufié Guy Môquet, mort en 1941 à l'âge de dix-sept ans mais, malheureusement, passé à l'as Henri Fertet, mort à l'âge de seize ans, en 1943. L'un était communiste, l'autre catholique.

Chacun de ces deux héros laissa une lettre tout aussi saisissante l'une que l'autre, et rédigée chacune quelques minutes avant que leur rédacteur marche vers le peloton d'exécution. Mais si celle de Guy Môquet est restée célèbre – le président Nicolas Sarkozy l'avait fait lire dans toutes les écoles de France en 2007 –, le texte d'Henri Fertet, tout aussi fort, était, jusqu'à ce qu'Emmanuel Macron le (re)mette en lumière, beaucoup moins connu.

Henri Fertet était, lui aussi, un jeune patriote. Il naquit le 27 octobre 1926 dans le Doubs au sein d'une famille d'instituteurs. Lycéen à Besançon, il s'engage à l'été 1942 dans le groupe de Marcel Simon, secrétaire local de la Jeunesse agricole chrétienne (JAC). Le groupe, en février 1943, rallie l'organisation des Francs-tireurs et partisans (FTP) et prend le nom de groupe franc « Guy Môquet ». Le jeune résistant se signale par trois actions d'éclat. D'abord, il mène l'assaut contre le poste de garde du fort de Montfaucon le 16 avril 1943 pour s'emparer d'un dépôt d'explosifs ; action au cours de laquelle meurt une sentinelle allemande. Puis, le 7 mai, il participe à la destruction d'un pylône à haute tension près de Besançon. Et enfin, le 12 juin, Fertet attaque un commissaire des douanes allemand afin de lui prendre son arme, son uniforme et, surtout, les papiers qu'il transporte. L'arrivée d'une moto l'empêche de se saisir des documents, mais le résistant tue le commissaire. Quelques semaines plus tard, le 3 juillet 1943, il est arrêté en pleine nuit, chez ses parents. La « justice » expédie vite son cas. Le garçon est condamné à mort le 18 septembre 1943, après quatre-vingt-sept jours de détention et de torture. Il est exécuté le 26 septembre 1943 à la citadelle de Besançon, en refusant qu'on lui bande les yeux et qu'on l'attache, comme il le précise dans sa missive.

Emmanuel Macron a lu son texte le 5 juin 2019, dans un silence de cathédrale devant trois cents vétérans, la reine d'Angleterre Élisabeth II, le président des États-Unis Donald Trump, la chancelière allemande Angela Merkel, le Premier ministre canadien Justin Trudeau, entre autres personnalités, à Portsmouth, au sud de l'Angleterre.

Ce texte est si émouvant, qu'il est difficile de n'en citer que des extraits. Le voici donc dans son intégralité. Son auteur l'a signé ainsi : « Henri Fertet : Au ciel, près de Dieu. »

« Chers Parents,

Ma lettre va vous causer une grande peine, mais je vous ai vus si pleins de courage que, je n'en doute pas, vous voudrez encore la garder, ne serait-ce que par amour pour moi.

Vous ne pouvez savoir ce que moralement j'ai souffert dans ma cellule, ce que j'ai souffert de ne plus vous voir, de ne plus sentir peser sur moi votre tendre sollicitude que de loin. Pendant ces 87 jours de cellule, votre amour m'a manqué plus que vos colis, et souvent je vous ai demandé de me pardonner le mal que je vous ai fait, tout le mal que je vous ai fait. Vous ne pouvez vous douter de ce que je vous aime aujourd'hui car, avant, je vous aimais plutôt par routine, mais maintenant je comprends tout ce que vous avez fait pour moi et je crois être arrivé à l'amour filial véritable, au vrai amour filial. Peut-être après la guerre, un camarade vous parlera-t-il de moi, de cet amour que je lui ai communiqué. J'espère qu'il ne faillira pas à cette mission sacrée.

Remerciez toutes les personnes qui se sont intéressées à moi, et particulièrement nos plus proches parents et amis. Dites-leur ma confiance en la France éternelle. Embrassez très fort mes grands-parents, mes oncles, tantes et cousins, Henriette. Donnez une bonne poignée de main chez M. Duvernet. Dites un petit mot à chacun. Dites à M. le curé que je pense aussi particulièrement à lui et aux siens. Je remercie Monseigneur du grand honneur qu'il m'a fait, honneur dont, je crois, je me suis montré digne. Je salue aussi, en tombant, mes camarades de lycée. À ce propos, Hennemann me doit un paquet de cigarettes, Jacquin mon livre sur les hommes préhistoriques. Rendez *Le Comte de Monte-Cristo* à Emourgeon, 3 chemin Français, derrière la gare. Donnez à Maurice André, de la Maltournée, 40 grammes de tabac que je lui dois.

Je lègue ma petite bibliothèque à Pierre, mes livres de classe à mon petit papa, mes collections à ma chère petite maman, mais qu'elle se méfie de la hache préhistorique et du fourreau d'épée gaulois.

Je meurs pour ma Patrie. Je veux une France libre et des Français heureux. Non pas une France orgueilleuse, première nation du monde, mais une France travailleuse, laborieuse et honnête.

Que les Français soient heureux, voilà l'essentiel. Dans la vie, il faut savoir cueillir le bonheur.

Pour moi, ne vous faites pas de soucis. Je garde mon courage et ma belle humeur jusqu'au bout, et je chanterai "Sambre et Meuse" parce que c'est toi, ma chère petite maman, qui me l'a apprise.

Avec Pierre, soyez sévères et tendres. Vérifiez son travail et forcez-le à travailler. N'admettez pas de négligence. Il doit se montrer digne de moi. Sur trois enfants, il en reste un. Il doit réussir.

Les soldats viennent me chercher. Je hâte le pas. Mon écriture est peut-être tremblée. Mais c'est parce que j'ai un petit crayon. Je n'ai pas peur de la mort. J'ai la conscience tellement tranquille.

Papa, je t'en supplie, prie. Songe que, si je meurs, c'est pour mon bien. Quelle mort sera plus honorable pour moi que celle-là ? Je meurs volontairement pour ma Patrie. Nous nous retrouverons tous les quatre, bientôt au ciel. Qu'est-ce que cent ans ?

Maman, rappelle-toi :

"Et ces vengeurs auront de nouveaux défenseurs qui, après leur mort, auront des successeurs."

Adieu, la mort m'appelle. Je ne veux ni bandeau, ni être attaché. Je vous embrasse tous. C'est dur quand même de mourir.

Mille baisers. Vive la France.

Un condamné à mort de 16 ans

H. Fertet

Excusez les fautes d'orthographe, pas le temps de relire.

Expéditeur : Henri Fertet : Au ciel, près de Dieu. »

Le jeune Henri Fertet incarne à lui seul la résistance catholique. Résistance catholique ? Le terme même fait débat. « Cette formulation que l'on trouve chez certains historiens nous paraît absurde », assure sans ambages François-Georges Dreyfus. « Comment mettre à part les catholiques dans une société essentiellement catholique ? Peut-on distinguer l'action de Georges Bidault, François de Menthon, Pierre-Henri Teitgen, René Capitant, ou même Frenay ou encore Arthuys ou M[arie]-M[adeleine] Fourcade ou Rémy, parce qu'ils sont catholiques, des autres résistants de Combat, de l'OCM, d'Alliance, de Défense de la France ? »

Cette assertion peut paraître étonnante.

Car force est de constater qu'il y eut bien des hommes et des femmes qui s'engagèrent contre la barbarie nazie, parce qu'ils étaient catholiques, tout autant que protestants ou orthodoxes et que cette audace dont il fallait faire preuve leur fut, souvent, inspirée par leurs convictions spirituelles. Une vision du monde, d'un autre monde, qui conduisit, par exemple, la protestante Suzanne de Dietrich à écrire ainsi à ses amis en 1940, en se référant au livre de l'Apocalypse : « À l'heure où une puissance vraiment satanique déferle sur le monde, réduisant peuples après peuples à l'esclavage, [...] il nous faut demander à Dieu de toute la force de notre foi de briser cette puissance [...]. L'heure n'est plus aux tergiversations intellectuelles, mais au don simple et total de nous-mêmes, au service de Dieu et du Pays : "Ne crains pas ce que tu devrais souffrir[2]." »

Combat, le plus vaste réseau de résistance en zone sud, aurait-il existé s'il n'y avait eu la rencontre entre l'officier « vichysto-résistant » Henri Frenay, issu de la bourgeoisie catholique traditionaliste, et Berty Albrecht, élevée dans une famille protestante d'origine suisse de Marseille ? Henri Frenay, qui agrège autour de lui nombre de chrétiens, autour de la revue *Esprit* et des *Cahiers clandestins du Témoignage chrétien*, explique ainsi à un officier en 1939, à propos des nazis :

« Ils veulent extirper l'hérésie et faire triompher la vérité éternelle... Les hérétiques, souligne le résistant, ce sont les démocrates, les rationalistes, les humanistes, les libéraux. Aussi, la guerre que nous serons peut-être appelés à subir sera la guerre des idées. Ce que nous aurons à défendre, c'est la liberté de nos esprits, c'est notre conception du monde et de la vie[3]. »

Certes, chacun fit son chemin, et Berty Albrecht, personnage hors normes, l'une des rares femmes – elles

2. Cité par Robert Gildea, *Comment sont-ils devenus résistants ?*, Les Arènes, 2017.

3. Henri Frenay, *La nuit finira*, Robert Laffont, 1973.

ne sont que six – faites « compagnons de la Libération », s'est forgée aussi au feu des combats féministes – dès 1931, séparée de son mari, elle crée une revue, *Le Problème sexuel*, pour réclamer la liberté de contraception et d'avortement, comme le rappelle l'historien Gilles Perrault[4] – et de son rapprochement avec des activistes communistes qui firent d'elle « une compagne de route » du Parti communiste. Mais cette femme de caractère, morte pendue au fil électrique de sa cellule de la prison de Fresnes, fut aussi imprégnée dans son enfance par une foi intense. Dans la Résistance, elle a à ses côtés une fille de pasteur, Jane Sivadon, qui dirige l'École de surintendantes d'usine (assistantes sociales), où les deux jeunes femmes se rencontrent avant la guerre. Jane devient secrétaire générale de Combat en zone occupée, elle héberge même le bureau dans son appartement, consciente des risques qu'elle prend : « Le jour où l'on accepte de travailler pour la Résistance, disait-elle, le sacrifice de sa vie est fait, quoi qu'il arrive ; ce moment et ce sacrifice admis sont comparables à celui des jeunes gens qui partent à la guerre. » Jane Sivadon fait adhérer à Combat des magistrats, des médecins, des prêtres – dont l'abbé Armand Vallée et le révérend père Riquet –, des industriels, d'anciens officiers.

L'engagement des jeunes chrétiens, c'est aussi cette manifestation le 11 mai 1941 devant la statue de Jeanne d'Arc, place des Pyramides à Paris, qui se transforme en un cortège nourri, s'étirant en chantant

4. Gilles Perrault, *Dictionnaire amoureux de la Résistance*, Plon/Fayard, 2014.

à pleins poumons *La Marseillaise* jusqu'à la place de la Concorde alors que le quartier est verrouillé par l'occupant. Ce rassemblement, le premier après la marche vers l'Étoile, six mois plus tôt, des lycéens et étudiants du 11 novembre 1940, est organisé par le mouvement Valmy, émanation de Jeune République, groupement de catholiques sociaux inspirés par Marc Sangnier. « Valmy, précise l'écrivain Gilles Perrault, n'oublie pas l'obligation de charité qui s'impose à tout bon chrétien : "Nous pouvons accepter des chefs français l'imbécillité, la veulerie, la vanité sénile, la rancune politique, la prétention impuissante", mais, sur l'honneur, impossible de transiger : "Ils livrent à des tyrans implacables les réfugiés politiques qui avaient eu foi dans le caractère inviolable de l'hospitalité." »

Face au Mal nazi, une conjuration du Bien tisse sa toile partout en France. Entrés parmi les premiers dans la lutte clandestine, les résistants chrétiens étendent peu à peu leurs actions. En Haute-Loire, dans la Drôme, le Tarn, le Gers, le Lot-et-Garonne, la Sarthe, la Creuse – le département compte soixante Justes –, notamment, des communautés villageoises, souvent inspirées par des croyants, servirent ainsi de « cités refuges », concept tiré de l'Ancien Testament, et ces histoires, longtemps enfouies tant les langues eurent du mal, aujourd'hui encore, à se délier, ne furent connues que grâce à l'action d'historiens locaux. C'est l'exemple bien connu du Chambon-sur-Lignon et des communes alentour du plateau du Vivarais-Lignon, enclaves protestantes – ces chrétiens représentaient alors plus d'un tiers d'une population de vingt-quatre mille habitants – qui accueillirent et cachèrent dans les fermes et *homes* d'enfants de nombreux réfugiés juifs, à l'initiative du pasteur André Trocmé et de son épouse Magda. Monter au Chambon comme on va en pèlerinage, se laisser porter par les témoignages et les destins qui se jouèrent ici, ce brassage humain qui se fit dans le secret est une expérience émouvante.

D'ailleurs, ce qui s'est passé au Chambon a fait l'objet d'une littérature abondante[5]. L'engagement du pasteur Trocmé fut façonné par les valeurs évangéliques mais aussi par son militantisme pacifique, qui lui vint très jeune et fut nourri de sa confrontation à la montée du nazisme au début des années 1930, comme me l'avait un jour raconté sa fille, Nelly, l'aînée de ses quatre enfants. « Sa mère était allemande, soulignait-elle. Et mon père ne comprenait pas que pendant la Première Guerre mondiale ses demi-frères (son père s'était remarié) se battent contre ses cousins germains, qu'il adorait. Saint-Quentin, où il vivait alors, avait été envahi très tôt par les Allemands, et le second étage de la maison familiale avait été réquisitionné par des officiers germaniques. Mon père aimait converser avec l'un d'eux, qui était technicien radio, mais qui, objecteur de conscience, avait le droit de ne pas porter d'arme. C'est à ce moment-là qu'il a pris conscience de la stupidité de la guerre[6]. »

5. Lire en particulier : Philip Hallie, *Le Sang des innocents*, Stock, 1980 ; Patrick Cabanel, Philippe Joutard, Jacques Sémelin et Annette Wieviorka (dir.), *La Montagne refuge*, Albin Michel, 2013 ; Patrick Gerard Henry, *La Montagne des Justes*, Privat, 2010.

6. Citée dans Jérôme Cordelier, *Rebelles de Dieu*, *op. cit.*

Sur le plateau du Chambon, avec le pasteur Édouard Theis mais aussi une quinzaine d'autres clercs, André Trocmé enrôla une véritable armée spirituelle, œcuménique – les réseaux d'entraide juifs côtoyaient les organisations protestantes et même les quakers –, qui permit l'accueil de familles, et de beaucoup d'enfants, au sein d'une douzaine de paroisses. « Ceux parmi nous qui reçurent les premiers juifs firent ce que nous pensions devoir faire – ce n'était pas plus compliqué que cela[7] », témoigna Magda Trocmé. « On ne décidait pas d'un jour sur l'autre ce qu'il fallait faire. Il y avait beaucoup de gens dans le village qui avaient besoin d'aide. Comment aurions-nous pu leur dire non ? On ne s'assied pas pour dire : “Je vais faire ceci et puis ceci et puis ça.” Quand un problème se présentait, il fallait le résoudre tout de suite. Quelquefois, les gens me demandaient : “Comment avez-vous fait pour décider ?” Mais il n'y avait rien à décider ! Le problème est de savoir si nous sommes oui ou non tous des frères, et si c'est injuste ou non de livrer les juifs. Alors, essayons de les aider[8] ! »

C'est une foi intense qui portait les Trocmé au secours de ces enfants, de ces femmes, de ces hommes aux abois. « Seul l'individu chrétien, a écrit le pasteur André Trocmé, peut offrir une résistance à l'état pur, une résistance sans compromis, une résistance dépouillée de toutes considérations tactiques, une résistance au nom des principes de l'Évangile. »

---

7. Patrick Gerard Henry, *La Montagne des Justes*, *op. cit.*
8. *Ibid.*

Cet engagement, on le retrouve dans un autre fief protestant du fin fond de la France, à Dieulefit, dans la Drôme provençale. Ce bourg de trois mille cinq cents habitants comptait près de mille deux cents protestants, ce qui est notable dans une France majoritairement catholique. Et durant la guerre, en moyenne chaque année, il reçut entre mille quatre cents et mille quatre cent cinquante réfugiés, selon le scrupuleux décompte tenu par la jeune (vingt et un ans) secrétaire de mairie, Jeanne Barnier, qui notait toutes les allées et venues. Cette protestante fut surnommée « la grande faussaire », puisqu'elle fabriqua à tour de bras de fausses cartes d'identité, de transport, de rationnement pour les réfugiés. Le « miracle » Dieulefit fut aussi le produit d'une conjonction d'énergies spirituelles, autour de « l'école nouvelle », l'établissement primaire mixte de Beauvallon, dirigée par les protestantes Marguerite Soubeyran et Catherine Krafft, fille de pasteur – toutes deux seront reconnues comme Justes parmi les nations par Israël en 1969, comme Jeanne Barnier, vingt ans plus tard – et de l'école secondaire de La Roseraie, fondée par le catholique Pol Arcens[9].

Dans nombre de villages et bourgs français, des réseaux d'entraide spirituelle favorisèrent le sauvetage de juifs, et d'une majorité d'enfants. L'Œuvre de secours aux enfants (OSE), réseau juif très structuré, s'appuie ainsi sur des institutions catholiques et protestantes, mais aussi sur des organisations

---

9. Sur l'histoire de Dieulefit, voir les travaux de l'historien local Bernard Delpal.

communistes, pour permettre à ceux-ci d'échapper au plan d'extermination. On estime qu'en France soixante mille à soixante-dix mille « enfants cachés » furent ainsi sauvés. Exemple parmi d'autres, la Maison des enfants de Moissac, dans le Tarn-et-Garonne, où séjournèrent cinq cents enfants – dont le mime Marceau et l'avocat Serge Klarsfeld –, était tenue par Shatta et Bouli Simon, couple appartenant aux Éclaireurs israélites de France, autre réseau structuré, mais qui s'appuyaient sur les Éclaireurs protestants ; et quand, en 1943, les rafles allemandes s'accentuant et la menace devenant pressante, la maison dut fermer, nombre de ces enfants furent hébergés dans des institutions catholiques environnantes – notamment chez les sœurs de la Miséricorde.

Au cœur des campagnes françaises, un fil spirituel invisible permit la protection de ces enfants, femmes, hommes pourchassés. Et ces actions discrètes, rarement préméditées, souvent même spontanées, constituent l'honneur de la France. Après les rafles parisiennes du 16 juillet 1942, plus de trente enfants juifs rescapés trouvent ainsi refuge dans le village vendéen de Chavagnes-en-Paillers, alors même que les Allemands occupent le petit séminaire. La comtesse Hélène de Suzannet, résistante de la première heure et assistante sociale, qui travaille à Paris comme bénévole pour le service à l'enfance de l'UGIF (Union générale des israélites de France), organise l'évasion de ces enfants vers cette terre où se situe sa demeure familiale. Le médecin et le maire du village coordonnent l'accueil, et les petits réfugiés sont pris en charge par le curé, les religieuses et les habitants. Les langues mettront un demi-siècle à se délier[10], grâce aux témoignages de survivants, notamment Odette Melspajz-Meyers, qui publiera un livre sur son histoire en 1997 aux États-Unis. Elle raconte ainsi[11] :

« Malgré nos noms juifs polonais, on nous faisait passer pour des enfants de prisonniers de guerre qu'on envoyait à l'école tenue par des religieuses catholiques. Nous apprîmes à dire nos prières et à ne pas faire attention aux nombreux soldats allemands qui se rendaient au presbytère de l'autre côté de la rue. Nous étions bien traités et nous avions une enfance aussi normale que possible pour des enfants séparés de leurs parents. » Et cette survivante précise : « Il ne nous était pas venu à l'esprit que nous n'étions pas les seuls enfants juifs à avoir été sauvés par des familles de la région. »

Pourquoi voler ainsi au secours d'individus dont on ignorait jusqu'à peu l'existence et dont on ne connaît souvent même pas le vrai nom ?

Quelle idée plus grande que soi pousse ces hommes et ces femmes, souvent jeunes, à risquer leur vie pour sauver celles d'inconnus ou pour défendre une patrie qui n'est pas toujours la leur à l'origine ? L'anthropologue Anatole Lewitsky est un émigré russe, le fils d'un sénateur du tsar, qui a dû fuir son pays après la révolution bolchevique. Il vit à Paris, il vient tout juste d'être naturalisé français, en 1939. Mais ce chrétien

---

10. Pour en savoir plus, voir Jean Rousseau, *Des enfants juifs en Vendée*, 1942-1944, éditions du CVRH, 2016.

11. Cité par Martin Gilbert, *Les Justes. Les héros méconnus de la Shoah*, *op. cit.*

orthodoxe se fait une haute idée de la liberté. Deux ans plus tôt, en 1937 donc, il a fondé, avec son épouse Yvonne Oddon, protestante, elle, et Boris Vildé, autre émigré russe, le groupe de résistance du musée de l'Homme, l'un des premiers réseaux mis en place sous l'impulsion du directeur du musée, Paul Rivet, militant antifasciste – réseau dont fera partie l'ethnologue Germaine Tillion. Arrêté le 10 février 1941, Anatole Lewitsky est fusillé un an plus tard au Mont-Valérien. L'homme faisait partie de la petite cohorte d'émigrés russes qui sévissent à Paris, et se retrouvent dans la haine des totalitarismes, tant soviétique que nazi, unis par le pacte germano-soviétique, mais aussi la communion de la foi. Ces Russes gravitent dans un réseau, L'Action orthodoxe, créé par la mère Marie, religieuse orthodoxe. Parmi ces « disciples », des hommes comme Igor Krivochéine, qui sera torturé par la Gestapo, déporté à Buchenwald et Dachau, puis sera, après la guerre, condamné à dix ans de camp de rééducation en URSS pour « collaboration avec la bourgeoisie internationale ».

Pour ces chrétiens orthodoxes, comme pour leurs pairs catholiques et protestants, la foi est un puissant vecteur de combat. L'historienne Renée Bédarida en explique ainsi les ressorts dans son ouvrage de référence[12] :

« Si la Résistance a pour origine la conviction que la guerre n'est pas terminée et qu'il faut tout faire pour empêcher une victoire allemande, les premiers

12. Renée Bédarida, *Les Catholiques dans la guerre 1939-1945*, *op. cit.*

volontaires ont été guidés par les motivations les plus diverses : patriotisme, convictions démocratiques, volonté de défendre les droits de l'homme, refus de l'idéologie nazie, détestation du régime de Vichy, désir de venir au secours des exclus et des persécutés, tous ces facteurs se mêlent, s'additionnent et se renforcent mutuellement. C'est pourquoi on trouve des catholiques dans tous les secteurs de résistance – réseaux de renseignement, armée secrète, groupes francs ou maquis –, mais là où leur proportion est la plus forte, c'est dans la résistance patriotique civile, la résistance caritative, et bien entendu la résistance appelée "spirituelle". »

En plus des risques encourus, pour des catholiques par nature légitimistes, obéissants, respectueux de la hiérarchie et élevés avec un sens du service, entrer en résistance, ou en « dissidence » comme le dit le haut clergé, peut être vécu comme un double acte de rupture. Il s'agit de prendre ses distances, voire de rompre, avec le pouvoir établi mais aussi avec les commandements de l'Église, d'aller à l'encontre d'alliances affichées entre des notables vichyssois et des évêques, autant de cadres sociaux qui délimitent la vie quotidienne, et de se mettre en marge de sa communauté, souvent sa famille, ses relations amicales, bref, de s'éloigner de son écosystème quotidien. Dans une société où l'Église pèse encore d'un poids ancestral, il faut imaginer les forces de courage, non seulement physique mais aussi moral, que doivent déployer – dans le secret – ces croyants pour rejoindre le combat de l'ombre.

Pour les protestants, souligne le pasteur André Bonifas, résistant lui-même, les incitations « étaient en outre un mélange d'identification historique (la résistance huguenote) et de motifs religieux (la menace bien réelle du paganisme nazi ; l'influence de Barth chez certains ; le signal d'alarme constitué par les persécutions antisémites pour des lecteurs de la Bible), ainsi qu'une certaine répulsion envers le cléricalisme de Vichy. Tous se retrouvaient dans l'attachement aux valeurs laïques et républicaines ».

Mais, poursuit André Bonifas, se trouvent en jeu aussi des causes liées à la manière d'être et de fonctionner des protestants. D'abord, une raison sociologique : comme ils appartiennent à une minorité, leur cohésion et leur sociabilité sont plus fortes que dans d'autres groupes. « Les nouvelles circulent mieux, souligne le pasteur. Ils sont aussi traditionnellement plus ouverts sur l'extérieur, en particulier depuis les temps du Refuge huguenot, et ils ont été plus tôt que beaucoup au courant de la malfaisance du national-socialisme. » Une autre raison, historique, est due à ce que le pasteur Bonifas appelle « une tradition d'insoumission aux autorités abusives ». « Il faut obéir à Dieu plutôt qu'aux hommes », énonce le livre des Actes des apôtres, dans le Nouveau Testament. La mémoire protestante transmet de génération en génération le souvenir de Marie Durand, emprisonnée pour sa foi au XVIIIe siècle pendant trente-huit ans dans la tour de Constance, à Aigues-Mortes, et qui a gravé sur sa cellule le mot « Résister ». Les protestants partagent une communauté de destin avec les juifs. Comme eux, ils sont lecteurs de l'Ancien Testament, et d'ailleurs à l'époque nombre d'entre eux prénomment leurs enfants Isaac ou Moïse ; comme les juifs, ils ont été persécutés. Ils sont aussi imprégnés de l'esprit de 1789 sur lequel la révolution nationale de Pétain veut prendre sa revanche. « Or, fait remarquer notre pasteur, les protestants se rappelaient que la Révolution française les avait émancipés, et que la République les avait intégrés. » Ce n'est pas tout : certains, parmi lesquels le pasteur Bonifas, notent « le rapprochement sémantique » entre maquisards et camisards, ces prophètes inspirés qui, succédant aux pasteurs décimés, menèrent l'insurrection contre les persécutions consécutives à la révocation de l'édit de Nantes en 1685. « Lorsque l'on descend des Cévennes, une fierté reconnaissante et contraignante habite en vous, c'est d'être les fils de ceux qui, là-haut sur les montagnes, en face des idolâtries et des tyrannies, n'ont voulu se courber que sous le glaive du Christ », lance le pasteur Manen en juin 1941 dans son temple d'Aix-en-Provence.

C'est au nom de cette mémoire qu'Alice Ferrières, professeur de mathématiques au collège de jeunes filles de Murat, dans le Cantal – elle sera la première Française à recevoir le titre de Juste parmi les nations –, explique son aide aux juifs, dans une lettre au rabbin de Clermont-Ferrand de mai 1941 :

« Mes ancêtres ont subi les conséquences de la révocation de l'édit de Nantes en 1685 et les terribles dragonnades dont les Cévennes gardent le souvenir épouvanté ; le roi voulait l'anéantissement des hérétiques. Une chose est réconfortante, il n'y est pas parvenu. Le sacrifice de nos ancêtres et la fidélité à leur foi jusque dans la mort ont permis à leurs descendants de vivre en paix. J'espère que les israélites n'attendront pas si longtemps le droit de prier selon leur cœur, car le

Français a trop le goût de la liberté et le sentiment de la justice pour supporter sans protester un tel mépris de la personne humaine[13]. »

Ce parallèle, Étienne Saintenac l'établit aussi dans des poèmes. Engagé avant-guerre dans le Comité de vigilance des intellectuels antifascistes, puis membre de Combat, ce professeur agrégé de philosophie au lycée Daudet de Nîmes, fils de pasteur, devient chef des MUR, Mouvements unifiés de la Résistance (Combat, Libération…). Dénoncé, il est arrêté en mars 1943 et meurt en mer Baltique lors du transfert d'un camp à un autre en avril 1945 : le bateau qui le transportait est bombardé par les Anglais.

Parmi ces protestants, impossible de ne pas mentionner non plus l'engagement des trois frères Jalatte, fils d'un industriel nîmois (les chaussures Jalatte). Pierre rejoint Londres. Jean s'engage dans le maquis, il est exécuté par la Gestapo en juin 1944, et jeté au fond du puits de Célas où seront précipités vingt-sept de ses coreligionnaires. Le troisième frère, Charly, sera torturé au siège de la Gestapo, 13, boulevard Gambetta, à Nîmes, ancienne maison d'une famille juive, les Landauer. Charly parvient à s'évader. Il rejoint un maquis dans la Creuse. Après la guerre, il commence des études à Montpellier, où il rencontre une jeune fille. Elle s'appelle Landauer, Charly va l'épouser et vivra dans la maison où il a été torturé, comme me l'a

13. Cité dans Patrick Cabanel, Philippe Joutard, Jacques Sémelin et Annette Wieviorka (dir.), *La Montagne refuge*, *op. cit.*

raconté, à Nîmes, la professeure d'histoire Francine Cabane.

Voici encore, par exemple, Louis Hugon. Né le 25 décembre 1905 au sein d'une famille cévenole protestante, capitaine au long cours puis pilote, démobilisé après l'armistice, l'homme intègre le service de pilotage du port de Sète et rejoint la Résistance, où il met en place un réseau d'évasion vers l'Espagne permettant l'évacuation de nombreux juifs, des opposants allemands ainsi que des Français des Forces françaises libres. En 1941, il intègre le réseau Mithridate comme agent de renseignements, indique une brève notice dans le musée de la Résistance de Montpellier : « Sa connaissance des mines et des côtes méditerranéennes lui permet d'être un agent de première importance pour la surveillance des installations de défense côtière allemandes depuis les Bouches-du-Rhône jusqu'à Port-Vendres. Tous les renseignements collectés sont transmis au BCRA à Londres. » Louis Hugon participera aussi à la mission *Schooner*, pour empêcher le sabotage du port de Sète par les troupes allemandes lors de la Libération en 1944.

Encore un héros inconnu, au nom de la foi.

« La guerre continue et l'avenir de notre pays dépend de son issue. Point de liberté française si l'Allemagne d'Hitler n'est pas vaincue [...]. Nous pouvons contribuer à la défaite allemande et il n'est pas pour les Français de devoir plus impérieux. » Voilà ce qu'écrit François de Menthon, dans le premier numéro du journal clandestin *Liberté*, dont il est le cofondateur en novembre 1940. Professeur de droit à Montpellier,

François-Henri de Menthon constitue avec son collègue Alfred Coste-Floret et un petit groupe d'étudiants chrétiens, autour du catholique Pierre-Henri Teitgen et du protestant René Courtin, un réseau dénommé « groupe Liberté ». Les insurgés se réunissent à la pension Guibal, et impriment le *Cahier Liberté, le groupe de Montpellier.* On trouve parmi eux des Montpelliérains « de souche », en majorité protestants, et des réfugiés. Le groupe reçoit aussi Gilbert de Chambrun, délégué de Combat au directoire régional des MUR. Le réseau attire des hommes comme Fernand Belot. Né à Besançon en 1917, mobilisé en 1939, il est fait prisonnier deux fois en 1940, et les deux fois il s'évade. Après une rencontre à Lyon avec François-Henri de Menthon, il devient l'un des diffuseurs clandestins du journal *Liberté.* Belot, par la suite, détecté par le père Chaillet, franc-comtois comme lui, sera l'une des chevilles ouvrières de la diffusion des *Cahiers clandestins du Témoignage chrétien*, en installant une imprimerie clandestine et en implantant l'un des réseaux de distribution. Arrêté et torturé par les hommes de Klaus Barbie, il sera fusillé au bord d'une route, près de Lyon, le 9 juin 1944. Trois jours après le débarquement de Normandie…

Dans la nébuleuse montpelliéraine, on croise l'avocat royaliste Jacques Renouvin, qui organise des groupes francs au sein de Liberté, qu'il continuera d'animer dans Combat, recrutant jusqu'à mille volontaires dans la zone non occupée et multipliant les actions. Renouvin distribue des tracts et des journaux clandestins – dont *Liberté.* Puis il invente ce qu'il appelle les « kermesses », à savoir « l'explosion de bombes dans les boîtes aux lettres de pétainistes trop fervents », comme le souligne l'historien François David[14]. « Jacques Renouvin était un patriote intransigeant, un être passionné, mais il était en même temps intelligent, lucide et charitable », souligne l'ancien résistant démocrate chrétien Alfred Coste-Floret, dans une conférence au palais de justice de Paris à l'occasion d'un anniversaire de la libération de Paris : « Il entendait avertir les Français collaborateurs, il ne voulait pas les tuer. C'est pourquoi il préparait très minutieusement des coups de main en envoyant d'abord repérer les lieux qu'il fallait faire sauter et en s'assurant que l'attentat, puisqu'il faut l'appeler par son nom, ne produirait que des dégâts matériels. Tant Renouvin était méthodique et précis qu'il n'y eut jamais d'anicroche. »

C'était un dur, Renouvin, comme le rappelle Gilles Perrault dans son *Dictionnaire amoureux de la Résistance.* Camelot du roi – resté après la condamnation par Rome, il rompt avec l'Action française après le 6 février 1934 –, il donne du coup de poing contre les étudiants communistes. Le 14 novembre 1938, il gifle publiquement le président du Conseil Pierre-Étienne Flandin lors d'une cérémonie de dépôt de gerbe sur la tombe du Soldat inconnu, sous l'Arc de triomphe, parce que celui-ci avait envoyé un télégramme de félicitations à Adolf Hitler après Munich. Mobilisé en 1939, il servit comme sergent dans les corps francs ; gravement blessé le 16 juin 1940, fait prisonnier, il parvient à s'évader de l'hôpital d'Épinal et rejoint la zone non occupée, trouvant refuge à Montpellier.

---

14. François David, *Résister, passion d'espérance*, *op. cit.*

Le 29 juillet 1942, Renouvin lâche ses « kermesses » dans les bureaux de recrutement de travailleurs pour l'Allemagne de plusieurs villes de France, avec le retentissement que l'on imagine… Puis l'avocat mué en chef de guerre se livre à des opérations armées de plus grande envergure en zone sud, avant d'être arrêté dans la gare de Brive le 29 janvier 1943 – avec sa compagne Mireille, qui donnera naissance à leur fils Bertrand à la prison de Fresnes…

Jacques Renouvin est mort d'épuisement au camp de Mauthausen le 24 janvier 1944. Ce colosse de 1,92 mètre, « géant aux tempes grisonnantes, large et fort », comme le décrit Coste-Floret, échappa pendant deux ans aux Allemands. Il avait pris pour habitude d'accompagner ses troupes sur chaque action, caché… sous une soutane. Un clin d'œil à la foi profonde qui animait ce « chevalier d'un autre âge, perdu en un siècle où la chevalerie est plutôt incomprise », comme le raconte Edmond Michelet dans *Rue de la Liberté*. « Je n'ai jamais rencontré un homme aussi dépourvu de rancune ou de méchanceté », ajoute le Briviste, qui brosse un portrait émouvant sur plusieurs pages de ce « vrai chevalier » qui « avait assumé pour lui tout seul d'écrasantes responsabilités », qui « ne savait pas mentir, même à la Gestapo ».

Quand il retrouve son camarade de Combat, *alias* « Joseph », Edmond Michelet est stupéfait : « Il est maigre à faire peur, relate-t-il. Il a plus souffert que nous tous, c'est visible, de ses sept mois de détention et porte encore sur le visage et sur tout le corps les signes du traitement de faveur qu'il a subi avenue Foch. »

Et Michelet d'exposer comment celui-ci se livra à « une sorte de confession publique », quand « Renouvin se mit, en une conversation étincelante, à [leur] raconter en détail son expérience mystique des sept mois de cellule qu'il venait de vivre et le réconfort moral qu'il avait puisé dans la récitation quotidienne du Rosaire ». Il cite aussi la façon dont celui-ci s'efforça, « gravement, longuement », de convaincre un jeune prisonnier juif qui se disait agnostique – « Renouvin en eut le souffle coupé, écrit Michelet. Je crois bien qu'il traita tout d'abord de morveux le jeune sacrilège ». Et il témoigne aussi de cette scène, à leur arrivée au camp de Neue Bremen, quand, les SS ordonnant aux prisonniers juifs du convoi de sortir des rangs, il entendit « le chevalier Renouvin, les dents serrées », lui souffler : « Je suis déshonoré, mon devoir est de leur emboîter le pas. »

Jacques Renouvin, personnage iconique de la Résistance, qui fut fait compagnon de la Libération à titre posthume, chose rare, par un décret du 20 janvier 1946. Comme l'écrit délicatement Gilles Perrault, Renouvin était « un homme merveilleux, l'un de ces êtres rares qui laissent derrière eux un sillage de lumière. Toute communauté humaine est peu ou prou un panier de crabes, et la Résistance n'échappa pas à la règle, mais, jadis, naguère et aujourd'hui, impossible de dégotter un résistant qui fasse la moue en évoquant Renouvin ».

In memoriam.

Chapitre 6

LES VALEUREUSES

« L'Église, la hiérarchie demeurent silencieuses. Elles laissent la vérité être profanée. » Ce jugement de dépit qu'elle glisse dans son journal en juin 1941 explique le basculement dans la clandestinité de Germaine Ribière. Disciple du père de Montcheuil, cette catholique fervente, née en 1917 dans la bourgeoisie de Limoges, s'engage aux côtés du père Chaillet et de l'abbé Glasberg dans l'Amitié chrétienne pour sauver des réfugiés, enfants, femmes, hommes qu'elle côtoie déjà dans le foyer des sœurs de Sion, où cette étudiante en médecine habite, à Lyon. Germaine Ribière est une jeune femme au visage grave, aux traits assez marqués, plutôt grossiers même, tant et si bien que le résistant lyonnais Jean Stetten-Pigasse lui trouve lors de leur première rencontre « l'air un peu bête ».

« Elle portait des nattes enroulées au-dessus de la tête et y avait posé un chapeau dont l'équilibre paraissait mal assuré, raconte-t-il drôlement dans son autobiographie, *Sur le fil de l'espoir*. Elle me faisait l'effet d'une petite étudiante insignifiante à peine sortie des jupons de sa mère. Je lui donnais tout juste dix-huit ans. Mais à peine avait-elle ouvert la bouche que j'ai compris qu'il ne fallait pas se fier à son apparence. Ses yeux d'un bleu acier s'étaient posés sur moi. Et sans introduction superflue, elle est entrée dans le vif du sujet. »

Dès leur seconde entrevue, la « petite étudiante insignifiante » qui, dans la clandestinité, se fait appeler par son surnom, Maine, avec « son petit chapeau mal équilibré », son allure « étriquée dans un manteau qui n'[est] pas fait pour elle », se révèle « un véritable chef de guerre ». « Il fallait du sang-froid et beaucoup de cran pour faire ce qu'elle faisait », loue Stetten-Pigasse. Germaine est « dévorée par un souffle extraordinaire de foi et de confiance communicatif », et sera l'un des agents de liaison les plus courageux et les plus efficaces. « Insoupçonnable sous ses nattes blondes et avec ses yeux limpides », comme la décrit un autre résistant, le futur historien Joseph Rovan, Maine se fait « messagère, porteuse de textes clandestins et de papiers pour réfugiés ou résistants » et, grâce à elle, « des échanges de renseignements et de tampons pouvaient se faire de région à région ».

Jean Stetten-Pigasse témoigne ainsi comment, presque chaque semaine, la résistante passe la ligne de démarcation, « transportant les papiers les plus compromettants » jusqu'en Suisse, en Belgique ou en Hollande, « franchissant les frontières à la barbe des Allemands pour des missions à peine imaginables de la part d'une jeune fille ». Germaine Ribière sauvera des centaines de juifs, qu'elle cachera dans des familles notamment en Haute-Vienne, en Creuse et dans l'Indre, avec l'aide du pasteur Albert Chaudier. Elle fera aussi office d'intermédiaire entre les communautés catholiques et juives après la guerre pour régler l'affaire Finaly, du nom de deux jeunes frères juifs que leur nourrice catholique refusait de rendre aux leurs. Après avoir été distinguée comme Juste, la résistante mourra en 1999, à Paris, à l'âge de quatre-vingt-deux ans.

Combien sont-elles, « ces joueuses d'un terrible jeu », comme le soulignait André Malraux dans un discours mémorable prononcé le 10 mai 1975 devant la cathédrale de Chartres, rendant hommage à ces « combattantes, non parce qu'elles maniaient des armes (elles l'ont fait parfois), mais parce qu'elles étaient des volontaires d'une atroce agonie » ?

Elles n'avaient pas le droit de vote, elles étaient soumises juridiquement à leurs maris, et pourtant, elles aussi contribuèrent à l'anéantissement du nazisme. Et elles furent nombreuses, bien plus qu'on le pense, bien plus qu'on l'enseigne dans les livres d'histoire, bien plus que les quelque six d'entre elles[1] qui furent élevées dans l'ordre des compagnons de la Libération. Seulement six femmes parmi les mille trente-huit compagnons… Combien de toutes ces vaillantes, dont beaucoup furent atrocement torturées ou tombèrent au combat, auraient mérité d'être intégrées au prestigieux ordre de l'élite combattante fondé pendant la guerre par le Général ?

L'Histoire a été écrite par des hommes, et cette époque ne se distingua guère par son féminisme – loin de là – même si de Gaulle finira par accorder

1. Berty Albrecht, Laure Diebold, Marie Hackin, Simone Michel-Lévy, Émilienne Moreau-Évrard, Marcelle Henry.

– enfin – aux femmes le droit de vote en 1944, une manière de les récompenser pour les services rendus pendant la guerre.

Jacqueline Fleury-Marié, engagée à l'âge de dix-sept ans dans les réseaux Défense de la France puis Mithridate, déportée à Ravensbrück, qui succéda à Geneviève de Gaulle-Anthonioz à la tête de l'Association des anciennes déportées et internées de la Résistance (ADIR), organisation féminine fondée dès 1944, s'est toujours indignée que, même encore en 2021, l'Histoire accorde si peu de place à ces militaires et techniciennes radio franco-britanniques parachutées en France, puis exécutées pour la plupart après d'immondes tortures, que l'on oublie ces engagements des postières de France ou des infirmières du Vercors, sans compter toutes celles qui se livrèrent à de petites actions qui nourrirent la grande chaîne de la Résistance et contribuèrent, chacune à leur place, à la libération de la France, sans oublier les « rochambelles », ces infirmières qui rejoignirent la 2e DB du général Leclerc, auquel nous consacrerons un prochain chapitre[2]. Ces combattantes, même parmi les plus intrépides, parfois, étaient mères de jeunes enfants, dont elles devaient s'éloigner avec déchirement pour affronter des risques insensés voire sacrifier leur vie, parce que, comme le dira plus tard André Malraux, « chez beaucoup d'entre nous, femmes ou hommes, la patrie repose comme une eau dormante ».

2. Jacqueline Fleury (avec Jérôme Cordelier), *Résistante*, Calmann-Lévy, 2019.

Vichy et le maréchal Pétain, comme substrat à l'idéologie paternaliste qui servait d'ossature mentale au régime, glorifiaient les femmes comme « inspiratrices de la civilisation chrétienne », ce qui, dans le quotidien, se traduisait par les cantonner à un rôle de mères de famille attachées aux tâches domestiques. Par un heureux retournement de l'histoire, c'est au nom de cette même foi chrétienne que nombre de ces femmes bravèrent les interdits du pouvoir, les sermons des évêques, les regards de leurs coreligionnaires, les conventions de leur milieu pour soutenir l'action des maquis.

Souvent, ces résistances sont le fruit de révoltes individuelles, spontanées, peu sont dictées par des motifs politiques, à l'exception des militants communistes.

L'abbé Paul Parguel, dans son récit publié dès 1946, met en exergue « ses » paroissiennes de l'Église Sainte-Bernadette, à Montpellier, qui cherchaient à « témoigner pour l'idéal commun à tous de liberté, de vérité, de justice et de fraternité humaine[3] ».

« C'est ainsi, écrit le brave curé résistant, que la dactylo après son travail se rencontrait avec l'ouvrière d'usine ; elles venaient rejoindre l'étudiante du lycée et leur grande sœur de la faculté, toutes animées du désir de connaître et de faire triompher la Vérité. Elles venaient malgré le froid ou la pluie, malgré les difficultés sans nombre. C'était le plus souvent au soir d'une journée bien rude, la tête bourdonnante du bruit

3. Paul Parguel, *De mon presbytère aux bagnes nazis. Mémoires d'un prêtre déporté en Allemagne*, Spes-Paris, 1946.

de la machine ou des textes accumulés pour l'examen prochain. Recommandations de prudence de leur entourage, danger imminent, rien ne les détournait. Une seule chose, un seul but dominait tout, avait pris toute leur vie : le salut de l'âme de la France, la libération totale de la Patrie. [...] Elles repartaient de chez moi emportant dans leur cœur gonflé d'espérance la force de servir jusqu'au suprême sacrifice. Elles emportaient aussi, dans leur sac de travail ou leur serviette d'étudiante, *Les Cahiers clandestins du Témoignage chrétien* qui devaient demain leur permettre à l'usine, au bureau, à la faculté, d'entretenir la flamme du combat. »

On trouve peu de résistantes dans les maquis. Peu d'entre elles participent à des actions armées. D'abord, comme on l'a vu, parce que, par leur statut, les femmes sont sous-estimées, et même, en droit, considérées comme des mineures. Et nombre de celles qui s'engagent, d'ailleurs, suivent leur mari : il y aura beaucoup de couples, certains légendaires, dans la Résistance. Ensuite, parce que les femmes ne reçoivent alors guère de formation militaire, ni même sportive. Une seule d'entre elles créera son propre réseau, et c'est une religieuse : Hélène Studler, sœur de Saint-Vincent-de-Paul, qui permettra à plus de deux mille soldats et officiers français d'échapper aux autorités nazies et de rejoindre la France libre – parmi eux, le général Henri Giraud, François Mitterrand, son ami Roger-Patrice Pelat ou encore Boris Holban, communiste roumain d'origine juive, à la tête des FTP-MOI de la région parisienne.

Les résistantes sont souvent cantonnées à des rôles secondaires. Une action discrète mais la plupart du temps indispensable. Elles collectent de l'information, rédigent tracts et journaux clandestins, qu'elles distribuent. Elles sont secrétaires, elles sont infirmières, elles font office de boîtes aux lettres. Elles sillonnent le pays, à bicyclette, en train, pour faire le lien entre les maquis, les réseaux, les planques. Elles sont hébergeuses, jouent les passeuses, cachent les réfugiés, guident les évadés – les Allemands se méfient moins des jeunes femmes, particulièrement des jeunes filles, comme nous l'a expliqué Odile de Vasselot. Il faut imaginer le courage de ces femmes qui s'engagent en s'affranchissant de toutes les contraintes qui pèsent sur leurs épaules. Berty Albrecht, par exemple, doit faire preuve d'anticonformisme, rompre avec sa famille et son milieu, la bourgeoisie d'affaires, pour rejoindre Henri Frenay, sur qui elle aura une profonde influence, dans la clandestinité. C'est encore Albrecht qui sera l'inspiratrice, l'âme du mouvement Combat, la véritable architecte de cette action résistante. Comme quoi ces femmes de l'ombre surent aussi jouer en première ligne.

C'est la catholique Marie-Rose Gineste, syndicaliste CFTC, responsable du secrétariat social à Montauban, qui pédale à bicyclette à travers tout le département du Tarn-et-Garonne pour diffuser la lettre de son évêque, Mgr Pierre-Marie Théas, dénonçant les « arrestations d'hommes et de femmes que l'on traite comme des bêtes sauvages » et exhortant les catholiques à soutenir leurs frères juifs.

« Quel immense espoir a fait naître en moi [...] cet appel du général de Gaulle lorsque je l'ai entendu moi-même, note, à l'image d'Odile de Vasselot et de tant d'autres, Marie-Rose Gineste le 18 juin 1940.

Il n'en était pas fini de la France. Un général lui demandait de continuer la lutte. Cela correspondait à mon sentiment, mentalement il avait mon adhésion ; il me restait à découvrir comment traduire concrètement mon engagement. Cela est venu plus tard[4]. » L'austère « Mlle Gineste » était la cheville ouvrière de l'œuvre catholique d'aide aux réfugiés, fondée à Montauban par un prêtre belge, le père Boon, et elle fabriquait des faux papiers pour des prêtres et séminaristes issus de la zone interdite afin qu'ils retournent dans le Nord et en Belgique. Depuis son bureau – situé à quelques mètres des locaux de la Gestapo ! –, cette femme a sauvé des dizaines d'enfants et d'adultes juifs auxquels elle ouvrait les portes de couvents et de maisons religieuses, ce qui lui vaudra d'être distinguée comme Juste. Marie-Rose Gineste est morte un an avant son centenaire en 2010, paisiblement, dans un foyer de religieuses.

Certaines de ces guerrières de l'ombre ont tenu, dans la discrétion toujours, bien entendu, des rôles de premier plan.

On croise de grands personnages parmi celles-ci. C'est sœur Jeanne Chérer, religieuse des « Filles de la Charité », et sa cornette légendaire, qui, assistante sociale, vient en aide aux détenus politiques et aux réfugiés, dans la région de Poitiers, en lien avec les moines de Ligugé – qui cachaient des juifs dans leur abbaye –, dans le camp de Rouillé, distribuant victuailles et habits – elle avait monté un véritable magasin

4. Renée Bédarida, *Les Armes de l'esprit. Témoignage chrétien (1941-1944)*, Éditions Ouvrières, 1977.

de vêtements pour permettre aux évadés de se cacher sous un nouveau costume… C'est encore Marcelle Monod, femme de grande classe, presque quinquagénaire – elle est née en 1892 –, issue de la grande famille protestante des Monod – son père, Paul, est pasteur de l'Église réformée –, qui avait servi comme infirmière dans des hôpitaux militaires pendant la guerre de 14-18. Depuis 1936 (elle restera à ce poste jusqu'en 1947), elle est à la tête de la Maison de la santé, avenue Franklin-Roosevelt à Nîmes, où elle cache et soigne des juifs, accueillant aussi des infirmières sous une fausse identité. À partir de 1944, la maison reçoit des maquisards amenés par leurs camarades pour des pansements, des plâtres, des extractions de balles, des interventions chirurgicales. Une quinzaine d'opérations sont ainsi réalisées en secret par le docteur Cabouat qui exerce de nuit en compagnie de son épouse, anesthésiste, et une infirmière, Suzanne Toureille, parce que la Maison compte le reste du temps un autre chirurgien collaborateur, proche de la Milice…

À l'époque, à Nîmes, une autre femme – et quelle femme ! – incarne elle aussi l'engagement chrétien. Madeleine Barot, c'est son nom, connaît l'ennemi de longue date. Cette historienne de formation était en lien avec des coreligionnaires protestants de l'Église confessante allemande, qui, dès 1934, alertèrent sur le péril hitlérien. Depuis 1935, elle a vu à l'œuvre le fascisme, en vivant à Rome, alors qu'elle était archiviste à l'École française.

Rapatriée en 1940, la jeune femme trentenaire devient secrétaire générale de la Cimade, association créée par des mouvements de jeunesse protestants dont le siège est à Nîmes et qui s'est donné pour mission de prendre en charge les réfugiés. Ce sont, d'abord, les Alsaciens et les Mosellans, puis les Allemands et Autrichiens qui fuient les persécutions antisémites. Dans ce groupe de la Cimade, Madeleine Barot côtoie Suzanne de Dietrich, que nous avons déjà croisée. Cette quadragénaire alsacienne, théologienne, très imprégnée de foi chrétienne – comme on peut le deviner dans son regard souriant –, a été responsable des Éclaireuses de France, et commence par s'occuper des « déracinés » d'Alsace et de Lorraine qui se réfugient dans le Sud-Ouest. Madeleine et Suzanne se portent au secours de celles et ceux que l'on juge « indésirables », qui, après les réfugiés espagnols sous la IIIe République, ont été parqués dans les camps de Gurs – marqués par l'arrivée de sept mille juifs allemands dans des wagons à bestiaux le 23 octobre 1940 –, de Rivesaltes, ou encore du Récébédou… Les deux femmes feront partie de la petite équipe à l'initiative des « thèses de Pomeyrol » de 1941, que nous avons déjà évoquées, et qui émettent « une protestation solennelle contre tout statut rejetant les juifs hors des communautés humaines ».

À partir de 1942, sous la houlette de Madeleine Barot, la Cimade devient une organisation clandestine, met en place des filières d'évasion, fabrique des faux papiers, gère un réseau de centres d'accueil, vient en aide à une multitude de réfugiés et de résistants. Pour avoir concouru à sauver des centaines de juifs pendant la guerre, la résistante, elle aussi, sera honorée du titre de Juste en 1988. On peut dire que, d'une certaine manière, cette militante protestante fut précurseur de « l'accueil inconditionnel », principe sur lequel dans les années 1950 un autre résistant, religieux capucin, l'abbé Pierre, créera les communautés d'Emmaüs. Au nom de ces règles qui constituèrent son cap de vie, Madeleine Barot ira après la guerre dans d'autres camps, ceux des vaincus, pour accompagner les détenus suspects de collaboration, à Drancy et dans le sud de la France. Des actions qui lui furent reprochées, mais qui pour Madeleine Barot avaient leur cohérence : être chrétien, c'est tendre la main.

Place forte protestante, Nîmes s'affirme, avec le double jeu des autorités spirituelles, et notamment celui du chef de l'Église réformée Marc Boegner, comme une ville qui compte dans « la résistance spirituelle ». Guère étonnant donc que s'y épanouissent des femmes de caractère, à l'image d'Alix Bedos, que j'ai eu la chance de pouvoir interroger en janvier 2019, un an avant son décès, dans son appartement de l'avenue Feuchères, jouxtant les arènes, qu'elle n'avait jamais quitté depuis son mariage, soixante-seize ans auparavant.

Le jour de notre rencontre, Mme Bedos allait sur son centenaire, elle sirotait un petit verre de whisky dans son canapé, joliment coiffée, le regard perçant, la voix forte, autoritaire. Elle avait été l'épouse d'un avocat réputé à Nîmes, le bâtonnier Charles Bedos. Un grand personnage, dont la mémoire perdure dans la ville, du moins chez les plus anciens.

Né à Naples d'un père qui avait construit la ligne de train Alexandrie-Le Caire et d'une mère venue au monde à Trieste, sous l'occupation autrichienne, l'homme avait été élevé dans le protestantisme

– il apprendra à l'âge de quarante ans que sa nourrice l'avait fait baptiser catholique en cachette, alors qu'il était âgé de trois ans. Son épouse, Alix, de dix-sept ans sa cadette, était issue d'une famille « extrêmement » catholique, et fut élevée « très religieusement », soulignait-elle, ce qui l'incita à « une petite révolte » comme elle dit, avant de revenir vers l'Église, les années passant. Les Bedos élèveront leurs enfants dans les deux religions, lesquels perpétueront d'ailleurs dans leurs unions respectives ce schéma mixte.

Charles Bedos, qui était alors déjà âgé de trente-neuf ans, était un personnage respecté à Nîmes, qui se distingua à cette époque par un acte de bravoure – et de panache – qui fit honneur à sa robe d'avocat. Le 29 mars 1943, il décide spontanément d'assumer la défense de deux jeunes résistants communistes, Jean Robert et Vincent Faïta, qui comparaissent – à huis clos – avec quatre autres résistants devant la section spéciale de la cour d'appel de Nîmes instituée par la loi du 14 août 1941. Malgré la courageuse intervention de l'avocat, les accusés ne peuvent échapper à leur sort, scellé d'avance : la peine de mort. Les deux jeunes combattants sont guillotinés dans la cour de la maison d'arrêt de Nîmes le 22 avril 1943.

« Ces petits sont montés à l'échafaud avec un immense courage qui force l'admiration, racontera l'avocat à son épouse, le soir de l'exécution. La tête haute, ils ont chanté *La Marseillaise*. »

Las, le procès a mis l'avocat sur la sellette. Depuis longtemps, l'homme est surveillé. « Notre appartement était la boîte aux lettres de Marcel Bonnafoux, *alias* le commandant Marceau, le chef militaire adjoint du maquis des Cévennes, que nous connaissions parce qu'avant la guerre il avait réalisé des travaux chez nous », m'a confié Alix Bedos.

Charles est arrêté, lors d'une rafle à Nîmes. Il est transféré au camp de Compiègne, puis déporté à Mauthausen. À la Libération – il mourra en 1966 –, le 1er septembre 1945, Me Bedos donnera un discours saisissant dans les arènes de Nîmes où il témoignera, en mêlant son propre récit à ceux d'autres déportés, de l'horreur crue de la déportation. Il racontera les odeurs du camp, les « amusements » cruels des SS, cette chanson de Lucienne Boyer – « J'attendrai, j'attendrai le jour, j'attendrai la nuit… » – que l'on entonne pour couvrir le bruit des exécutions et qui restera gravé dans sa tête… L'avocat évoquera aussi cette soirée terrible du 26 novembre 1944, quand, réveillés à coup de schlague au milieu de la nuit, lui et cent cinquante de ses camarades sont sommés de se déshabiller et de se déchausser.

« Nous déposons donc le petit tas de nos vêtements à nos pieds et, entièrement nus, attendons, nous ne savons pas encore quoi, relate l'avocat. Or, sachez bien, il avait neigé toute la journée : une épaisse couche couvrait le sol et une cinglante brise nous transperçait. Des kapos et sous-kapos nous surveillaient et malheur à ceux qui s'agitaient ou se frottaient pour se donner l'illusion de se réchauffer ! Ils étaient vite ramenés à l'immobilité. » La température était descendue aux environs de moins six degrés.

« La tête dans les épaules, nous étions figés, paralysés, se souvenait le déporté. Les minutes et les heures s'écoulaient, interminables, cependant que, de temps en temps, l'un d'entre nous s'écroulait, frappé de congestion, sans qu'il fût permis de le secourir. Je grelottais et, attendant mon tour, mon cerveau roulait les pensées les plus sinistres. J'étais sûr de ne pas m'en tirer et à chaque seconde, j'espérais que l'ordre de rompre serait donné. Et les minutes se succédaient, et les heures s'ajoutaient aux heures. » L'attente s'étirera ainsi pendant huit longues heures, jusqu'au petit matin.

« À cinq heures, poursuit Charles Bedos, nous nous sommes vêtus, nous avons transporté les trente-cinq cadavres qui gisaient dans nos rangs, nous avons reçu notre quart de café et sommes partis au travail. Vous étonnerai-je quand je vous dirai que j'ai passé la journée à me tâter, entre deux coups de pelle, pour sentir si la fièvre de la pneumonie m'envahissait ? Et qu'au retour du travail, des dizaines de mes camarades sont entrés à l'infirmerie pour n'en plus sortir qu'à destination du four crématoire ? Comprenez-vous pourquoi, nous, les rescapés, nous nous demandons, et nous demanderons toujours, comment nous sommes en vie[5] ? »

Oui, comment ont-ils pu rester en vie ? C'est toujours cette même interrogation qui revient à la lecture et à l'écoute de ces récits atroces.

« Mon père a dit qu'il avait résisté en récitant "Ô Marie, en qui croit ma femme" ! » m'a raconté la fille des Bedos, Geneviève Bonfils. « La foi en Dieu

5. Témoignage tiré d'un livret publié à l'occasion des cérémonies d'hommage au bâtonnier Charles Bedos au palais de justice de Nîmes, le 11 décembre 2008 et le 29 mars 2010. Avec l'aimable autorisation de la famille Bedos.

l'a aidé à survivre, sans nul doute. Mes parents étaient croyants ; après la guerre, tant que Papa en eut la force, ils allaient chaque année à Lourdes, et Maman nous a toujours dit qu'au moment où il était mort sur un lit d'hôpital, elle avait vu une colombe s'envoler. Mais mon père ne bornait pas sa foi à la religion. Les choses de l'esprit, chez lui, dépassaient ce cadre. C'était un grand intellectuel, agrégé de droit mais aussi de lettres, premier prix de conservatoire de piano ; il a souvent expliqué qu'il avait tenu en pensant au piano (il jouait à l'aveugle au camp, à la sidération générale de ses camarades), à Chateaubriand et… à l'amour inouï de sa femme. »

De fait, Alix, à la manière de Lucie Aubrac, déploya toute son énergie pour extraire son mari des griffes nazies. Quand elle apprend que Charles a été arrêté, par une lettre déposée dans sa boîte aux lettres – « Madame, 16 heures. Je suis un ami de votre mari. Je viens de le voir, alors qu'il partait avec d'autres otages pour une destination inconnue ; il était en camion et m'a prié de vous avertir qu'il quittait Nîmes » –, elle se précipite dans les bureaux locaux de la Gestapo. « Je n'ai pas réfléchi, j'y suis rentrée, sous le prétexte d'aller chercher les clés de ma maison, se souvenait Alix Bedos. J'avais vingt-trois ans, j'étais inconsciente. J'ai dit au planton devant l'immeuble : "Je viens voir les deux messieurs qui ont arrêté mon mari." Mon intervention a été refusée. Mais, le soir même, les deux Allemands sont venus me rapporter les clés. L'un d'eux m'explique alors qu'il a agi par confraternité, parce qu'il était avocat à Berlin. Quelque temps plus tard, je recevrai la visite de l'un de ses amis pour m'apprendre que mon mari avait été transféré à Compiègne. » Alors, Alix, malgré la fatigue d'avoir accouché de sa fille trois mois auparavant, fait le voyage de Nîmes à Compiègne. Elle est reçue par une sentinelle qui lance, goguenarde : « Ces Françaises, elles arrivent la bouche en cœur et vous disent en souriant qu'elles veulent voir leur mari. Eh bien moi, je vous réponds en souriant que vous ne verrez pas votre mari. »

Épuisée, Alix Bedos éclate en sanglots ; le soldat, un Tchèque enrôlé de force dans l'armée allemande, touché, lui décroche « l'impossible » : l'autorisation de voir son mari quinze minutes.

Soixante-quinze années plus tard, Mme Charles Bedos évoquait ce moment, le visage radieux. « Si vous aviez vu la tête de mon mari quand je me suis plantée devant lui dans le camp : il était bouche bée », souriait la vieille dame.

L'épouse n'en reste pas là. Grâce à l'intervention de Paul Cressel, avocat lyonnais et ministre de la Propagande de Laval, sollicité par des amis communs, elle se précipite à Vichy, dans le bureau même du chef de la Gestapo, le capitaine SS Hugo Geissler[6]. « Il commence à me tenir une conférence sur l'union franco-allemande, puis me lance : “Quand vous êtes malade, vous n'allez pas chercher des amis à l'autre bout de la ville, vous appelez vos voisins de palier. Eh bien, nous, nous sommes vos voisins de palier. Les Anglais sont ceux qui habitent loin.” C'était surréaliste. »

---

6. Il est très exactement chef de la *Deutsche Polizei-Delegation*, délégation de la police allemande.

Au bout de vingt minutes, le téléphone sonne. Geissler répond :

« “Non, président, Mme Bedos n’est pas arrêtée, nous conversons tranquillement.” C’était mon père qui avait appelé Cressel, qui avait appelé Laval, lequel sollicitait Geissler, poursuit Alix Bedos. Je lui ai alors dit : “Mais je veux voir mon mari.” L’Allemand sort son dossier et dit : “Madame, votre mari est inscrit comme ‘*Nacht und Nebel*’, vous ne le reverrez jamais.” Je me suis levée, il m’a escortée jusqu’à la sortie, une trentaine de soldats ont formé une haie d’honneur en voyant leur chef, et nous sommes passés sous les saluts nazis… »

Le SS l’a convaincue : Alix est persuadée qu’elle ne reverra jamais son époux. Mais elle continue de se battre aux côtés des autres familles. L’appartement de l’avenue Feuchères devient un refuge pour les épouses des Nîmois qui ont été arrêtés en même temps que l’avocat. « On se réunissait dans la clandestinité, raconte la vieille dame. Mais comme beaucoup de monde entrait et sortait, un jour, le directeur des renseignements généraux est venu me trouver pour me mettre en garde : “Faites attention, les Allemands vous surveillent !” »

Même au soir de sa vie, Alix Bedos ne s’étendait pas trop sur son engagement, minimisant son action et sublimant celle de son mari, plus de cinquante ans après la mort de celui-ci. « Lui fut un grand résistant, pas moi ! s’irritait-elle presque quand on l’interrogeait sur le sujet. Je ne suis pas entrée en résistance, c’est la vie qui m’y a poussée. J’ai fait ce que je devais faire, naturellement, sans me poser de questions. »

La vie m'y a poussée... Souvent, les résistants parlent ainsi de cette sorte d'engrenage, dont ils ne savent pas toujours qu'il est vertueux, ce courage qui a propulsé ces femmes et ces hommes dans l'action clandestine sans même y songer vraiment, parfois même par inadvertance.

Je suis ainsi tombé sur la figure émouvante de la poétesse Marietta Martin. La jeune femme, quadragénaire – elle était née en 1902 –, abritait chez elle, dans sa chambre du 16e arrondissement de Paris, la rédaction du journal antipétainiste *La France continue*, menée par Paul Petit et Henri de Monfort. Et elle en distribuait les numéros à bicyclette dans la capitale. Pour la plupart de ces résistants chrétiens, la guerre fut aussi, parfois d'abord, un combat spirituel. C'est dans cette perspective que s'inscrit Marietta Martin, elle qui, depuis des années déjà, mène cette lutte de l'Esprit, à travers une œuvre littéraire inaugurée par *Histoires du paradis*. Ainsi, pressentant sans doute ce qu'il adviendrait, la poétesse écrit-elle en 1936 : « Nuit ! Nuit ! Non, pour toi, Nuit, il faut partir. Le soldat sait qu'il part demain. Il sait où il part ; il sait qu'il veut partir pour le lieu dont il ne sait pas le nom. Les convois de troupes vers le lieu de l'action montent en ligne pour une destination inconnue. Il n'en sait qu'une et il l'aime, il l'aime tellement, enfin ! »

Arrêtée en février 1942, chez elle, en même temps que Paul Petit et Raymond Burgard, Marietta Martin est emprisonnée en Allemagne dans huit établissements différents, condamnée à mort, et s'éteint en attendant son exécution, en prison, le 11 novembre 1944. Dans sa cellule, elle est soignée par une infirmière, résistante et catholique pratiquante elle aussi, Gilberte Bonneau du Martray, qui, après trois ans d'incarcération, mourra à son tour d'épuisement dans son transport vers le camp de Bergen-Belsen.

On voudrait pouvoir les mentionner toutes, ces femmes jetées au beau milieu de cette guerre d'hommes. Essayer de retenir leur nom à chacune, alors que la plupart ont sombré dans un oubli total. Dès que l'une surgit, une autre la suit, et la chaîne invisible de ces combattantes anonymes au cœur de la nuit se reforme sous nos yeux. Chaque histoire est un destin, chaque engagement un exemple, chaque visage une leçon.

Souvent, ces chrétiennes de l'ombre endurent les souffrances de la guerre comme Jésus souffrit le chemin de croix de la Passion. Le martyre du Christ les aide, les accompagne, les soutient, comme m'en témoigna Marie-José Chombart de Lauwe, déportée à Ravensbrück, qui fut catholique avant de rompre avec l'Église à la suite des condamnations des prêtres ouvriers par le Vatican en 1954 : « Ma grand-mère maternelle, une dame très pieuse, qui fera d'ailleurs de ma sœur aînée une religieuse, me racontait le supplice de Jésus. C'était cet homme humble qui acceptait de souffrir et de mourir pour les autres, celui qui avait été torturé pour sa foi, un grand résistant. En prison, j'avais fabriqué une croix avec ce que je pouvais avoir sous la main, et cela m'a beaucoup aidée dans cette épreuve. Jésus était celui qui avait sacrifié sa vie[7]. »

7. Entretien avec l'auteur paru dans *Le Point* le 23 avril 2015, à l'occasion de la parution de ses Mémoires, *Résister toujours* (Flammarion, 2015).

Ce sens du martyre est consubstantiel à l'engagement de la religieuse orthodoxe mère Marie Skobtsova, qui se donne aux indigents, émigrés russes, comme elle, du 15e arrondissement de Paris ou de Boulogne-Billancourt – ils sont nombreux avant-guerre à être employés dans les usines Renault –, et naturellement se porte au secours des juifs pourchassés. Elle connaît intimement leurs souffrances, elle les a vécues.

Dans une première vie, elle s'appelait Élisabeth Iourievna Pilenko. Elle est née à Riga, en décembre 1891, d'un père magistrat de l'empire russe et d'une mère issue de la grande aristocratie. Poétesse, spirituelle, intellectuelle engagée, elle accueille d'abord d'un bon œil l'abdication du tsar Nicolas II et l'arrivée des bolcheviques au pouvoir ; elle deviendra même adjointe au maire d'Arnapa, une station balnéaire des bords de la mer Noire. La région passe sous le contrôle des « Blancs », nostalgiques de la Russie tsariste, et Élisabeth est déférée devant une cour de justice. Finalement, elle sera acquittée. Mieux, ses ennemis d'hier l'installent comme maire de la ville, en 1918. Et elle épouse même, en secondes noces, l'un de ses anciens juges… Las, la révolution bolchevique se propage, l'empire bascule dans la violence et la guerre civile : Élisabeth est contrainte à l'exil. En 1923, elle débarque à Paris. Cette femme est un personnage singulier, et moderne pour son époque. Elle a été mariée deux fois, elle est mère de trois enfants. Sur son long chemin d'épreuves, la mort subite de sa fille Anastasia, en 1926, finit de la convertir : en 1932, elle prononce ses vœux et devient religieuse, se baptisant d'une nouvelle identité en référence à sainte Marie l'Égyptienne, célébrée à la fois par les orthodoxes et les catholiques. Celle qu'on appelle désormais mère Marie s'engage auprès de sa communauté pour soutenir ces milliers de Russes blancs exilés à Paris, fuyant la nouvelle URSS ; ces émigrés qui, appartenant souvent à l'élite aristocratique de leur pays, se retrouvent profondément déclassés, deviennent ouvriers dans les usines parisiennes et certains même en état de grande précarité. Élisabeth *alias* Marie agit d'abord comme secrétaire du Mouvement de la jeunesse chrétienne étudiante russe, et ouvre, dans le Paris de l'avant-guerre, un foyer pour jeunes femmes isolées, d'abord domicilié au numéro 9 de l'avenue de Saxe, puis au 77 rue de Lourmel. Ce centre d'accueil, auquel est adjointe une chapelle, devient vite une adresse incontournable de l'émigration russe et mère Marie, avec son visage joufflu, son regard évanescent et droit pétri de bonté, cette élégance naturelle dont elle est empreinte, une personnalité centrale. La religieuse orthodoxe arpente inlassablement l'Ouest parisien pour aider ses compatriotes, et lorsque la guerre éclate, très vite, elle accourt auprès de ses frères et de ses sœurs juifs, transportant des messages et ouvrant les portes du centre Lourmel aux persécutés. La bienfaitrice est arrêtée en 1943, en même temps que son fils et le père Dimitri Klépinine. Elle est déportée à Ravensbrück. Deux ans plus tard, le 31 mars 1945, elle meurt en martyre… en prenant la place d'une femme juive dans la chambre à gaz.

Personnage solaire, glorifiée en 2004 par le patriarcat de Constantinople au même titre que le père Dimitri Klépinine, Marie Skobtsova a agrégé autour d'elle dans ses combats une bonne partie de la diaspora russe exilée en France, parmi laquelle des jeunes aristocrates de haut rang. Des princesses russes qui deviendront de grandes résistantes. On y croise ainsi la mystérieuse – personne ne sait vraiment qui elle était – Tamara Volkonskaïa, engagée aux côtés des maquisards de Dordogne notamment après la destruction par la sinistre division Brehmer du bourg de Rouffignac où elle s'est réfugiée avec son mari, Sylvain Asch. Autre princesse résistante orthodoxe, Zinaïda Chakhovskaïa. Dès le début de la guerre, elle se rend au chevet des blessés dans les hôpitaux parisiens. Puis, mobilisée par l'appel de de Gaulle le 18 juin, elle diffuse les tracts de la Résistance dans Paris et finit par rejoindre son mari à Londres. Devenue journaliste, Zinaïda Chakhovskaïa sera parmi les premiers reporters à rendre compte des monstruosités du camp de Dachau.

Encore une princesse russe, chrétienne orthodoxe et résistante hors du commun. Voici que s'avance la belle Véra Obolensky, sa silhouette fine, son visage délicat, ses grands yeux noirs ouverts sur le monde et sa gestuelle élégante. Fille du vice-gouverneur de Bakou, Véra n'a que neuf ans quand la famille s'installe à Paris, dans les années 1920. Elle devient mannequin et épouse, en 1937, un autre Russe blanc, le prince Nicolas Alexandrovitch Obolensky, fils du gouverneur de Saint-Pétersbourg. Véra est embauchée comme secrétaire de l'industriel, économiste et écrivain Jacques Arthuys. Lequel, dès 1940, l'entraîne dans une filière de collecte de renseignements et d'évasion de prisonniers de guerre britanniques. De fil en aiguille, celle que l'on dénomme désormais « Vicky » se fait secrétaire centrale d'un grand mouvement de résistance, l'Organisation civile et militaire (OCM), dont Arthuys est l'un des cofondateurs. Arrêtée en décembre 1943, elle refuse de parler sous la torture. « Je suis née russe, j'ai passé toute ma vie en France, je ne veux trahir ni ma patrie ni celle qui m'a offert l'asile. Mais un Allemand ne peut comprendre cela… », lance, bravache, celle que l'on l'appelle « la princesse je-ne-sais-rien » à ses tortionnaires, selon le témoignage de son amie Sofka Nossovitch. Laquelle précise que face aux provocations antisémites des gestapistes, Véra rétorque : « Je suis chrétienne et croyante, c'est pourquoi je ne peux pas être antisémite[8]… »

La princesse résistante, qui n'a jamais parlé, est guillotinée le 4 août 1944 dans la prison de Plötzensee, à Berlin-Charlottenburg. Son époux Nicolas, engagé comme lieutenant dans les Forces françaises libres (FFI), est torturé par les nazis et déporté à Büchenwald, mais il survit. Et meurt en 1979, à l'âge de soixante-dix-neuf ans. Converti au cours de son internement dans le camp de Büchenwald, Nicolas Obolensky passe le reste de sa vie dans l'habit de prêtre orthodoxe – qu'il revêt en 1963 – et sert dans les paroisses de la région parisienne, notamment à la cathédrale Saint-Alexandre-Nevsky de la rue Daru, dans le 8e arrondissement de la capitale.

Notons que parmi ces résistantes d'origine russe, certaines viennent du camp adverse. C'est le cas d'Hélène Viannay, qui crée Défense de la France avec son

8. Témoignage cité par Alain Guérin, *Chronique de la Résistance*, *op. cit.*

mari, le catholique Philippe Viannay. Elle est née Mordkovitch à Paris, en 1917, de parents russes révolutionnaires. Sa mère est la fille d'un pope orthodoxe ; étudiante en médecine, ses prises de position bolcheviques lui valent d'être emprisonnée par le pouvoir tsariste, puis contrainte à l'exil à Paris en 1908. Elle y rencontre un Russe juif, enrôlé dans l'armée française pendant la guerre de 14-18. Leur fille Hélène hérite du même sens de l'engagement. Assistante à la Sorbonne, celle-ci veut réveiller l'opinion estudiantine en organisant une contre-propagande à Vichy. « Français, soyez français, soyez courageux, ne vous laissez pas aller… », lance-t-elle dans l'un de ses premiers tracts. C'est Hélène qui incitera Philippe Viannay à fonder le journal *Défense de la France*, qui deviendra le plus gros tirage de la presse clandestine, afin de contrer la presse officielle, relais de la propagande de Vichy.

Lors de notre rencontre, début 2019, Andrée Julia avait quatre-vingt-quinze ans. C'était un petit bout de femme, à l'allure enjouée : lunettes rouges, accent chantant. Andrée, que tout le monde dans sa ville de Nîmes appelait « Dédé », avait été déportée pour actes de résistance. Mais quand on lui demandait ce qu'elle avait fait, elle le racontait ainsi :

« J'ai voulu faire comme mon frère qui, quand la France a été envahie, à l'école, a été encouragé à se battre par son maître, M. Rafinesque. Mon frère ne faisait pas de politique, mais il aimait la France. Il a fini par entendre parler du colonel de Gaulle, par ses camarades de l'École de l'armée de l'air. Il a rejoint le maquis dans la région, puis il a été arrêté. »

Et elle, Andrée, de quelle façon s'engagea-t-elle à son tour ?

« Pour aider mon frère, j'ai commencé à transporter des tracts dans mon blouson dans les communes environnantes, se rappelait la dame nonagénaire. Ce n'était pas grand-chose, mais les tracts étaient subversifs. Un jour, la police est venue perquisitionner notre maison. Mon frère avait caché dans les toilettes de notre garage en contrebas une ronéo[9]. Il m'a dit : “Y a les flics, va vite prendre le matériel et le planquer !” Je tremblais comme une feuille face aux policiers, j'ai dû m'asseoir en prenant notre chat siamois sur les genoux pour me donner une contenance. Puis, j'ai dit : “Maman, je suis malade, il faut que je descende au water.” J'y suis allée à tâtons sans allumer la lumière, j'ai attrapé la ronéo et une grosse valise contenant des rames de papiers, et j'ai transporté le tout dans les hortensias derrière le cabanon. Les policiers n'ont rien vu. Mais quelque temps après, j'ai été arrêtée. »

Andrée passa deux ans en prison en France – aux Baumettes à Marseille, à la centrale de Rennes, au fort de Romainville – et un an en Allemagne, à Ravensbrück, puis à Leipzig.

Des voisins l'ont livrée, « par jalousie, comme c'est souvent le cas ». À l'instar de nombreux autres, elle fut un élément essentiel dans la grande chaîne de l'action clandestine, même si elle aussi rechignait encore, lors de notre rencontre, à se mettre en avant. « Je sillonnais la région à bicyclette, vers Saint-Gilles, Beaucaire, expliquait-elle, j'allais de village en village vêtue d'un

---

9. Le système qui permettait de reproduire des tracts chez soi.

blouson, d'une jupe-culotte et de jolis souliers, pour porter les tracts mais aussi des rouleaux de papier. C'étaient des journaux clandestins, mais je ne savais pas trop ce qu'il y avait dedans. J'arrivais chez quelqu'un, on se mettait sur la table de la cuisine et on fabriquait à la main des affiches. » Si la foi ne fut pas un moteur direct pour elle, celle-ci joua son rôle dans son histoire, comme elle s'en ouvrit à moi. « Je me souviens qu'à Ravensbrück, on avait formé une petite église clandestine dans les caves, racontait Andrée. Une amie très ancrée dans la religion y disait des messes, en secret. On chantait des psaumes. Nous n'étions pas des gens à demander de l'aide à Dieu tout le temps, mais c'était enraciné en nous à l'époque, ça n'était pas la même façon qu'aujourd'hui : personne n'aurait dit du mal du bon Dieu. À l'école, on nous racontait ceux qui étaient morts pour leur foi ; dans nos familles on n'en avait pas eu, mais on respectait beaucoup ce sacrifice. » Cette tolérance n'empêchait pas de respecter les principes de laïcité. « Chez nous, poursuivait notre interlocutrice, on n'avait pas le portrait de Pétain mais les livres sur la République. On pouvait être pour la République, et croire en Dieu. Mon grand-père, qui était chef mécanicien sur les trains, on l'appelait Jaurès, c'est vous dire, mais cela ne nous empêchait pas d'aller à l'église. Je me souviens des cérémonies du dimanche des Rameaux, où l'on portait des friandises, et de l'autre côté il y avait mon grand-père "Jaurès" sur les trains… Elle n'est pas belle cette histoire ? »

Le jour de notre rencontre, Andrée venait d'être honorée par les élèves de l'institut Saint-Stanislas, un lycée privé du centre de Nîmes. À la fin de la conférence, ils lui avaient réservé une surprise ; leur professeur s'était mis au piano, et ils avaient tous entonné en chœur le « Chant des partisans ». Leurs voix hésitantes sur les paroles, leurs agitations juvéniles face à cette résistante recroquevillée sur son fauteuil firent de ce moment, par-dessus les années, un instant d'éternité.

Cette grâce, je l'ai aussi ressentie en croisant, dans les archives du Centre d'histoire de la Résistance et de la déportation à Lyon, un ange. On ne croit plus aux anges à notre époque, et c'est bien dommage : notre monde en état de sidération, prostré dans les peurs, dévoré par les obscurantismes, aurait bien besoin de ces histoires d'anges, qui peuvent être bien réelles elles aussi et qui allègent, adoucissent, apaisent. Hélène Roederer était un ange, à en croire les éloges qu'historiens et camarades de combat dressèrent à son sujet. « Il y a de la légende dorée dans la courte destinée de cette jeune fille, blonde, gaie, aimant la vie, sportive, excellente musicienne, brillante dans ses études », souligne le professeur Michel Laferrère, dans un fascicule hommage de 1985[10].

Comme d'autres, cette étudiante en histoire aux yeux bleus rieurs s'investit en jouant, d'abord, les messagères, sillonnant Lyon et ses environs à vélo, puis en distribuant des exemplaires clandestins de *Défense de la France* et des *Cahiers clandestins du Témoignage chrétien* et enfin, après le déménagement de sa famille en région parisienne, en rejoignant le maquis de

10. *Hélène Roederer. Étudiante et résistante (1921-1945)*, L'Hermès, publications de l'université Jean-Moulin, 1985.

Seine-et-Oise Nord, à la fin mai 1944, participant aux combats. Arrêtée par les Allemands le 25 juin 1944, Hélène Roederer est déportée à Ravensbrück, puis dans les *Kommandos* de l'usine d'armement de Torgau, où elle fait partie du groupe de prisonnières qui s'opposera aux ordres des SS, et même sabotera la chaîne de production. « Naturellement Hélène était de celles qui affirmaient : "Il ne faut pas travailler pour l'ennemi" », se souvient sa camarade de déportation Suzanne Guyotat. Transférée au camp de Königsberg, la résistante est ramenée à Ravensbrück où, après avoir échappé à la chambre à gaz grâce au dévouement d'une camarade, elle meurt du typhus, à vingt-trois ans, le 10 mai 1945… quinze jours après la libération du camp.

Le texte de sa citation comme chevalier de la Légion d'honneur, « morte pour la France », résume son engagement de façon saisissante :

« Jeune Alsacienne d'une nature indomptable, n'ayant jamais accepté la défaite, n'a cessé pendant quatre ans de lutter contre l'occupant en diffusant des journaux clandestins, convoyant des parachutistes, aidant les réfractaires. A exigé de ses chefs, au moment de la création du maquis, l'honneur d'aller se battre. A forcé l'admiration de ses camarades lors d'un combat où soixante partisans furent encerclés par tout un régiment allemand, en accomplissant avec une bravoure désespérée, au vu et sous le feu de l'ennemi qui ne cessait de tirer sur elle, les missions de transmission d'ordres qui permirent aux deux tiers des effectifs d'échapper à l'ennemi. Est retournée deux jours après sur les lieux du combat pour récupérer les armes abandonnées par les partisans. Prise les armes à la main, en a tellement imposé par son attitude aux Allemands qu'ils n'osèrent pas la fouiller. Déportée dans les camps de concentration d'Allemagne, ne s'est jamais départie de son attitude farouche et indomptable. A saboté et fait saboter autour d'elle le travail exigé des déportées dans les usines d'armement. Morte d'épuisement quelques jours après la Libération. Idéalisée par ses souffrances et sa mort, est devenue une légende pour ses camarades de combat. »

Philippe Viannay, le fondateur du mouvement Défense de la France, a rappelé dans l'opus en hommage à Hélène comment M. et Mme Roederer, ses parents, ouvraient les portes de leur maison de Châtenay pour les réunions nocturnes du réseau. Et il mettait en avant le rôle crucial de la jeune femme dans l'action clandestine, puisque celui-ci consistait à gérer les rendez-vous des uns et des autres, sachant, bien entendu, que personne ne devait savoir où logeaient les autres camarades. Un vrai sacerdoce, comme en témoignait Philippe Viannay :

« Hélène apprenait par cœur, au cours de nos séances nocturnes, les rendez-vous de chacun entre deux réunions et devenait ainsi la référence commune. Il suffisait de la rencontrer pour retrouver le contact avec celui qui avait été manqué, en allant à un de ses prochains rendez-vous indiqué par Hélène. La rencontrer, cela voulait dire la retrouver dans une des deux rues, définies à chaque réunion, une pour le matin, l'autre pour l'après-midi, où elle devait marcher dans un sens donné pendant dix minutes. Le système fonctionna, au mieux de la sécurité de tous, sans aucune défaillance de mémoire d'Hélène. »

Et Philippe Viannay de confier sa « fascination » pour la jeune résistante, dans un magnifique hommage : « Peu de fois dans ma vie j'ai rencontré un être qui puisse à ce point se résumer à une volonté. Non qu'elle fût dépourvue d'autres qualités : elle était belle, intelligente, fière, rieuse, intrépide. Mais tout en elle s'ordonnait autour de ce qu'elle avait choisi. Ensuite elle faisait front à tout, sans hésitation. »

Pourquoi a-t-on si peu mis l'accent sur ces destins singuliers ? Ce double héroïsme tranquille qui poussa ces femmes à se porter à l'avant-poste de la défense d'un pays, d'une société, d'une communauté qui, dans le même temps, les marginalisaient. Essayons de tirer quelque peu de cette nuit mémorielle Élise, Azémia, Nathalie Rivet, ou plutôt mère Élisabeth de l'Eucharistie, supérieure générale de la congrégation Sainte-Élisabeth-de-Notre-Dame-de-la-Compassion. Cette religieuse, fille d'un officier de marine, née près d'Alger, qui prit le voile en 1915, rejoint dès septembre 1940, à Lyon, le réseau clandestin de renseignements SSMF/TR (Services spéciaux militaires français/travaux ruraux). En lien avec le mouvement Combat et le cardinal Gerlier, elle contribue au sauvetage d'enfants juifs, et transforme son couvent, dénommé justement « Le Refuge », et situé sur le chemin de l'Étoile-d'Alaï à Lyon, en lieu de stockage des armes pour la Résistance et en planque pour des jeunes femmes fuyant les lois raciales et le service de travail obligatoire (STO).

Le 25 mars 1944, mère Élisabeth est arrêtée par la Gestapo ; en quittant son couvent, elle crie depuis le fourgon cellulaire qui l'emporte, dans un ultime et déchirant geste de protection à l'endroit de celles et ceux qu'elle cache : « Ne touchez pas à ces femmes et à ces enfants ! »

Emprisonnée au fort de Montluc, la sœur est déportée, fin juillet 1944, à Ravensbrück. Elle y meurt, le 30 mars 1945, en sacrifiant sa vie, tel le frère franciscain Maximilien Kolbe à Auschwitz, pour prendre la place d'une autre prisonnière, mère de famille.

Cette héroïne, je l'ai découverte grâce à la résistante Jacqueline Fleury-Marié, qui m'a confié l'article qu'avait écrit sur elle Geneviève de Gaulle-Anthonioz, en décembre 1955 dans *Voix et Visages*, le bulletin de l'ADIR, que présidait la nièce du Général. Celle-ci avait côtoyé mère Élisabeth à Ravensbrück et elle parlait au présent de cette « très authentique et vaillante combattante de la Résistance », qui « ne transige ni avec la charité, ni avec le patriotisme » et dont tous les camarades de captivité saluent « la dignité, le calme et le courage » ainsi que « l'autorité discrète mais reconnue et respectée ».

Geneviève de Gaulle-Anthonioz se souvenait ainsi de cette présence incroyable de mère Élisabeth au milieu du camp de Ravensbrück :

« Avec ses camarades de convoi, elle attendait nue dans la cour du revier[11] l'une de ces grotesques visites médicales où l'on défilait pour montrer ses mains et ses dents. Jamais je n'oublierai sa dignité tranquille

11. Le baraquement servant d'infirmerie.

dans l'acceptation de ce total détachement que symbolisait le tas de hardes misérables déposé à ses pieds. Dépouillée et humiliée comme son maître Jésus-Christ, elle avait bien mérité de Lui une mort si semblable à la sienne dans son offrande volontaire et dans son ignominie. C'était le Vendredi saint 1944. »

Quand j'ai eu la chance de rencontrer Geneviève de Gaulle, en décembre 1998, elle venait de publier son témoignage coup de poing sur ses quatorze mois de déportation à Ravensbrück, *La Traversée de la nuit*[12]. Au soir d'une existence terrestre jalonnée d'épreuves, cette combattante infatigable, engagée après la guerre pour porter la parole des déportées puis aux côtés du père Joseph Wresinski pour le mouvement ATD Quart Monde, donnait à voir toujours un sourire douloureux, humble et bon. Un sourire qui ponctuait ses paroles :

« J'ai une conviction qui compte plus que toute autre : je crois en la grandeur de l'être humain, affirmait Geneviève de Gaulle-Anthonioz. Dans ma vie, j'ai vu tant de choses belles, vous savez. Partout, même à Ravensbrück, comme ce jour où, sous mes yeux, un prisonnier affamé a offert sa pitance à un autre. Depuis, ma recherche de Dieu est toujours passée par l'humanité[13]. »

Dans *La Traversée de la nuit*, Geneviève de Gaulle raconte, elle la croyante fervente, comment dans le

---

12. Geneviève de Gaulle, *La Traversée de la nuit*, Seuil, 1998.

13. Cité dans Jérôme Cordelier, *Rebelles de Dieu*, *op. cit.*

bunker de Ravensbrück elle se sentit abandonnée par Dieu…

Ce voile noir, elle l'exprimait déjà ainsi dans *Voix et Visages*, en mai-juin 1970, par un court et poignant texte intitulé « Prier » :

« Les premiers jours avaient été de stupeur. La servitude, l'abjection, la mort lente, était-ce possible ? Le soir sur une demi-paillasse, en grelottant, j'essayais de prier. Quelques-unes disaient leur chapelet dans un coin du dortoir : comme des enfants perdus qui crient maman dans le noir et rien ne répond. Ils sont seuls. Paix dérisoire d'une cellule close […]. Prier ? Et où trouver les mots pour Dieu dans cette misère ? Que prient ceux qui ont le temps, dans le silence. J'ai les oreilles et la bouche pleines d'une clameur de désespoir. Dirai-je que ce temps n'est qu'une épreuve ? Qu'ils le disent sur leur prie-Dieu et dans leurs églises. Ils n'ont pas vu les yeux des bêtes traquées. On ne répond pas par des bénédictions au désespoir. Où est-ce Seigneur ? Où passe-t-elle pour aller jusqu'à vous, cette voie issue de la plus immense misère ? Sommes-nous exclus du monde des saints, nous qui luttons dans la faim et la vermine, la crasse et la fatigue, nous les déchus, les pauvres gens ? »

Comme Geneviève de Gaulle, la plupart des survivantes et des survivants des camps nazis attendront des années, à leur retour, avant de pouvoir témoigner. Parce que tant d'horreurs étaient indicibles pour eux et inaudibles pour leurs contemporains.

Chapitre 7

LE CARDINAL GERLIER
ET LES « SOLDATS DE LA VÉRITÉ »

À l'ombre de la basilique Notre-Dame de Fourvière, dans la ville de saint Irénée, deuxième évêque de Lyon et père de l'Église (IIe siècle), on retrouve les clivages qui traversent le catholicisme français. Si la France peut se targuer encore alors, et le régime de Vichy s'appuiera sur cette ligne historique, d'être « la fille aînée de l'Église », Lyon, entre Saône et Rhône, en est la capitale. Les vocations sont nombreuses, les séminaristes légion, et les églises remplies. Dans « un des foyers les plus vivants du catholicisme français, où la fidélité à une riche tradition nourrit de vigoureuses innovations », comme le souligne fort bien l'historien lyonnais spécialiste de la question Bernard Comte[1], les fidèles lyonnais se répartissent entre les deux courants spirituels qui irriguent le catholicisme français, à savoir d'une part le christianisme identitaire

1. Bernard Comte, « Les chrétiens à Lyon, 1940-44 », dans Jean-Dominique Durand (dir.), *Une ville dans la guerre, Lyon (1939-1945)*, *op. cit.* ; *Gilbert Dru. Un chrétien résistant*, Beauchesne, 1998.

et réactionnaire incarné par l'Action française de Charles Maurras, et d'autre part le christianisme social du Sillon de Marc Sangnier. D'un côté, se trouvent les notables commerçants et industriels, qui lisent *Le Nouvelliste*, quotidien sous l'influence de l'Action française, nationaliste, adversaire d'une République dirigée par les francs-maçons et les marxistes, et même antisémite au nom de l'antijudaïsme, qui s'exprime dans la théologie du peuple déicide. De l'autre, il y a des militants, républicains eux, engagés sur le terrain auprès des plus fragiles, inspirés par la doctrine sociale de l'Église telle qu'elle a été formulée par la fameuse encyclique *Rerum novarum* (« De choses nouvelles ») du pape Léon XIII (1891), ouverts sur le monde à l'image du père Montchanin, devenu ermite en Inde.

Sur ce catholicisme effervescent, presque tellurique par le choc entre un socle traditionnel et un mouvement d'innovation démocratique et social, règne un prélat de fort caractère, le cardinal Pierre-Marie Gerlier. « On dit parfois que Mgr Gerlier fut le dernier prince de l'Église que nous ayons eu, souligne l'historien du christianisme Jean-Dominique Durand. Il arrive à Lyon en provenance de Lourdes, où il était évêque, en 1936. Il a eu une vocation tardive ; dans une première vie, il a été avocat, il a de la prestance, c'est un grand orateur, il a le sens de la formule, une autorité naturelle. Pierre-Marie Gerlier n'est pas un évêque classique. Il a une expérience personnelle de la vie, il a beaucoup de relations, chez les avocats, chez les politiques, il sort du schéma habituel[2]. » Ce primat des Gaules – titre conféré depuis 1079 à l'archevêque de Lyon, qui était alors capitale des Trois Gaules – penche plutôt du côté du christianisme social. « Le catholicisme traditionaliste conservateur n'est pas sa tasse de thé, contrairement à son prédécesseur le cardinal Maurin, lié à l'Action française », indique notre historien.

Seul cardinal officiant en zone occupée, Gerlier devient, nous précise Jean-Dominique Durand, « le principal interlocuteur religieux du gouvernement de Pétain ». « Il admire Pétain, qui, pour lui, comme pour beaucoup de monde, est l'incarnation de Verdun, même si Gerlier, blessé au début de la guerre, n'y était pas. Il a un attachement personnel humain, affectif pour le Maréchal. Pour l'ensemble de l'épiscopat, comme pour la quasi-totalité des Français, l'une des causes de la défaite est que l'on a perdu le sens du travail, de la discipline, il faut reconstruire le pays. Et Gerlier comme ses pairs voient en Pétain un vecteur pour rechristianiser la France. »

Dès le 16 juillet 1940, le prélat est à Vichy et se réjouit d'y trouver « les dispositions les meilleures et des assurances qui renouvellent vraiment l'atmosphère ». L'homme est en phase avec le discours du 20 juin du maréchal qui met l'accent sur les causes « morales » de la défaite : « L'esprit de jouissance l'a emporté sur l'esprit de sacrifice. On a revendiqué plus qu'on a servi. On a voulu épargner l'effort, on rencontre aujourd'hui le malheur. » « Ce type d'argument,

2. Entretien avec l'auteur.

pointe notre historien, est repris par le cardinal dans de nombreuses interventions dénonçant "l'esprit de jouissance", "la propagande antifamiliale", l'effondrement de l'autorité, le matérialisme. » L'historien Yves-Marie Hilaire cite cette formule de Gerlier : « Victorieux, nous serions probablement restés emprisonnés dans nos erreurs. À force d'être laïcisée, la France risquait de mourir. »

Mgr Gerlier se laisse enivrer par son adhésion maréchaliste jusqu'à lancer, le 19 novembre 1940, sous les voûtes de la primatiale Saint-Jean, qui en tremblent encore, devant le chef de la révolution nationale cette formule restée tristement célèbre : « Pétain, c'est la France ; et la France, aujourd'hui, c'est Pétain ! » Et l'archevêque de Lyon d'ajouter : « Pour relever la patrie blessée, toute la France, Monsieur le Maréchal, est derrière vous. »

Comment se fait-il alors que ce même homme, prince de l'Église, se verra serrer chaleureusement la main par le général de Lattre de Tassigny, sur la place Bellecour, le 5 septembre 1944, et surtout sera reconnu comme Juste parmi les nations par Yad Vashem en 1980 ?

Le cardinal Gerlier incarne à lui seul toute l'ambiguïté de l'époque, comme nous l'avons déjà souligné : les tiraillements de certains évêques et les engagements d'une communauté chrétienne, bien plus disparate qu'elle n'y paraît et que l'on ne peut en aucun cas ramener à l'institution ecclésiale. Le 5 décembre 1941, il fait part de sa « réprobation indignée » au grand rabbin de France, Isaïe Schwartz, après des attentats contre des synagogues à Paris, et il se liera d'amitié avec Jacques Helbronner, le président du Consistoire, réfugié à Lyon, où il fonde le Comité général de défense juive en 1943[3], et dont Gerlier tentera d'empêcher l'arrestation par la Gestapo après son arrestation. Gerlier soutient l'action de prêtres qui s'engagent dans la Résistance, à l'instar des jésuites de Fourvière, artisans des *Cahiers clandestins du Témoignage chrétien.* « Il reste peu de traces écrites, bien sûr, mais on sait que Gerlier les voit, que l'archevêché les protège », dit Jean-Dominique Durand.

L'inspirateur des *Cahiers clandestins du Témoignage chrétien*, le père Pierre Chaillet, patronne aussi l'Amitié chrétienne, association de secours aux réfugiés lancée en 1942 par l'abbé Glasberg, juif ukrainien converti qui, avec son frère, prêtre lui aussi, met en place des filières pour faire passer des réfugiés en Espagne, puis vers la Suisse ou les États-Unis. Glasberg parle couramment le yiddish et connaît parfaitement la liturgie juive, ce qui lui permet de gagner la confiance des réfugiés ; et comme il a fait ses études dans les meilleurs établissements – Institut catholique de Paris, abbaye trappiste de Sept-Fons, séminaires de Moulins et de Lyon –, il fédère autour de lui catholiques et protestants au sein de l'Amitié chrétienne, sous les auspices du cardinal Gerlier et du pasteur Boegner. Financée par des fonds juifs, l'Amitié apporte soutien humanitaire et faux papiers[4].

3. Qui deviendra le Conseil représentatif des israélites de France (CRIF).

4. Pour en savoir plus, lire Jérôme Cordelier, *Rebelles de Dieu, op. cit.*

Le 26 août 1942, une grande rafle est organisée en zone sud, et un millier de juifs sont regroupés au centre de triage ferroviaire de Vénissieux, qui accueille des réfugiés de toute l'Europe. L'abbé Glasberg intervient, alerte le cardinal, et les militants de l'Amitié chrétienne et de la Cimade peuvent ainsi sortir cent huit enfants âgés de deux à dix-sept ans, qui sont accueillis dans un couvent situé montée des Carmélites pour une nuit, puis répartis dans différents lieux d'accueil et des familles lyonnaises. Au préfet Angeli qui réclame les otages, Mgr Gerlier aurait répondu, selon un tract diffusé par les mouvements de résistance, et affiché aujourd'hui au Centre d'histoire de la Résistance et de la déportation à Lyon : « Vous n'aurez pas les enfants. » Mais d'après le biographe de l'abbé Glasberg, Lucien Lazare, le prêtre a raconté plus tard : « Le cardinal Gerlier nous dit : “Donnez-moi les adresses où vous avez caché ces enfants. J'ai la promesse du Maréchal, il ne les remettra pas aux Allemands. Il faut faire confiance à la police française, elle n'ira pas les chercher, mais elle veut savoir où ils sont. Les Allemands ne les auront en aucun cas, je vous en prie, donnez-moi ces adresses[5].” » L'abbé avait en fait en sa possession un télégramme de la préfecture ordonnant la livraison de ces enfants aux Allemands. Il avait préparé une fausse liste pour Gerlier ; de fausses adresses auxquelles se rendit vainement la police… « D'une manière générale, le cardinal fait ce qu'il peut pour couvrir, mais il ne peut pas empêcher les arrestations, assure Jean-Dominique Durand.

5. Lucien Lazare, *L'Abbé Glasberg*, préface du cardinal Decourtray, Éditions du Cerf, 1990.

Une fois que les gens sont dans les griffes de la Gestapo, l'affaire devient très compliquée à gérer. On peut dire que pendant la guerre Mgr Gerlier a agi comme beaucoup d'autres d'une manière chrétienne, humaine, évangélique. Une vieille dame en avait ainsi témoigné auprès de moi : "Un jour, je croise le cardinal dans la rue, il me dit : 'Avez-vous un grand appartement, pourriez-vous accueillir des personnes ?' Ces gens-là ont caché des individus qui, ensuite, sont passés dans un autre appartement, et ainsi de suite. Le cardinal Gerlier a organisé de nombreux sauvetages de juifs." »

Ébranlé par les rafles de l'été 1942, le 6 septembre de cette même année, l'archevêque fait lire dans les églises de son diocèse par les prêtres en chaire, ce qui confère à ces paroles leur solennité, ce message qu'il a rédigé :

« L'exécution des mesures de déportation qui se poursuivent actuellement contre les juifs donne lieu sur tout le territoire à des scènes si douloureuses que nous avons l'impérieux et pénible devoir d'élever la protestation de notre conscience. Nous assistons à une dispersion cruelle des familles où rien n'est épargné, ni l'âge, ni la faiblesse, ni la maladie. Le cœur se serre à la pensée des traitements subis par des milliers d'êtres humains, et plus encore en songeant à ceux qu'on peut prévoir. Nous n'oublions pas qu'il y a pour l'autorité française un problème à résoudre, et nous mesurons les difficultés auxquelles doit faire face le gouvernement. Mais qui voudrait reprocher à l'Église d'affirmer hautement, en cette heure sombre, et en présence de tout ce qui nous est imposé, les droits imprescriptibles de la personne humaine, le caractère sacré des liens familiaux, l'inviolabilité du droit d'asile et les exigences impérieuses de cette charité fraternelle dont le Christ a fait la marque distinctive de Ses disciples ? C'est l'honneur de la France de ne jamais abandonner de tels principes. Ce n'est pas sur la violence et la haine qu'on pourra bâtir l'ordre nouveau. On ne le construira, et la Paix avec lui, que dans le respect de la justice, dans l'union bienfaisante des esprits et des cœurs, à laquelle nous convie la grande voix du Maréchal, et où refleurira le séculaire prestige de notre patrie. Daigne, Notre-Dame de Fourvière, nous aider à en hâter le retour. »

C'est cette même conscience de l'humanité qui poussera notre homme d'Église à protester contre le massacre par la Gestapo, à Saint-Genis-Laval, de détenus de la prison de Montluc, le 20 août 1944. Dans une lettre solennelle qu'il remet en personne au chef local de la police allemande, Gerlier s'élève contre « l'abominable cruauté de l'exécution », affirmant que « ceux qui en portent la responsabilité sont à jamais déshonorés aux yeux de l'humanité ».

Pas facile de discerner avec justesse le positionnement du cardinal Gerlier, les débats d'ailleurs continuent encore de nos jours. Comme le rappelle Jean-Dominique Durand, citant François Delpech, « la question de l'attitude du cardinal Gerlier n'est pas simple[6] ». Le prélat est ciblé par la presse collaborationniste, notamment *Je suis partout* qui exige « la tête de Gerlier, cardinal, talmudiste délirant, traître à sa foi,

6. Dans un colloque sur les Églises dans la Seconde Guerre mondiale, à Grenoble, en 1976.

à son pays, à sa race ». Il assiste, discrètement, à une cérémonie religieuse à la mémoire de Philippe Henriot, secrétaire d'État à l'Information de Vichy, milicien, collaborateur zélé, le 2 juillet 1944. Mais il refuse de donner sa bénédiction aux cinq résistants – dont les deux catholiques Francis Chirat et Gilbert Dru – fusillés le 27 juillet 1944 place Bellecour, à l'endroit où s'élève aujourd'hui le célèbre Veilleur de Pierre, sculpture en leur mémoire.

Le parcours de Gerlier pendant l'Occupation, souligne Jean-Dominique Durand, « n'est pas celui d'un opportuniste. Il est celui d'un prélat qui a une haute idée de ses responsabilités, en sachant qu'il est une autorité morale majeure. Cela l'amène à la fois à soutenir officiellement le Maréchal parce qu'il pense qu'il est nécessaire de rassembler les Français, mais aussi à mettre ce dernier en garde, discrètement, et à s'en séparer et à lancer des appels publics contre ce que sa conscience ne peut accepter. Pour ce militant catholique, prêtre et évêque de son temps, la désobéissance est un acte difficile. Sa force est venue de sa capacité à recevoir toutes sortes de personnalités, à écouter, à faire confiance, à couvrir de sa *cappa magna* les initiatives les plus audacieuses de certains de ses prêtres[7] ».

Profitant de cette protection, les prêtres lyonnais sont nombreux à s'engager. Au premier rang, on trouve bien entendu les jésuites qui, de leur « jésuitière » de Fourvière, lancent la « Résistance spirituelle » avec *Les Cahiers clandestins du Témoignage chrétien*, comme

7. Jean-Dominique Durand (dir.), *Une ville dans la guerre, Lyon (1939-1945)*, *op. cit.*

on l'a vu dans un chapitre précédent. « Ces hommes dont la parabole a percé les murailles du silence et de l'oppression », selon l'expression du philosophe Jacques Maritain, entraînent dans leur sillage nombre de Lyonnais, et en premier lieu des imprimeurs. En 1944, le tirage total des journaux clandestins – au premier rang desquels *Défense de la France*, *Combat* ou *Libération*, lancé par Raymond Aubrac et Emmanuel d'Astier de la Vigerie – est équivalent à celui de la presse autorisée, soit deux millions d'exemplaires[8]. Catholique pratiquant depuis son plus jeune âge, sillonniste dès sa jeunesse, ancien combattant de 14-18 qui se vit en sursis depuis qu'il a subi l'épreuve du front, l'imprimeur Eugène Pons imprimera ainsi les *Cahiers clandestins du Témoignage chrétien* à partir du troisième numéro – les deux premiers numéros sont sortis des presses de Joseph Martinet à Villeurbanne –, tout comme des fausses cartes d'identité et des laissez-passer, jusqu'à son arrestation par la Gestapo en mai 1944. Déporté à Neuengamme, en compagnie de nombreux prêtres, séminaristes et résistants chrétiens qui ont contribué à diffuser *Témoignage chrétien*, notamment dans la région de Marseille, comme le note Régis Le Mer, documentaliste au Centre d'histoire de la Résistance et de la déportation de Lyon, il meurt d'épuisement le 24 février 1945.

« Je me souviens de ces fins de semaine et de ces dimanches passés à l'imprimerie où avec trois ou quatre professionnels nous nous livrions à des travaux

8. Voir Régis Le Mer, *Imprimeurs clandestins à Lyon et aux alentours (1940-1944)*, Mémoire active, 2014.

de manutention – pliage, empaquetage, massicotage – des *Cahiers* et à leur chargement sur une voiture à bras ou sur une camionnette, le lundi matin, raconte Adrien Némoz, qui a travaillé dans l'imprimerie clandestine d'Eugène Pons et fut même présent le jour de son arrestation[9]. Je me souviens surtout d'Eugène Pons, avec qui je nouai des liens d'amitié ; malgré notre différence d'âge nous partagions les mêmes convictions et la même espérance : au début du siècle, sa rencontre avec le Sillon de Marc Sangnier – dans le culte duquel j'avais été élevé par ma mère – l'avait convaincu que la foi chrétienne devait inspirer les actions des hommes. La résistance d'Eugène Pons eut des motifs à la fois patriotiques et spirituels. La France était occupée : impossible de collaborer avec l'occupant, et il fallait absolument empêcher les nazis vainqueurs d'imposer au monde leur mystique antichrétienne. »

Dans cette équipe autour de l'imprimerie Pons, on croise aussi Gilbert Dru. Né en 1920, étudiant à la faculté de lettres de Lyon, militant et responsable local de la Jeunesse étudiante chrétienne (JEC), engagé dans la lutte contre le STO puis ayant rejoint l'action clandestine à partir de 1943, cheville ouvrière de la résistance chrétienne lyonnaise, ce disciple de Charles Péguy et d'Emmanuel Mounier, pointe l'historien Bernard Comte dans un livre consacré à ce héros, « est devenu un des symboles de l'élan généreux des jeunes résistants et de leur volonté de promouvoir la liberté et la justice en dépassant les lignes idéologiques

9. Adrien Némoz, *Avoir 20 ans en 1940. Témoignage chrétien d'un jeune résistant*, ETC, 1991.

traditionnelles[10] ». Gilbert Dru sera exécuté par la Gestapo sur la place Bellecour, le 27 juillet 1944, avec quatre autres résistants, et Aragon lui dédicacera son fameux poème, dont la rédaction est antérieure, « Celui qui croyait au ciel et celui qui n'y croyait pas ». « Il ne pensa jamais qu'un jeune chrétien pût vivre avec sa religion en s'abstrayant de ce monde, il ne sépara jamais de son christianisme la cause de la justice humaine », témoigne son contemporain Jean-Marie Domenach[11]. Gilbert Dru se reconnaît pleinement dans cet éditorial d'André Mandouze, l'un des maîtres à penser de cette génération de jeunes chrétiens, texte cité par Domenach, aux accents de manifeste pour les résistants chrétiens :

« Nous sommes de ceux qui croient que la France est d'essence et de vocation chrétienne, qu'elle ne peut être elle-même sans le Christ. C'est pourquoi nous pensons que le Français ne saurait être un résigné. C'est lorsqu'il a oublié sa raison d'être, qu'il se replie dans la déroute et que, devant l'ennemi qui n'en croit pas ses yeux, qui n'aurait pas compté sur une telle dose de lâcheté, il n'a plus qu'un mot à la bouche : "On part." On subit une peur panique, on ne l'explique pas : on s'en tire comme d'un mauvais rêve – on en pleure, on a droit au pardon. Mais une récidive aussi immédiate serait incompréhensible, elle serait le signe qu'on s'est installé dans la panique, qu'on s'y est acclimaté, qu'on la trouve naturelle, qu'on s'y est résigné. Nous ne voulons pas croire que la France ait dit son dernier mot.

10. Bernard Comte, *Gilbert Dru. Un chrétien résistant*, *op. cit.*
11. *Ibid.*

Nous ne voulons pas croire que la petite fille Espérance ait déserté son jardin préféré pour n'y laisser que des êtres en proie au désespoir. Nous ne voulons pas croire que les "Soldats de la Vérité" puissent accepter de prêter leurs bras à des besognes démoniaques. Nous ne serons pas des résignés et, s'il ne nous est pas permis de faire plus, nous saurons au moins avoir le courage de dire "Non". »

Le sociologue Edgar Morin, qui fréquentait alors les milieux résistants lyonnais, m'a confié un jour le souvenir qu'il avait d'André Mandouze :

« J'ai su par des camarades que le jour d'avril 1941 où l'armée allemande prit Athènes et plante le drapeau nazi sur l'Acropole, André Mandouze avait dit à ses étudiants : "Je vous demande de vous lever et d'observer une minute de silence parce que le drapeau de la barbarie flotte sur le temple de la civilisation." »

Lyon est un point d'attraction et d'ancrage pour les résistants, en particulier chrétiens.

Dans le giron de l'Action catholique en plein essor, se développent des mouvements comme la Chronique sociale, qui organise chaque année les semaines sociales, événement initié par Marius Gonin, auquel succédera Joseph Folliet. Prisonnier en Allemagne entre 1940 et 1942, ce fils de canut de la Croix-Rousse, influencé tant par François d'Assise que par Marc Sangnier, militant de la Jeune République, est l'ancien rédacteur en chef de *Temps présent*, l'hebdomadaire catholique dans lequel signent François Mauriac, Jacques Maritain, Stanislas Fumet, où il a pris la suite de Marius Gonin, fondateur de la Chronique, qui l'a initié à l'action sociale. Dans la dynamique impulsée par la Chronique s'agrègent des cercles intellectuels, des syndicats comme la CFTC, et des mouvements d'action catholique qui attirent étudiants (JEC), ouvriers (JOC), paysans (JAC). Une nébuleuse qui va fournir des bataillons de jeunes gens engagés contre l'occupant nazi. Si la ville de Jean Moulin fut la capitale de la Résistance, saluée comme telle par de Gaulle à la Libération, elle devint aussi la « plaque tournante » d'une résistance spirituelle.

Dans cette centrifugeuse de l'ombre gravitent des personnages comme l'abbé Laurent Remillieux, Joseph Hours, professeur d'histoire au lycée du Parc, autorité morale respectée, le philosophe Jean Lacroix, qui a participé à la fondation de la revue *Esprit* avec Emmanuel Mounier, le journaliste Louis Martin-Chauffier ou encore François de Menthon. Dans les soubassements de Lyon s'entrelacent des réseaux et des filières.

Le Réseau Garel, né dans le cadre de la « nuit de Vénissieux », est ainsi la première filière clandestine destinée à cacher des enfants juifs, animée par l'action conjuguée de juifs et de chrétiens. « Ce fut le premier moment en France où l'œcuménisme exista vraiment et où toutes les forces au service de la décence humaine s'unirent pour empêcher l'exécution d'un ordre du gouvernement de Vichy demandant l'incarcération de six cents juifs au camp de transit de Drancy, dans la banlieue parisienne, pour être déportés "vers l'Est" », souligne la protestante Elisabeth Maxwell[12].

12. Citée par Martin Gilbert, *Les Justes. Les héros méconnus de la Shoah*, *op. cit.*

Dire « Non », ils furent nombreux à le faire, et nombre de chrétiens lyonnais sont les aiguillons de ce refus de céder à la lâcheté. Dans toutes les strates de la société. Ainsi convient-il de souligner l'action remarquable du général Pierre Robert de Saint-Vincent. Gouverneur militaire de Lyon, celui-ci accepte de patronner l'Amitié chrétienne, mais surtout il s'oppose à l'ordre de Vichy ordonnant de poster des détachements militaires dans la gare de Perrache le 29 août 1942 afin d'encadrer l'embarquement des juifs victimes de rafles trois jours plus tôt et internés au camp de Vénissieux. Saint-Vincent refuse que ses troupes prêtent main-forte à cette ignominie, et il est alors mis à la retraite d'office. Pour ce geste, il se verra décerné le titre de Juste parmi les nations.

Autre militaire, héros lyonnais lui aussi, le général Charles Delestraint. Mis à la retraite après l'armistice, ce soldat, ancien combattant de la guerre de 14, prisonnier pendant quatre ans, esprit pur et intègre formé chez les pères maristes de Lille, se fait remarquer par sa critique ouverte contre Vichy – ce qui lui vaut un rappel à l'ordre, en février 1942. Approché par le mouvement Combat en août 1942, il accepte de se mettre au service de celui qui était son subordonné, le colonel de Gaulle, pour commander l'Armée secrète. Il en sera le premier chef militaire. À partir de Lyon, en lien avec Henri Frenay, il se retrouve à gérer les tensions entre la France libre et les mouvements de résistance intérieure.

Las, Delestraint est arrêté le 9 juin 1943 à Paris, puis il est déporté au camp de Struthof en mars 1944. Transféré à Dachau, il est exécuté par les SS en avril 1945, quelques jours avant l'arrivée des Alliés. Il sera fait compagnon de la Résistance à titre posthume, et son nom sera inscrit sur les murs du Panthéon en 1989.

Dans *Rue de la Liberté*, Edmond Michelet raconte comment Delestraint, *alias* Vidal, fut fusillé, juste avant la libération du camp, sur ordre de Berlin, parce que ce général, à « l'attitude très péguyste », comme le gratifie le résistant briviste, pour son sens du service et de l'honneur, au « regard à la fois impérieux et rempli de bonté », avait refusé de dissimuler son identité à un SS de service qui lui demandait : « *Wer bist du ?* » (« Qui es-tu ? »)

Charles Delestraint avait mis un point d'honneur, redressant le buste, à se présenter comme « général de l'armée française », allant jusqu'à préciser :

« Et sous le commandement du général de Gaulle, après qu'il eut été sous le mien. »

Pourquoi telle folie ?

« Toute dissimulation lui faisait horreur, analyse Edmond Michelet. La ruse, l'habileté lui étaient insupportables. L'ennemi qui l'a abattu ignominieusement, tout nu, d'une balle dans la nuque, était indigne de lui, à un inimaginable degré. Comme Jacques Renouvin, le général Delestraint s'était trompé d'adversaire et de siècle. Mais si le mot honneur garde encore un sens dans notre monde, c'est à des hommes comme eux qu'on le doit. »

Chapitre 8

LECLERC, DE GAULLE : L'ESPÉRANCE POUR COMMANDEMENT

La petite route serpente à travers les vastes champs et les massifs forestiers plantés de longs et majestueux arbres de l'Aisne. Elle traverse le plateau du chemin des Dames, à l'endroit même où eut lieu l'une des plus longues, l'une des plus lourdes batailles de la guerre de 14-18, où l'armée française utilisa pour la première fois des chars blindés et connut l'une de ses plus graves défaites face aux Allemands à cause, notamment, des erreurs stratégiques du général Nivelle. Coïncidence étonnante, j'ai rendez-vous sur ce plateau, où elle vit depuis son mariage dans les années 1950, avec la fille de l'un des grands tacticiens de l'armée française, fondateur et commandant en chef d'une grande division blindée, mythique dans l'histoire militaire par ses victoires au cours de la Seconde Guerre mondiale.

Bénédicte de Francqueville est la dernière des six enfants de Philippe de Hauteclocque, celui qui se fit appeler Leclerc dans la Résistance et fut érigé au titre suprême de maréchal après sa mort.

En ce 6 juin 2020, autre date symbolique fixée là aussi par hasard, Mme de Francqueville vient tout juste de fêter ses quatre-vingt-quatre ans. Elle est la seule des enfants de Leclerc encore en vie, la dernière à pouvoir témoigner de façon intime de l'homme que fut son père, héros de la France libre, disparu dans un crash d'avion dans le désert du Sahara, le 28 novembre 1947.

Bénédicte avait onze ans, elle s'en souvient comme si c'était hier.

Deux jours auparavant, le matin de son départ pour cette ultime mission, son père les avait réveillées, elle et sa sœur, plus tôt que d'habitude pour prendre le petit déjeuner avec elles. Et il avait dit à Bénédicte : « Toi, tu t'occuperas de Maman ! »

Leclerc était-il taraudé par le pressentiment de sa fin prochaine ? La veille, de façon tout aussi catégorique, il avait lancé à sa cousine Pauline et son époux Georges Vanier, gouverneur général du Canada : « S'il m'arrive quelque chose, je vous confie Thérèse et les enfants ! »

Et à cinq reprises, il avait été trouvé son ordonnance, un dénommé Loustalot, pour exiger : « Vous n'abandonnerez pas Madame ! »

Cinq fois.

Le pauvre soldat fut tourmenté de l'insistance de son patron. Quand l'avion de Leclerc s'était écrasé, la découverte d'un treizième cadavre, alors que douze passagers avaient pris place à bord du Mitchell B-25, avait agité les esprits[1]. Le général avait-il été victime d'un attentat ? Les enquêtes officielles ont conclu à

1. Lire à ce sujet Jean-Christophe Notin, *Leclerc*, Perrin, 2014.

l'accident : l'avion avait été pris dans une tempête de sable. Mais le doute persiste encore…

À sa mort, Leclerc avait quarante-cinq ans, il était l'un des hommes les plus populaires d'une France qui avait du mal à se reconstruire. Le pays était paralysé par une instabilité ministérielle et institutionnelle, plombé par les problèmes économiques et sociaux. La menace communiste était forte : le gouvernement de Paul Ramadier, formé le 22 janvier 1947, comptait cinq ministres du PCF, dont Maurice Thorez, nommé vice-président du Conseil. Les Français rêvaient – déjà, encore – d'un homme providentiel pour tenir l'État.

Le jour du décès, le téléphone avait sonné dans le logement parisien qu'occupait la famille au 26, avenue Kléber – un vaste appartement repris à des collaborateurs des nazis, qui faisait face sur le même palier à un autre dans lequel résidait la famille du maréchal Juin.

Au bout du fil, l'un des plus fidèles de Leclerc, le général Vézinet, et le gaulliste, compagnon de la Libération, futur président du Conseil, René Pleven. L'annonce avait saisi Thérèse de Hauteclocque et ses enfants. « Maman nous avait fait mettre à genoux et nous avions offert la vie de Papa à Dieu, raconte sa fille, Bénédicte. Nous avions remercié le ciel de nous avoir donné un père comme celui-ci. »

Il fallut attendre plusieurs jours pour que le corps soit rapatrié. La mort soudaine de ce héros de la Libération de la France sidéra le pays tout entier. Son nom barrait la une de tous les journaux. Et ce grand soldat, bien sûr, eut le droit à des obsèques nationales.

Comme sa mère et ses frères et sœur, Bénédicte se tenait au premier rang.

Elle raconte :

« Le corps de Papa a été exposé sur un char sous l'Arc de triomphe, et tous les anciens de la 2e division blindée ont défilé pour lui rendre hommage. Puis, nous avons traversé Paris à pied jusqu'à la cathédrale Notre-Dame où Papa est resté une nuit. L'archevêque de Paris, le cardinal Suhard, qui avait été vichyste, avait refusé que l'on ouvre les portes en grand, si bien que les Français ont dû emprunter les entrées latérales pour lui rendre un ultime hommage. Il faisait un temps de chien, et les gens attendaient sous des trombes d'eau devant la cathédrale. Ils se signaient devant son cercueil, je m'en souviens encore. Puis les funérailles eurent lieu aux Invalides. Je revois le catafalque, l'immense drapeau recouvrant le cercueil, au pied duquel étaient déposés son képi, sa canne et sa vareuse. »

En à peine sept ans, de 1940 à 1947, Philippe de Hauteclocque avait signé l'une des plus grandes épopées militaires françaises. Ancien de Saint-Cyr et de Saumur, sorti major de l'École de guerre en 1939, ce capitaine de cavalerie, blessé au combat, arrêté par les Allemands, évadé, avait traversé la France à bicyclette pour rejoindre de Gaulle à Londres. Le chef de la France libre évoque ainsi leur première rencontre dans ses *Mémoires de guerre* :

« Il arrivait de France par l'Espagne, la tête bandée sur une blessure qu'il avait reçue en Champagne et passablement fatigué. Il vint se présenter à moi, qui, voyant à qui j'avais affaire, réglait sa destination sur-le-champ. Ce serait l'Équateur. Il n'eut que le temps de s'équiper et, sous le nom de commandant Leclerc, muni de l'ordre de mission que je remis à l'équipe, s'envola avec les autres. »

Hauteclocque avait choisi de prendre le pseudonyme de Leclerc, patronyme courant en Picardie, parce qu'il ne voulait pas que sa femme et ses enfants, restés dans la Somme, soient inquiétés. Bien lui en prit, puisque son épouse, femme de caractère elle aussi, ayant refusé l'accès de ses pâturages à un officier allemand qui voulait y faire brouter quarante chevaux de l'armée – « Vous n'avez pas d'ordre de réquisition, je n'obéirai pas », avait-elle dit –, avait passé huit jours en prison. Plus tard, un officier lui braquera un revolver sur la tempe en lui faisant faire le tour de son château car les nazis la suspectaient d'envoyer des signaux aux avions anglais, la maison se trouvant dans l'axe aérien Paris-Londres. Si les occupants avaient su alors que Thérèse de Hauteclocque était la femme de l'un des généraux les plus recherchés de l'armée gaulliste, condamné à mort par le régime de Vichy et menacé de mise sous séquestre de ses biens, comme pour tous les résistants…

On a souvent vu les portraits de ce général à la silhouette reconnaissable entre toutes : un homme filiforme, sec, pas très grand, au port altier, une petite moustache et une canne qui ne le quittait pas, qui lui servait, nous précise sa fille, non à supporter une quelconque souffrance, comme on le croit encore, mais à fouiller les buissons, comme le faisait ce grand chasseur, gentilhomme de campagne, ou bien aussi à contenir des mouvements d'humeur dont il était coutumier ou encore à désigner un objectif… Leclerc et sa canne. On a glorifié celui qui fut parmi les premiers à rejoindre le rebelle de Londres et qui, au Cameroun, puis au Tchad, apporta l'Afrique-Équatoriale française dans le giron gaulliste. On a statufié le combattant foudroyant qui, aux côtés de l'Anglais Montgomery, tint tête au nazi Rommel, « le renard du désert », et permit aux alliés de prendre la ligne Mareth, comme Montgomery le dira au roi d'Angleterre en lui présentant le général français. Les plus anciens se souviennent encore avec émotion de ce meneur d'hommes hors du commun qui avait lancé à ses soldats, en prenant la ville de Koufra, en Libye, alors contrôlée par les Italiens, cette formule à laquelle il s'accrocha la guerre durant jusqu'à ce que cette prophétie soit accomplie : « Jurons de ne déposer les armes que le jour où nos couleurs, nos belles couleurs, flotteront sur la cathédrale de Strasbourg ! » Le serment de Koufra. Fait désormais historique.

Philippe Leclerc prit la tête de la 2e division blindée, formée en 1943 au Maroc, avec une poignée d'hommes, et libéra le territoire français. La 2e DB, qui comptera jusqu'à seize mille soldats et quatre mille véhicules, débarqua sur la plage de Saint-Martin-de-Varreville, le 1er août 1944, près de deux mois après le Jour J, dans l'armée de Patton. Les soldats de Leclerc chassèrent les nazis d'Alençon – sans destruction de la ville –, et furent choisis par le général de Gaulle, dès la formation de la division, pour libérer Paris : les Américains voulaient imposer le contournement de la capitale, craignant les combats de rue, Leclerc enfreint les ordres. Et c'est lui qui signera l'acte de reddition avec le général allemand von Scholtiz, le communiste Rol-Tanguy y sera associé après. Avant cela, Leclerc libéra

Strasbourg, donc, après avoir pris les Allemands par surprise – le général ennemi était en train de se raser. Il poursuivit sa route jusqu'au nid d'aigle d'Hitler, à Berchtesgaden, où il devança les Américains. Sans l'armée de Leclerc et du maréchal de Lattre – avec lequel il ne s'entendait pas : les deux hommes n'étaient d'accord sur rien –, le territoire hexagonal eût été libéré par les Américains, avec les conséquences sur notre souveraineté nationale que l'on imagine… Et, après ces exploits, Leclerc plongea corps et âme dans la guerre d'Indochine, amadouant le sanguinaire chef communiste Hô Chi Minh, qui, dit-on, se montra fasciné par lui : il fut, lui dont les ancêtres combattirent comme croisés en Terre sainte, l'un des premiers à prononcer le mot d'« indépendance ». Puis il se déploya en Afrique du Nord, inquiet des réveils des nationalistes que cet homme de terrain fut l'un des premiers à détecter…

Leclerc, un grand chef de guerre, un génie de l'action militaire, toujours un coup d'avance sur ses ennemis. Un héros français, dont la vie, curieusement méconnue par le plus grand nombre, est un vrai film d'aventures. D'aucuns soutiennent même que s'il avait vécu, il se serait sans doute lancé en politique et aurait pu, aux yeux des Français, à l'instar de de Gaulle, devenir un recours. On ne prête qu'aux riches… S'il avait été américain, de cette épopée fascinante, les studios auraient fait un film à grand spectacle ou une série pour une plate-forme en ligne ; les Français se contenteront de l'interprétation du personnage par Claude Rich dans *Paris brûle-t-il ?*, de René Clément, adapté du best-seller de Lapierre et Collins. Interprétation certes mémorable, mais comment ne pas penser que ce héros français mériterait une œuvre dédiée…

Avant l'icône, il y eut un homme attachant, dont on perçoit la volonté et, derrière une certaine dureté, l'humanité dans les expressions de son visage, en feuilletant les albums de famille dans le salon de sa fille. Bénédicte a dédié sa vie à perpétuer la mémoire de ce père qu'elle a, malheureusement, peu connu, happé qu'il fut par ses missions. Elle en conserve l'image d'un être « imposant, intimidant mais aussi attentionné et quelque peu taquin ». Elle se rappelle aussi avec précision sa voix, si présente, avec ce timbre rocailleux qui la caractérisait. Et la dame âgée se souvient comme si c'était hier de son père revenant auprès des siens, le 6 septembre 1944. Il s'était posé derrière le château familial avec son petit avion, un Piper Cub, un engin semblable à celui qui quelques jours auparavant avait survolé l'hôtel de ville de Paris pour lâcher des tracts de soutien à la population disant : « Tenez bon, nous arrivons ! » Il avait demandé à un paysan du coin de lui prêter son vélo et il était venu à la rencontre de sa femme et de ses enfants qui sortaient de la messe à quelques kilomètres de là… Bénédicte conserve dans ses archives une photo de la famille attablée devant une nappe blanche et la vaisselle des grands jours autour de son père, moustache frissonnante, dans la salle à manger vide et aux vitres protégées par du scotch marron en prévision des bombes autovolantes V1, dont une rampe de lancement se trouvait à deux kilomètres… Tout comme elle conserve pieusement ces quelques lettres envoyées du front et signées Leclerc ou « Ton Papa Leclerc ». « Nous mettons les Boches à la porte de la France avec

Henri et Hubert[2], qui vont bien », jette-t-il ainsi sur le papier, d'une écriture rapide, le 3 février 1945.

Dans la maison de sa fille, un grand coffre renferme, pêle-mêle, un livre pour enfants sur l'épopée de la division Leclerc datant de 1944, un pagne africain coloré où le visage du maréchal est imprimé, une boîte aux chocolats à son effigie... Des décennies après sa mort, perdure la chaîne humaine qui s'était formée autour du grand soldat. Comme Bénédicte, ses compagnons mettront un soin particulier à transmettre de génération en génération ce qu'on a appelé « l'esprit de la 2e DB ».

« Il y a les Hauteclocque, constate Bénédicte de Franqueville, mais la 2e DB forme aussi une famille qui réunit des gens incroyables, de tous bords mais partageant de grandes valeurs. Ils étaient avares en décorations, ils n'en distribuaient pas pour rien. Mais les liait entre eux un esprit d'entraide et de camaraderie, initié par mon père qui ne disait jamais "je" et prolongé, après sa mort, par ma mère. »

Bénédicte et sa sœur épouseront des anciens de la 2e DB. Ces hommes mais aussi ces femmes soldats – on les appelait « les rochambelles » et « les marinettes » – étaient unis par le charisme du « Patron », même si certains ne lui adressèrent jamais la parole. « Les mobiles qui nous poussaient furent l'amour-propre et la fierté nationale, a écrit Leclerc. Puissent ces sentiments subsister demain, dans les combats pacifiques de la reconstruction française. » Cet esprit de la 2e DB initié et

2. Ses deux fils qui se sont engagés avec lui à la 2e DB.

irrigué par ce général chevaleresque ne fut pas seulement nourri au feu de la fraternité des armes. Il est le fruit de la philosophie à partir de laquelle Leclerc avait voulu bâtir sa troupe.

Dès la création, il s'agit d'organiser un alliage, c'est le terme choisi, entre ennemis d'hier, les Forces françaises libres incorporant dans leurs rangs des anciennes troupes… vichystes. Ces hommes, Montgomery les surnommait les « clochards de Leclerc », comme le rappelle Jean-René van der Plaetsen, auteur d'un magnifique et pudique récit, *La Nostalgie de l'honneur*[3], sur son grand-père, le général Crépin, l'un des plus proches de Leclerc, pour qui le maréchal avait « beaucoup d'attachement », souligne Bénédicte de Francqueville dans la dédicace qu'elle me fit sur l'exemplaire de ce livre qu'elle m'a offert. Dans ces pages, Jean-René van der Plaetsen décrit ainsi l'esprit insufflé par Leclerc à ses hommes :

« Aussi étrange que cela puisse paraître, compte tenu de ses origines familiales traditionnelles et de sa formation classique d'officier de cavalerie, ce Balzac de l'armée blindée avait un don inné pour malaxer la pâte humaine et la modeler en obtenant le meilleur de ce matériau complexe entre tous. Il possédait également cette rare faculté, faite de tolérance d'esprit autant que de compréhension de la psychologie des êtres, pour saisir, tel un Mallarmé des relations humaines, l'infinie poésie des caractères. C'est l'une des facettes les moins connues de son incontestable talent de meneur d'hommes. »

3. Jean-René van der Plaetsen, *La Nostalgie de l'honneur*, Grasset, 2017.

Mais d'où lui venait cette empathie, ce don de « malaxer la pâte humaine », cette force qui le propulsait au feu, comme immunisé face au danger ? Tous ceux qui ont approché Philippe de Hauteclocque témoignent d'un être porté toujours plus vers le « dépassement de soi », par une exigence morale, une hauteur de vue, mais aussi une tension intérieure qui le maintenait dans un état de nervosité constant et le poussait parfois à entrer « dans de fameuses colères, ne supportant pas qu'on lui fasse obstacle », comme l'ont noté ses amis religieux, les pères Maurice Cordier et Roger Fouquet. « S'il lui arrive, trahi par son état de santé, à la suite de secousses nerveuses brutales et brèves, d'être jeté dans des moments de désarroi, il se raidit, et bien que ses proches les soupçonnent, nul ne connaît ses luttes intérieures », témoigne son ami et compagnon d'armes le général Adolphe Vézinet[4].

Leclerc était un officier d'élite, un stratège, un chef de guerre. Mais il n'était pas seulement cela. Leclerc était un rebelle, tous les historiens s'accordent là-dessus. Élevé comme tant d'autres aristocrates – et de pionniers de la France libre – dans les valeurs maurassiennes de l'Action française, il rompt avec ce courant monarchiste après la débâcle de 1940 « parce qu'il estime qu'elle trahit ses idées et fourvoie les élites qui la suivent », affirme son ami Vézinet. Quand de Gaulle lui propose, le 10 août 1941, à trente-huit ans, de le promouvoir général de division, lui qui n'était que

---

4. Adolphe Vézinet, *Le Général Leclerc*, Éditions France-Empire, 1997.

capitaine refuse de porter ses étoiles, se trouvant trop jeune. Plus tard, pour le faire général d'armée, de Gaulle sera obligé d'insister.

« Tout ce que j'ai fait de bien dans ma vie je l'ai fait parce que j'ai désobéi », disait ce militaire loyal, mais qui n'avait d'autre repère que cette « boussole intime » qui est, dans la solitude, l'apanage des grands. Cette force, il ne la puisait pas seulement dans le fracas des fusils. Certes, il restait un guerrier qui ne transigeait pas avec la mission, qui n'hésitait pas à se montrer féroce au combat. Mais, dans le feu de l'action, l'homme cultivait aussi une humanité rare, qui marqua à jamais tous ceux qui le rencontrèrent. Parce que Leclerc regardait plus loin que la ligne du combattant.

Ses armes étaient aussi celles de l'esprit. Il le confiait souvent à ses plus intimes, ou dans des lettres aux siens, toujours succinctes : ses guerres, il les menait « entre les mains du bon Dieu ».

« Pour comprendre Leclerc, souligne le général Vézinet, on a pu dire qu'"à la base de tout, il y avait la foi", et c'est vrai ; la foi totale, explication suprême de toute chose, moteur de tous les actes, sera l'essentiel de sa vie, car elle portera comme dérivés la foi patriotique et l'action humaine. Pour lui, l'action est la forme naturelle de la prière. » La providence est le mot qui revient sans cesse sous la plume du soldat. Comme Leclerc l'écrit à son épouse, le 24 novembre 1944, après la libération de Strasbourg : « Hier soir à 16 heures le drapeau français était hissé sur la flèche de la cathédrale de Strasbourg ! Journée inoubliable après cinq jours de bataille extraordinaires. Une fois de plus, la Providence m'a réellement mené par la main. »

Cet homme d'action n'était pas un bon orateur, il allait droit au but – « dans l'existence, on ne réussit que si l'on est obsédé par une idée », disait-il à ses hommes –, mais, quand on est attentif aux photographies et aux films sur lesquels il apparaît, on distingue ce regard clair, doux et souriant, qui porte loin. « Encore qu'il n'en fasse aucun étalage, affirme son ami Vézinet, sa foi agissante se devine comme composante de sa nature. Sa spiritualité, perceptible même dans ses actes, est si exigeante envers lui-même qu'elle le pousse en permanence à se dépasser pour atteindre au sublime. »

« Leclerc avait plus de flamme qu'aucun d'entre nous ; connaissant tous les obstacles à son incroyable entreprise, il résolut néanmoins de la tenter », témoigne Jacques de Guillebon avant l'assaut de Koufra.

Difficile de ne pas discerner dans cette flamme l'élan péguyste de l'Espérance qui pousse Leclerc dans toutes ses audaces. Cette flamme qui le tient depuis l'enfance, comme en témoigne cette lettre qu'il écrit à sa mère, le 10 juin 1909, à sept ans, à l'âge où une photo de famille le montre avec une bouille souriante, un regard qui défie, au milieu des silhouettes austères de sa famille. Cette lettre, un siècle plus tard, sa fille Bénédicte nous l'a lue chez elle, dans l'écrin de verdure qui enserre sa maison de l'Aisne, d'une voix blanche, chargée d'émotion : « Je prie la Sainte Vierge de faire de moi un bon et fort chrétien comme vous me l'avez dit. »

Bénédicte raconte encore :

« Mon père a "appris" la France par le témoignage de son père qui, exempté de service militaire en 1914, s'était engagé à cinquante-deux ans comme seconde classe dans le régiment de son fils Guy, qui avait dix ans de plus que Papa, et par le sacrifice de deux de ses oncles et un cousin germain morts aux champs de bataille à la tête de leurs régiments. Mais cet amour de la patrie, il passait par l'exaltation de saint Louis et de Jeanne d'Arc, auprès d'une mère très pieuse, dans un château où se trouvait une chapelle dans laquelle était donnée chaque jour une messe. »

Comme pour la plupart des résistants chrétiens, Leclerc est porté par cette « foi en la France » dont parle le philosophe catholique Jacques Maritain dans son vigoureux libelle *À travers le désastre*, publié en 1942 dans une imprimerie clandestine pour les Éditions de Minuit. Une « foi en la France » qui « n'est pas sans un certain rapport avec la foi théologale », souligne Maritain, convoquant lui aussi la figure de Jeanne d'Arc.

L'éducation qu'il a reçue enfant incite Philippe de Hauteclocque, par un enchaînement naturel, à envisager d'entrer en religion, comme il le confie à sa mère dans une lettre datée du 1er novembre 1917 : « Quand je pense à plus tard, dans quatre ou cinq ans, si vraiment le bon Dieu m'appelle à son service, que de luttes, écrit le jeune homme de quinze ans. Il ne faut pas être prévoyant du reste, les choses se passent ordinairement contrairement à nos prévisions[5]. »

---

5. Cité par Maurice Cordier et Roger Fouquer, *Le Général Leclerc ou se commander à soi-même*, Desclée de Brouwer, 1990.

« Fais toujours Saint-Cyr, on verra après ! » objecte son père.

En attendant, le jeune Philippe poursuit son éducation chez les jésuites du collège de la Providence à Amiens, et ses actions futures seront indéniablement marquées par cette empreinte ignacienne, qu'il fortifie dans les classes préparatoires d'une « jésuitière » prestigieuse, l'école Sainte-Geneviève de Versailles, dite « Ginette », avant de rejoindre Saint-Cyr – où il est reçu cinquième.

À l'âge de dix-huit ans, au moment de passer le baccalauréat, le 6 juin 1920, il écrit la lettre suivante à sa maman, missive que nous lira aussi, cent ans après, jour pour jour, sa fille Bénédicte : « Tout ce que je demande, c'est d'être là où Dieu me veut pour faire le plus de bien possible, ma chère Maman, car je ne me sens pas le droit de vivre en égoïste. Aussi ce que je demande à la Sainte Vierge, c'est d'augmenter ma générosité de façon à me détacher de plus en plus de la terre. »

Dans les poches de ses uniformes, il conserve quelques médailles pieuses. Il voue un culte à la Vierge Marie. Il dévore les épîtres de saint Paul. Au combat, il essaie d'aller à la messe tous les jours. Leclerc, qui dans son enfance a appris à cultiver l'intériorité, à se ménager des « zones de silence », est un mystique de l'action, dont le chemin est guidé par les halos de lumières de saint Louis, de Jeanne d'Arc, et de Charles de Foucauld. Il a placé sa vie sous les bons auspices de l'ermite du désert algérien, ancien officier de cavalerie lui aussi, faisant sienne sa devise, autant pour conduire les batailles militaires et collectives que pour livrer ses combats intérieurs et personnels dans la maîtrise de ses élans colériques : *Se commander à soi-même.*

Pendant son périple vers Londres, Hauteclocque écrit à sa femme :

« Courage… attends-toi à passer des mois sans nouvelles, mais ne crains jamais rien. Grâce à toi et à tes prières, je traverserai toutes les difficultés, mettant toutes nos forces au service du Pays jusqu'à la victoire totale. »

Ces mots orneront le *memento* choisi par la famille lors de l'enterrement de la maréchale Thérèse Leclerc de Hauteclocque, en 1996.

La lettre suivante aussi y figurera : « Nous avons convenu de choisir ensemble, comme règle fondamentale, une confiance inébranlable en la Providence ; cela donne à la vie unc hautcur et une paix qui permet de braver n'importe quelle épreuve et de remplir quotidiennement les devoirs les plus ordinaires… »

« Mon père vivait en présence de Dieu, témoigne Bénédicte de Francqueville. Il priait n'importe où, j'en suis sûre. »

Pendant la drôle de guerre, en mai 1940, alors qu'il est soldat dans le Nord, il écrit à sa femme : « Pense à la joie folle de nous retrouver dans quelques jours… En attendant, nous nous retrouvons chaque soir en disant une dizaine de chapelets. »

La maréchale confiera plus tard que son mari ne se séparait jamais de son chapelet, et même qu'« il le mettait dans le désert en forme de triangle avec la croix pour faire sa prière dans le sable ».

Leclerc laissera derrière lui un héritage spirituel. La foi irrigue la vie de ce « croyant, sans ostentation ni bigoterie, mais avec fermeté et conviction », comme le note le général Jean Compagnon, auteur d'une biographie dense[6]. Une foi ancrée qui le tient en mouvement permanent, dans un éveil constant de ce qui l'entoure jusqu'à, par exemple, apprendre l'allemand et l'arabe pour servir au plus près ce qu'on attend de lui. Une foi dans laquelle il puise sa confiance et qui lui permet de dominer les épreuves : « Lorsque intervient un échec ou un événement contraire à ses souhaits, il l'accepte sans se révolter, précise Jean Compagnon. Telle est la volonté de Dieu. »

« La confiance en Dieu est plus méritoire dans l'adversité que dans le succès. *Fiat voluntas tua* », écrit ainsi Philippe Leclerc de Hautelocque dans une lettre à son épouse, le 29 avril 1945.

C'est ce visage du combattant qu'explorent, à partir de moult témoignages, deux de ses amis religieux, le père Maurice Cordier, ancien soldat de la 2ᵉ DB, et le père Roger Fouquer, dans un émouvant petit livre qui reprend en titre la phrase du père de Foucauld dont le général avait fait sa devise, *Se commander à soi-même*[7]. Les auteurs écrivent :

« Agir comme il a agi en toute circonstance, conduire sa vie comme il l'a conduite, prendre des décisions, comme il les a prises, travailler avec acharnement

6. Jean Compagnon, *Leclerc, maréchal de France*, Flammarion, 1994.

7. Maurice Cordier et Roger Fouquer, *Le Général Leclerc ou se commander à soi-même*, *op. cit.*

comme il l'a fait, ne rien laisser au hasard, comme son état-major en a été témoin, prouve à l'infini que, pour lui, le bien, le beau, l'efficace, la réussite, la victoire ne se trouvent qu'au carrefour où se rencontrent d'une part l'action divine, qui appelle, propose, sauve et aime et, d'autre part, l'effort de l'homme qui a souffert, marché, travaillé, combattu, risqué, cru et espéré. Il se fait alors une étincelle dont l'Histoire est illuminée. Sans le risque, sans la tension de l'effort, sans l'espérance, la rencontre ne se fait pas ; l'homme en reste à lui-même. »

Comment ne pas relier ces mots à la trajectoire du général de Gaulle ? Ce destin qu'un jour l'inépuisable conteur qu'était l'historien Alain Decaux, avec le sens de la formule et de l'image marquantes qui le caractérisait, m'avait ainsi résumé : « De Gaulle en 1940, c'est l'histoire d'un "fou" qui s'installe à Londres, sans hommes ni moyens, laissant sa famille et ses enfants en France. Il est condamné à mort dans son pays par le régime alors légal dirigé par son ancien ami devenu ennemi, Philippe Pétain. Il est tout juste toléré en Angleterre par un Winston Churchill méfiant et qui ne veut pas se fâcher avec la France. Et ce général de brigade (à titre temporaire) solitaire et quasi inconnu, qui a été nommé quelques jours plus tôt sous-secrétaire d'État à la Guerre dans le gouvernement de Paul Reynaud, affirme : "Je suis la France." On crie "Au fou !" Mais quatre ans plus tard, le "fou" en question descend les Champs-Élysées dans un Paris à peine libéré sous les acclamations de la foule. Et il est la France. »

Dans la destinée gaullienne, ce sont les mêmes ressorts que dans celle de Leclerc qui sont en jeu. Un même substrat éducatif qui a incité les deux hommes – de Gaulle, né en 1890, a vingt-deux ans de plus que Leclerc – à embrasser une « guerre juste », concept défini par Cicéron, repris par saint Augustin et formalisé par saint Thomas d'Aquin suivant trois critères : l'opération doit être lancée par une autorité légitime, pour une juste cause et s'en tenir à une intention droite[8].

Cette « folie » qui anime Charles de Gaulle est la même qui guide Philippe de Hauteclocque. De Gaulle aurait-il suivi ce destin, accompli cette incroyable destinée, porté sur ses épaules le poids de la France et de son avenir au mépris de toute prudence rationnelle, s'il n'avait été poussé en avant par une foi « à bousculer les montagnes » ? « M'est apparue progressivement la conviction que sans la foi, et une relation singulière et régulière avec Dieu, Charles de Gaulle n'aurait pas existé tel que nous le connaissons. Il n'aurait pas accompli son œuvre de salut pour la France et une partie du monde », affirme son petit-neveu Laurent de Gaulle, témoignant de l'« enracinement chrétien très vigoureux » de son grand-oncle dans un récit personnel et inspiré[9].

Une indéniable filiation spirituelle relie Charles de Gaulle à Jeanne d'Arc, figure primordiale de la

8. Dans son encyclique *Fratelli tutti*, publiée en octobre 2020, le pape François propose l'abandon de cette doctrine de « guerre juste », face à la complexité du monde et aux armes modernes employées : « Il est très difficile aujourd'hui, souligne le souverain pontife, de défendre les critères rationnels, mûris en d'autres temps, pour parler d'une possible "guerre juste". »

9. Laurent de Gaulle, *Une vie sous le regard de Dieu. La foi du général de Gaulle*, Éditions de l'Œuvre, 2009.

geste gaullienne, dont les caricaturistes feront leur miel. Le président américain Franklin Delano Roosevelt, le détestant, grinçait : « De Gaulle se prend pour Jeanne d'Arc. » « De Gaulle, c'est de Gaulle ! » lui rétorqua sèchement l'intéressé.

L'homme aurait-il poussé son destin aussi loin s'il n'avait été happé par « une force profonde », comme il l'évoque parfois ? Voyez cette image surréaliste minutieusement décrite par la résistante Odile de Vasselot de ce chef « impassible » traversant, lors de la libération de Paris, la place de la Concorde au milieu des fusillades, alors qu'un tank canonne en ce même lieu l'hôtel Crillon, puis se rendant en voiture – décapotable – jusqu'à la cathédrale Notre-Dame.

Il y est accueilli par une rafale de balles décochée par des tireurs postés sur les toits de l'Hôtel-Dieu et dans les tours de Notre-Dame. De Gaulle passe tout de même le porche. Une nouvelle fusillade éclate à l'intérieur de l'édifice. Le général poursuit sa route…

« Tandis que, dans une immense bousculade, l'assistance se cachait sous les chaises et les prie-Dieu, il gagna de son pas égal et tranquille la place d'honneur qui lui avait été réservée en haut et à gauche de la nef, raconte Odile de Vasselot[10]. Et, comme pour couvrir le bruit des balles, il entonnait à pleins poumons le Magnificat. »

Impossible de comprendre de Gaulle si l'on néglige sa dimension chrétienne. Une dimension souvent mésestimée, voire parfois même occultée, dans la

---

10. Odile de Vasselot, *Tombés du ciel. Histoire d'une ligne d'évasion*, *op. cit.*

quantité d'ouvrages, de films, de témoignages sur son action. On insiste à satiété sur le patriote, le chef de guerre, le souverain politique. Mais Dieu dans tout ça ? Les biographes ne lui accordent qu'une portion congrue. C'est curieux.

Car, de fait, la vie de de Gaulle fut « pétrie de foi et d'espérance, de force et de charité », comme le souligne son petit-neveu, Laurent de Gaulle. Cette spiritualité arrimée à l'homme qu'il est, depuis son plus âge, irrigue son action, nourrit son audace, forge son courage et donne à son engagement une dimension prophétique. Pour l'appel du 18 juin, de Gaulle mobilise son charisme militaire, son talent d'orateur, son sens de l'organisation, ses visions politiques… Mais aussi ses ressources spirituelles. C'est ce qui procure l'élan à ses paroles pour qu'elles frappent les cœurs. « Le dernier mot est-il dit ? L'espérance doit-elle disparaître ? La défaite est-elle définitive ? Non ! » s'exclame le général insoumis. L'appel du 18 juin, c'est un texte d'espérance, ce qui permet de viser plus haut, plus loin, que l'espoir. L'espérance ouvre des horizons infinis. Elle hisse l'individu au-dessus de lui-même, vers quelque chose de plus grand que sa petite personne, quelque chose qui le dépasse. « L'espérance est un risque à courir, c'est même le risque des risques, lancera Georges Bernanos en 1944, dans un texte magnifique que l'on trouvera à la fin de cet ouvrage. L'espérance est la plus grande et la plus difficile victoire qu'un homme puisse remporter sur son âme… »

Et ce si joli mot dont Bernanos et Péguy se sont si souvent servis pour en faire un feu littéraire, qui, de nos jours, se trouve banni de tout discours, sans doute parce que trop connoté, trop empreint de spiritualité pour notre esprit public terre à terre, le catholique de Gaulle le sème dans nombre de ses textes et discours. « La vie reprend tous les matins. L'Espérance renaît tous les soirs. La France recommence tous les jours. » C'est l'antienne sur laquelle il arc-boute son action. Charles de Gaulle est ce « vieil homme jamais las de guetter dans l'ombre la lueur de l'espérance », comme il se dépeint lui-même dans ses *Mémoires de guerre*.

Le 14 juillet 1940, alors que le maréchal Pétain inaugure la journée par une messe rassemblant membres de son gouvernement, évêques et diplomates en la cathédrale Saint-Louis de Vichy, Charles de Gaulle affirme dans une brochure éditée en Angleterre et diffusée clandestinement en France : « Au fond de notre abaissement, ce jour doit nous rassembler dans la foi, la volonté, l'espérance. Dans la foi, car malgré le malheur nous savons ce que nous sommes. » La veille, sur les ondes de la BBC, le chef de la France libre a lancé : « Si donc le 14 juillet 1940 est un jour de deuil pour la Patrie, ce doit être, en même temps, une journée de sourde espérance. » Et c'est encore sous le signe de l'espérance que le général rebelle explique le 15 novembre 1941, devant les Français de Londres, à l'Albert Hall, le sens qu'il donne à la Résistance : « Il s'agissait de savoir enfin si dans la nuit de la servitude, la nation ne verrait plus briller aucune lumière d'espérance française pour soutenir son esprit de résistance et faire la preuve qu'elle restait solidaire du parti de la liberté. »

Tout au long de la guerre, dans ses interventions publiques, mais toujours très discrètement, le chef de la France libre distille des formules ciselées au souffle spirituel, comme le relève Laurent de Gaulle, parlant ainsi, par exemple, de « l'évangile de la liberté »[11], ou encore du « grand rassemblement de nos âmes »[12]... « Je suis un Français libre. Je crois en Dieu et en ma patrie. Je ne suis l'homme de personne », affirme-t-il dans une célèbre déclaration au *Journal d'Égypte*, du 2 avril 1941.

La martyrologie, qui a fait partie de l'éducation chrétienne du jeune Charles, est ancrée dans la vision du monde gaullienne, et devient un instrument de la pensée et de la propagande, justifiant d'une certaine manière le nécessaire sacrifice des soldats. Pour maintenir le moral des Français occupés, le chef de la France libre n'hésite pas à céder au lyrisme mystique, voire messianique. En 1941, dans son discours de Tunis, il évoque – il le fera souvent – « Notre-Dame la France », comme, le 24 décembre de cette même année, s'adressant aux plus jeunes, il lance : « Mes chers enfants de France, vous avez faim, parce que l'ennemi mange notre pain et notre viande. Vous avez froid, parce que l'ennemi vole notre bois et notre charbon, vous souffrez, parce que l'ennemi vous dit et vous fait dire que vous êtes des fils et des filles de vaincus. Eh bien ! moi, je vais vous faire une promesse, une promesse de Noël. Chers enfants de France, vous recevrez bientôt

11. Intervention à Radio-Londres le 30 avril 1942.
12. Discours prononcé à Alger pour le troisième anniversaire de la France libre, le 18 juin 1943.

une visite, la visite de la Victoire. Ah ! comme elle sera belle, vous verrez ! »

La foi, de Gaulle se montre très pudique à son sujet, mais elle fait corps avec le personnage, elle lui procure confiance et liberté. Comme de Gaulle, Pétain est un homme du Nord pétri de culture catholique. Comme de Gaulle, il a été éduqué dans cette religion alors dominante en France, il a été enfant de chœur. Mais lui se montre plutôt indifférent face au grand mystère. Comme on l'a vu dans un chapitre précédent, le vieux maréchal a épousé une femme, Eugénie dite Annie Dehérain, de vingt ans sa cadette et divorcée… Entre le chef de Vichy et la hiérarchie de l'Église, c'est une alliance d'intérêts, une sorte d'instrumentalisation de la religion, d'« abus de biens divins » en somme.

De Gaulle, lui, est habité par une foi profonde et sincère. Il ne la porte jamais en étendard. Et on ne saurait « réduire » un homme si vaste à cette clé-ci, puisqu'il est le fruit d'influences diverses, comme le souligne l'historien anglais Julian Jackson, auteur de la dernière monumentale biographie parue du grand chef français[13]. Mais cette dimension-là, évidemment, est essentielle pour comprendre l'homme du 18 juin. Elle est ancrée dans la généalogie familiale, des deux côtés, paternel et maternel, sur plusieurs générations. Julian Jackson a ainsi exhumé une lettre rédigée par Charles de Gaulle, le 9 novembre 1970, dernier jour de sa vie, en remerciement à un ami qui lui a adressé une généalogie de la famille Maillot, ancêtres maternels du

13. Julian Jackson, *De Gaulle. Une certaine idée de la France*, Seuil, 2019.

Général, et où il écrit : « Il m'est doux aussi de vérifier qu'il y eut chez nous – morts et vivants – des trésors de courage, de valeur et de fidélité à la religion et à la Patrie. » Chez de Gaulle, comme chez Hauteclocque, foi catholique et attachement à la patrie ne font qu'un. « À ses yeux, la religion et le patriotisme, servir Dieu et la patrie se confondent, comme l'illustrent les premières pages des *Mémoires de guerre*, comparant la France à la “Madone aux fresques des murs” », précise Julian Jackson.

Henri et Jeanne de Gaulle, ses parents, tous deux catholiques fervents, l'ont élevé en ce sens, comme le relate Yves-Marie Hilaire[14]. La mère, souligne Laurent de Gaulle, « insiste avec tendresse mais fermeté sur les vertus morales, l'empreinte de la foi sur l'homme, et contribue à forger en chacun de ses cinq enfants une conscience chrétienne qui s'affirme dans la prière et dans la pratique régulière du culte catholique ». Le père, qui a eu pour éducateur le père jésuite Olivaint, fusillé par la Commune, et qui fondera à la mort de celui-ci les conférences éponymes, enseigne l'histoire et les lettres au sein d'établissements privés – où il aura pour élève Georges Bernanos mais aussi Jean de Lattre de Tassigny ou encore Pierre Gerlier, le futur cardinal de Lyon.

Le jeune Charles effectue toute sa scolarité dans des institutions catholiques, notamment au collège de l'Immaculée-Conception, rue de Vaugirard, à Paris

14. Yves-Marie Hilaire, « L'éducation religieuse de Charles de Gaulle », dans Fondation Charles-de-Gaulle, *Charles de Gaulle. La jeunesse et la guerre (1890-1920)*, Plon, 2001.

– où il reçoit sa première communion –, puis au collège jésuite d'Antoing, en Belgique. En pleine offensive anticléricale de la IIIe République, alors que se prépare la loi de 1905 sur la séparation de l'Église et de l'État, il suit une formation religieuse qui nourrit « une foi profonde qui s'est manifestée en plusieurs occasions au cours de sa vie », rappelle Hilaire. Une foi imprégnée des valeurs du catholicisme social de son Nord natal, et des lectures, au premier chef, rappelle Julian Jackson, d'Ernest Psichari, le petit-fils d'Ernest Renan converti au catholicisme juste avant de mourir au front en 1914, et surtout de Charles Péguy, qui eut « une influence fondatrice » sur lui, comme le général le précisera à Alain Peyrefitte : « Aucun écrivain ne m'a autant marqué. Dans les années qui ont précédé la guerre, pendant mon adolescence et quand j'étais à Saint-Cyr, puis jeune officier, je lisais tout ce qu'il écrivait. Je me sentais très proche de lui [...]. Il sentait les choses exactement comme je les sentais. » Plus tard, sa pensée et son action se chaufferont aux formules tempétueuses de Georges Bernanos, Paul Claudel, François Mauriac[15].

La foi du Général est un aiguillon, mais c'est une affaire intime, qui se vit dans la solitude, l'intériorité, le silence. « Sa foi n'est pas une question, c'est une donnée comme la France, précisera André Malraux. Mais s'il aime parler de la France, il n'aime pas parler de sa foi. » « Au-delà de son respect extérieur pour les rituels du catholicisme, la relation de de Gaulle à la

15. Lire à ce sujet Jacques Julliard, *De Gaulle et les siens*, Éditions du Cerf, 2020.

religion garde une part de son mystère, souligne son biographe Julian Jackson. Ceux qui l'ont observé pendant la messe furent frappés par son air un peu distrait, jetant des coups d'œil tout autour de lui, s'ennuyant visiblement si la cérémonie trainait en longueur [...]. Ses collaborateurs se demandaient parfois s'il était croyant, ou comment il concevait sa foi. Certains le considéraient comme "catholique" plutôt que comme "chrétien", c'est-à-dire que, comme Maurras, il croyait en l'Église catholique, institution incarnant la France et son histoire. Lui-même a donné crédit à cette idée en faisant remarquer un jour à l'un de ses neveux : "Je suis chrétien et catholique, par l'histoire et la géographie." D'autres, en revanche, ressentaient chez lui une foi profonde, quoique discrète. Toute sa vie durant, il a fait preuve d'une solide culture théologique. »

Si Charles de Gaulle se veut mutique sur ces inclinations intimes, il est indéniable qu'elles le portent : « Tous les grands hommes d'action furent des méditatifs », note-t-il dans *Le Fil de l'épée.*

Ce lien spirituel se fortifie dans la relation intense qu'il voue jusqu'au décès, à l'âge de vingt ans, de sa fille Anne, frappée de trisomie 21. « Sa naissance a été une épreuve pour ma femme et pour moi, confiera de façon émouvante Charles de Gaulle en mai 1940, à l'aumônier de sa division, l'abbé Bourgeon. Mais, croyez-moi, Anne est ma joie et ma force. Elle est une grâce de Dieu dans ma vie. Elle m'aide à demeurer dans la modestie des limites et des impuissances humaines. Elle me garde dans la sécurité de l'obéissance à la souveraine volonté de Dieu... Elle m'aide à croire au sens et au but éventuels de nos vies, à cette maison du Père où ma fille Anne trouvera enfin toute sa taille et tout son bonheur. »

La foi de de Gaulle est intrinsèquement, naturellement liée au personnage. À tel point que, quand il sera chef de l'État, ses dévotions n'enflammeront jamais les débats sur la laïcité. Il est vrai que l'homme d'État, habité par la mystique patriotique, met un soin sourcilleux à tenir son rang républicain : dans des cérémonies officielles, de Gaulle ne communie pas, à quatre exceptions près : en visites officielles à Leningrad et en Pologne, pour rendre hommage aux martyrs chrétiens, au Canada, pour les missionnaires, et à Istanbul, terre d'islam[16]. François Mauriac écrit dans son « Bloc-notes » de *L'Express*, le 21 août 1959 : « Il n'y a que les chrétiens de notre génération pour savoir qui est de Gaulle, car il a hérité du Sillon et de l'Action française. Il a bu aux deux sources adverses et les a réconciliées en lui ; mais c'est aussi pourquoi il reste seul. »

Impossible de décrypter le chef militaire et politique si on le coupe de sa dimension mystique : ce sont ses racines chrétiennes qui font tenir le chêne de Gaulle.

Des valeurs qu'il n'hésite pas à exalter. Ainsi, souligne Julian Jackson, lors d'un meeting du Rassemblement du peuple français, mouvement politique qu'il a fondé en 1947, le libérateur de la France lance-t-il : « Venez à nous ! Vous encore qu'anime la flamme chrétienne, celle qui répand la lumière de l'amour et de la fraternité sur la vallée des peines humaines, celle où

16. Voir l'excellent documentaire *Charles le catholique (1958-1969)*, de Marie-Christine Gambart et Gérard Bardy.

s'alluma, de siècle en siècle, l'inspiration spirituelle et morale de la France. »

Dans une allocution célèbre, prononcée dans la ville de Saint-Maurice, en banlieue est de Paris, le 11 février 1950, dans laquelle il discourt sur les trois flammes de la France, entre la flamme sociale et la flamme de la tradition, voici de Gaulle qui célèbre, là encore, l'importance de « la flamme proprement chrétienne ». « Nous sommes un pays chrétien, c'est un fait », lance celui qui installera à l'Élysée une chapelle privée dans laquelle, le dimanche, son neveu François de Gaulle, père blanc, célèbrera la messe : « Nous le sommes depuis très longtemps, il se trouve que nous avons été plus ou moins, mais plutôt plus que moins, façonnés par cette source-là. Eh bien, nous n'avons pas besoin de nous méconnaître, et cette flamme chrétienne, en ce qu'elle a d'humain, en ce qu'elle a de moral, elle est la nôtre. » Il est indéniable que cette « flamme chrétienne » a inspiré et favorisé une réconciliation franco-allemande rapide après la guerre, puisque le chancelier allemand Konrad Adenauer était lui-même catholique pratiquant.

Ce sera la grande affaire de la fin terrestre du reclus de Colombey, qui aura sur ce sujet des discutions très intenses avec Éamon de Valera, le chef qui a conduit le mouvement indépendantiste de l'Irlande, nation dont il sera le président de 1959 à 1973, homme très croyant. Sur le bureau du Général, dans sa maison de Colombey-les-Deux-Églises, se trouve, paraît-il, une photo de l'homme sortant de la messe, où il apparaît visiblement agacé de la présence du photographe, qui le dérange dans ce moment intime. Cette photo est la dernière que l'on connaît de lui. Il est mort le lendemain.

Pétain a entraîné l'Église institutionnelle dans son plan de révolution nationale, mais de Gaulle, lui, a su rallier nombre de fidèles. Catholiques et protestants, ils furent nombreux à rejoindre son mouvement, « bien que la propagande vichyssoise dépeigne la France libre comme un repaire de juifs et de francs-maçons », souligne l'historienne Renée Bédarida. Ceux qui travaillent au plus près du général rebelle sont souvent chrétiens. Comme son aide de camp, qui l'accompagna à Londres dans l'avion du général britannique Edward Spears, et fut de ce fait le premier à s'engager dans les Forces françaises libres, Geoffroy Chodron de Courcel, originaire d'une vieille famille des Trois-Évêchés de Lorraine, qui a pour devise *À ma foy*. Comme, amie de jeunesse du premier, Élisabeth de Miribel, issue elle aussi d'une grande famille catholique, elle-même très engagée dans les mouvements chrétiens sociaux, qui sera la secrétaire particulière du Général – c'est elle qui tapera le texte de l'appel du 18 juin –, couvrira comme journaliste la libération de Paris au sein de la 2e DB et, proche de Jacques Maritain, se fera, en 1949, religieuse carmélite – avant de renoncer, cinq ans plus tard, pour raisons de santé. Chaque soir, un dominicain, le père Florent, anime une émission radiophonique intitulée *La France catholique*. Dans ce cercle londonien qui entoure de Gaulle, il ne faut pas oublier non plus la philosophe Simone Weil, « jeune normalienne "chrétienne du Porche" comme l'était Péguy, souligne Laurent de Gaulle, si éprise d'absolu qu'elle a tout quitté pour travailler en usine, pour porter secours aux combattants de la guerre d'Espagne, puis a gagné la France libre pour s'offrir en victime expiatoire ».

On s'est souvent focalisés sur ces « képis » issus de grandes familles aristocratiques d'essence chrétienne qui se reconnurent dans le vainqueur de Verdun et son triptyque « Travail, famille, patrie », ses slogans ravageurs style « Si la terre ne ment », et soutinrent le Pétain de la France éternelle, par tradition, par loyalisme institutionnel, par opportunisme, par haine aussi des juifs ancrée dans la tradition et la doctrine, jusqu'à ce que l'encyclique *Nostra Ætate* reconnaisse, en 1965 seulement, les racines juives du catholicisme et condamne l'antisémitisme. Mais il y en eut aussi, nombreux, qui surent se rebeller et formèrent les premiers bataillons de la France libre.

Des hommes comme Honoré d'Estienne d'Orves, qui porta « la flamme chrétienne » jusqu'au poteau d'exécution, comme l'abbé Franz Stock en fut le témoin, nous le verrons à travers ses yeux dans un prochain chapitre. Catholique, Jean de Lattre de Tassigny l'était aussi, l'autre maréchal (à titre posthume lui aussi), le rival de Leclerc qui avait rejoint de Gaulle sur le tard – octobre 1943 –, après avoir fait allégeance – jusqu'en novembre 1942 – à Pétain, car lui-même ancien soldat de la Grande Guerre. Ce fils de Vendée, qui passe sa petite enfance à Mouilleron-en-Pareds, le fief du républicain Clemenceau – incroyable qu'un même petit village ait pu produire ainsi deux figures d'une telle envergure historique ! –, a été élevé entre le Trône et l'Autel. Né chez les « blancs » aristocrates et royalistes Lattre – côté paternel – il passe toute sa scolarité chez les bons pères du collège Saint-Joseph de Poitiers – tenu par le rigoriste père Emmanuel Barbier – puis à Versailles, au collège de la rue des Postes, l'école Sainte-Geneviève surnommée « Ginette », où Henri de Gaulle sera son professeur de philosophie et où sera aussi scolarisé, on le rappelle, Philippe de Hauteclocque ! Il intégrera d'ailleurs par la suite, tout comme lui, Saint-Cyr. Les grands chefs qui conduisent les armées de la Résistance française sont imprégnés de valeurs catholiques.

Comme l'est ainsi Georges Thierry d'Argenlieu. Encore une destinée hors du commun que celle-ci ! Officier de marine, l'homme s'engage durant toute la Première Guerre mondiale, servant en Méditerranée, mais à la fin du conflit, il décide de changer de vie et… entre comme religieux chez les Carmes : il devient frère Louis de la Trinité, et il est même nommé supérieur de la Province de Paris en 1935. Le début de la nouvelle guerre le pousse à reprendre du service dans la marine : capitaine de corvette, il est fait prisonnier dans la défense de l'arsenal de Cherbourg, s'évade, et en juin 1940 il rallie de Gaulle à Londres. Il est nommé chef des Forces navales libres en 1943 – en Angleterre –, et c'est à bord du navire torpilleur placé sous son commandement que de Gaulle, en 1944, revient en France. Thierry d'Argenlieu fut parmi les premiers à être décoré de l'ordre de la Libération, en 1941, dont il sera le chancelier jusqu'en 1958. Après la Libération, il est nommé par de Gaulle comme haut-commissaire de France et commandant en chef en Indochine, où son action sera controversée, et où il s'opposera de façon virulente à Leclerc de Hauteclocque : Thierry d'Argenlieu concentre entre ses mains les pouvoirs civil et militaire, et de Gaulle a placé sous ses ordres Leclerc – « subornation désagréable », note son ami le général Vézinet. Surtout, le patron de la 2e DB prône la pacification et le dialogue avec Hô Chi Minh, quand Thierry d'Argenlieu ne veut rien entendre : Leclerc quittera l'Indochine. Et mourra quelque temps plus tard, subitement, quand l'avion qui le transporte s'écrasera dans le Sahara algérien, alors qu'il s'était pleinement engagé dans une autre mission, la décolonisation, sans pouvoir achever donc sa fulgurante destinée de libérateur, et laissant orphelins les idéalistes qui croient en la possible fusion des audaces célestes et des ambitions terrestres.

Chapitre 9

LE PROGRAMME FRANZ STOCK

Alors que les fêtes de Pâques de 2020, qui cette année-là se déroulaient en même temps pour les juifs et les chrétiens, revêtaient une allure particulière, les lieux de culte étant fermés – pour la première fois de l'Histoire –, une large partie de l'humanité se trouvant cloîtrée chez elle, confinée, suivant le terme officiel, face à la pandémie de Covid-19, me revint en mémoire la figure de l'abbé Franz Stock. Une figure devenue iconique que celle de ce prêtre, recteur de la paroisse catholique allemande, qui, pendant la guerre, à partir de 1941, fut l'aumônier des prisons parisiennes du Cherche-Midi, de la Santé et de Fresnes.

Un visage comme taillé dans le marbre, les lèvres serrées, l'air contenu, en retrait, mais le regard doux… La présence ensoutanée, forte mais discrète, de Franz Stock devint vite familière des prisonniers. Pendant quatre ans, chaque jour, l'homme de Dieu allait ainsi de cellule en cellule pour apporter secours et réconfort, dispenser des prières et recueillir des confessions, accompagner « ceux qui croyaient au ciel et ceux qui n'y croyaient pas » vers l'ultime rendez-vous. Mais, surtout, grâce aux deux poches qu'il avait cousues à l'intérieur de son habit religieux, le prêtre en profitait pour transmettre objets personnels, messages, argent entre les détenus à l'intérieur des prisons, mais aussi échanger des nouvelles avec les familles. Ce rôle de passeur, Jacqueline Fleury-Marié m'en fit témoignage[1], elle qui put ainsi, par l'intermédiaire du brave curé, communiquer avec sa mère au sein de la prison de Fresnes, tout en confiant aussi « la frousse terrible » qu'elle avait ressentie lors de sa première visite : il était vêtu, ce qui était rare chez lui, d'un uniforme militaire noir…

Pendant quatre ans, l'abbé Franz Stock eut pour terrible sacerdoce de mener les condamnés à mort jusqu'au peloton d'exécution du stand de tir du ministère de l'Air de la placc Balard, voisin de l'aérodrome d'Issy-les-Moulineaux et, surtout, dans la « clairière des fusillés » du Mont-Valérien – où se situe aujourd'hui le mémorial de la France combattante, inauguré par le général de Gaulle le 18 juin 1960, et où périrent plus d'un millier de résistants et d'otages entre 1941 et 1944. Les condamnés étaient transportés par camion depuis leur prison jusqu'à cette colline de Paris ; ils patientaient dans une petite chapelle, puis, quand leur tour arrivait, on les emmenait, menottés, jusqu'aux poteaux d'exécution – il y en avait cinq –, où ils étaient fusillés seuls ou par petits groupes quand ils étaient trop nombreux.

L'abbé Stock, qui les accompagnait dès le départ, prenait place derrière les tireurs pour que les suppliciés

1. Jacqueline Fleury (avec Jérôme Cordelier), *Résistante*, *op. cit.*

qui refusaient qu'on leur bande les yeux puissent le voir. Le prêtre accompagna ainsi cinq cent vingt fusillés, « grands saints et martyrs de notre civilisation désaxée », « ceux qui savaient mourir » et « qui sont toujours près de moi », comme il les qualifia dans une lettre privée d'automne 1945, et dont chaque jour il nota scrupuleusement les noms, les adresses, les dernières paroles, la façon de mourir, pour garder une trace et la transmettre aux familles qui venaient aux nouvelles dans son minuscule bureau de la rue Lhomond, près du Val-de-Grâce, à Paris. Même dans ces données souvent brutes – un nom, une date, une adresse –, notes griffonnées à la va-vite, faute de temps, consulter le *Journal de guerre* de l'abbé Stock[2] procure une émotion saisissante : dans la masse de destinées, de souffrances humaines que l'on devine, affleurent en quelques lignes le courage et l'héroïsme de ces combattants souvent jeunes. On comprend pourquoi celui qui fut le témoin scrupuleux de cette barbarie élève certains d'entre eux, même hostiles à la foi, au rang de « saints et de martyrs ». Et on mesure aussi au plus près le long chemin de croix que fut celui de cet homme de Dieu qui, jour après jour, accompagnait ces suppliciés vers la mort, en portant leur foi, pour les croyants, ou en essayant de les alléger de leur haine, pour les autres, puis se faisait leur messager auprès des familles éplorées.

« En pleine guerre, l'Allemand qu'était Franz Stock s'est fait le serviteur et l'ami de ceux-là mêmes que son gouvernement considérait comme ses pires

2. Il a été publié en 2017 aux Éditions du Cerf.

ennemis », a dit de lui le père Michel Riquet. « Je lui garde une reconnaissance infinie, affirmera le général de Cossé-Brissac, emprisonné à Fresnes. À cause de lui, j'ai oublié tous ceux qui m'ont persécuté. Je me suis bien des fois juré de tout faire pour contribuer à une franche réconciliation des deux peuples... Je souhaite qu'un jour il soit sur les autels. La France, alors, disputera son patronage à l'ennemi d'hier. Je mesure ce qu'aux yeux de Dieu vaut un prêtre tel que lui. Seul, il eût évité à Sodome et Gomorrhe la colère du ciel... »

Dans le *Journal* de l'abbé Stock, on rencontre cet homme, exécuté alors qu'il est invalide de guerre, refusant le bandeau qu'on lui propose et lançant au religieux : « Dites à ma femme et à mes enfants que j'ai regardé la mort dans les yeux. »

« Je lui tendis encore une fois la photographie de sa fille et de son fils, ajoute le prêtre. Il la baisa, fit le signe de croix et voilà. Quatre hommes furent fusillés ensemble. »

C'est encore ce communiste – Stock en accompagna beaucoup, dont Jacques Bonsergent ou Gabriel Péri, qui refusa son absolution mais lui confia son alliance et ses dernières volontés, ou encore les camarades de L'Affiche rouge, dont le syndicaliste Missak Manouchian – qui demande à ce prêtre, auquel il est réfractaire : « Si vous voulez dire à ma sœur ou à ma femme, détenue à la Roquette, que je suis mort avec courage. »

Voici le petit Maurice, vingt et un ans, fervent catholique, que l'on amène en ambulance car il s'est cassé la jambe et des vertèbres en sautant du mur de la prison de la Santé. « Il contint sa douleur, ne laissa pas échapper le moindre cri, note l'abbé. Il fut fusillé, seul, en dernier. Lorsque la sentence fut lue, il dit : "C'est juste." Je me rendis encore une fois à ses côtés, mis mon étole et lui donnai la dernière bénédiction : "Adieu !" Puis il serra vivement la main d'Ernest, le gardien qui l'avait conduit tous les jours à la salle du tribunal sur sa civière et pour qui il avait beaucoup d'affection, en lui disant : "Merci, Ernest, au revoir." »

Ils sont nombreux à aller au poteau, en serrant sur leur cœur une photo de saint ou dans la main un chapelet… Il y a notamment un certain Rigaud, « un type épatant », qui a attendu en priant à genoux dans sa cellule avec ses camarades. « Aucun signe de faiblesse, complètement remis entre les mains de Dieu », admire son aumônier. Il est allé vers la mort en chantant – « La plus grande joie, c'est chanter ! » – et, face au peloton d'exécution, avant de remettre sa chaîne avec sa médaille et son missel au père Stock qui témoignera, quand son collègue, catholique lui aussi, lui demande : « Que fais-tu ? », Rigaud lui répond : « Je prie, mon vieux. »

Et il y a aussi cet étonnant capitaine anglais, tombé pour espionnage, qui ne souhaite pas le concours d'un pasteur protestant parce qu'il est anglican, mais part avec le Nouveau Testament coincé dans la poche. Il s'appelait Graham Hayes. « Lorsqu'on lui lut la sentence dans la cellule, témoigne Franz Stock, il fit venir le coiffeur, se lava entièrement, se récura jusqu'aux ongles des pieds, donna ses vêtements pour ses camarades ; ne garda que sa montre, que la Croix-Rouge devait envoyer à ses parents. Pensa beaucoup à ses parents. La mort le laissait indifférent. “On ne peut pas avoir peur de quelque chose de bien plus grand que soi”, me répondit-il quand je lui demandai s'il avait peur de mourir. »

Dans sa biographie de Franz Stock, *L'Aumônier de l'enfer*, le père Closset raconte ainsi à travers les yeux de l'abbé l'exécution d'Honoré d'Estienne d'Orves et de ses compagnons[3].

Le matin du 29 août 1941, les trois condamnés, après avoir servi la messe, communié et dit les prières des agonisants, montent dans un fourgon de la Wehrmacht. Au milieu de la camionnette, on fait asseoir les prisonniers sur leurs cercueils et autour d'eux, sur des banquettes, prennent place les soldats du peloton d'exécution, le président du tribunal qui a prononcé la condamnation et l'abbé Stock. Au cours du long trajet, « les condamnés se mirent à chanter et chantèrent jusqu'au bout ».

Arrivés au Mont-Valérien, ils refusent les bandeaux qu'on leur tend. « L'un après l'autre, raconte le biographe de l'abbé Stock, qui a recueilli de nombreux témoignages pour son récit, ils demandèrent à l'aumônier une dernière bénédiction, l'un après l'autre ils l'embrassèrent. Puis d'Estienne d'Orves, se tournant vers le président Keyser, lui déclara :

« Monsieur, vous êtes officier allemand, je suis officier français. Nous avons tous les deux fait notre devoir : permettez-moi de vous embrasser. »

3. René Closset, *L'Aumônier de l'enfer*, Éditions Salvator, 1964.

Devant les soldats frappés de stupeur, le Français et l'Allemand s'étreignirent. D'Estienne d'Orves fait alors face au peloton et crie d'une voix forte : "Vive la France !" Et Barlier, avant de s'écrouler près du cadavre de son chef, répète comme en écho son dernier cri : "Vive la France !" Yann Doornick, sans rien dire, traça dans le ciel le signe de la croix puis, ayant pardonné, mourut à son tour. »

La veille de son exécution, Honoré d'Estienne d'Orves avait inscrit ces mots dans son journal : « Je me remets au bon Dieu, qui m'a fait la grâce de pouvoir me préparer à me présenter devant Lui. »

Franz Stock est né le 21 septembre 1904 à Neheim, dans le bassin minier de la Ruhr, au sein d'une famille ouvrière de neuf enfants – son père travaillait dans une fabrique de lampes. Ordonné prêtre en 1932 en Allemagne, deux ans plus tard, il est affecté comme recteur de la paroisse catholique allemande, dans le 5e arrondissement de Paris. Ce sont des retrouvailles : l'homme a placé sa vie sous le signe de la réconciliation franco-allemande. En 1928, il arrive à Paris, comme premier étudiant allemand en théologie dans la France de l'après-guerre, puis il suit des cours au séminaire des Carmes. Deux ans plus tôt, il a participé au grand rassemblement de dix mille jeunes, accourus de toute l'Europe, organisé par Marc Sangnier, le fondateur du Sillon, père de la démocratie chrétienne française, dans son château de Bierville, près d'Étampes. Le prêtre y rencontre notamment l'abbé Léon Tournet, engagé tout au long de la guerre de 14-18 comme brancardier et qui, à la sortie, a refusé toute décoration militaire. Il se lie aussi avec des militants de la Jeune République, dont Joseph Folliet, et inspirera les Compagnons de Saint-François, mouvement fondé par celui-ci en 1927 et regroupant des pèlerins catholiques marchant sur les traces de François d'Assise pour, à l'origine, promouvoir la réconciliation franco-allemande. Folliet dépeindra ainsi ce prêtre qui l'impressionne, dans une image saisissante, un rien grandiloquente mais qui corrobore assez bien les différents témoignages de ceux qui le croisèrent : « Grand, blond, mince, racé, il évoquait par son allure et son visage les anges sculptés des vieilles cathédrales gothiques d'Allemagne. »

Qui était l'abbé Stock ? Un agent double, à la fois militaire et fonctionnaire à l'ambassade d'Allemagne et résistant ? Rien de tout ça. Ou plutôt, les deux à la fois. Loyal à sa patrie, il le restait, malgré tout, on ne se refait pas. Tout en vomissant Hitler et ses sbires. L'un de ceux chez qui il passa des vacances, en 1927, le Tulliste Paul Maureille, se souvenait ainsi de sa dernière rencontre avec le prêtre, en 1935 :

« Mi-figue, mi-raisin, je lui demandais si je devais le saluer d'un "*Heil Hitler*", il fut attristé : "Tu sais bien que ce n'est pas possible, Paul[4]..." » Stock avait obtenu de l'ambassadeur du Reich à Paris – celui qui évita la destruction de la capitale française par l'armée allemande en déroute –, Otto Abetz, l'autorisation de visiter les Français détenus. Tout comme à la Libération, refusant de sauter dans les convois militaires de la retraite allemande, il se précipita à l'hôpital de la Pitié,

4. *L'Âme commune*, n° 45.

au chevet de ses compatriotes blessés et intransportables. Alors que les FFI les réclamaient comme otages, Stock se tourna vers l'officier qui les commandait et lui lança : « Lorsque vous étiez à Fresnes, lui dit-il, je vous ai secouru. À votre tour maintenant de m'aider. »

Et l'officier rédigea une lettre qui fut placardée sur la porte de l'établissement pour le mettre sous la protection de la Résistance.

« Franz était naturellement discret, raconte Paul Maureille, il écoutait toujours plus qu'il ne parlait. Mais il n'était pas secret, il était prudent. Il ne pouvait faire ce qu'il faisait qu'en s'abstenant de fréquenter, à Paris, ceux qui faisaient, à la Jeune République ou ailleurs, profession publique de Front populaire. C'est ainsi qu'il put durer avant 1940 comme après 1940. Cette prudence nécessaire l'aurait condamné à la solitude s'il n'avait eu sa sœur Francesca avec lui et surtout si, par la prière, les sacrements, la foi, il n'avait pas eu la certitude de cheminer à côté du "Grand Ami". Franz avait le privilège d'un sourire où l'amour transparaissait à travers la Croix. »

Notre France, Franz Stock la découvrit en séjournant à Tulle. « C'est en Corrèze que j'ai pris le premier contact avec la France, au mois d'août 1926, et depuis ce pays ne m'a plus laissé », a-t-il écrit dans une lettre à une amie libraire, exhumée par le professeur Étienne François dans son introduction au *Journal de guerre* de l'abbé.

Par un hasard de la tragique histoire, ce dernier noua une amitié indéfectible avec le Corrézien Edmond Michelet. Le Briviste lui consacrera des pages empreintes d'une forte émotion dans son récit *Rue de la Liberté*.

Voici le témoignage que Michelet dresse de sa première rencontre avec l'aumônier allemand, pendant que le résistant était en train de se morfondre dans une cellule de la prison de Fresnes.

« Il entra un beau matin : c'était un samedi, écrit Edmond Michelet. Je fus d'abord frappé par sa discrétion. Alors que les gardiens hurlaient habituellement quand il leur arrivait de pénétrer dans nos cellules, lui se glissait silencieusement, venait se blottir contre notre épaule comme s'il avait voulu montrer par ce geste qu'il prenait sa part de notre vie de reclus. » Le Briviste décrit l'abbé Stock comme « un clergyman blond, aux lèvres minces, qui ressemblait assez bien (trop bien) à l'image classique d'un *Herr Doktor* qui vient d'achever ses études de théologie ». En discutant avec lui, le prisonnier apprend qu'il « était une sorte de curé rouge chrétien ». Ensemble, ils discutent de Marc Sangnier – qui, soi dit en passant, a ses racines en Corrèze lui aussi, à Treignac –, de Joseph Folliet et des compagnons de Saint-François, ainsi que « d'amis communs de la Jeune République ».

Le rôle de courroie de transmission que joue l'aumônier entre les prisonniers et leurs proches, Michelet en prend la mesure dès leur première rencontre. Il en fait le récit ainsi :

« "Nous allons réciter ensemble un dernier Ave Maria", souffle l'abbé au prisonnier.

« On s'était mis à genoux, en tournant le dos au *Feldwebel*, devant la petite tablette rugueuse qui avait servi d'autel. Il poursuivit du même ton monocorde :

« “*Ave Maria, gratia plena*… votre femme est venue me voir hier. Elle se porte très bien, tous vos enfants aussi. *Dominus tecum*… Elle vous fait dire de ne pas vous inquiéter. Tout va bien à la maison… *benedicta tu in mulieribus*…” »

Après la libération de la France, Franz Stock est arrêté à l’hôpital de la Pitié, et il est transféré dans un camp à Cherbourg. Là, il reçoit la lettre de l’abbé Le Meur, ancien résistant, responsable de l’aumônerie des prisonniers de l’Axe. « Le général français chargé du commandement des prisonniers en France[5] a décidé d’ouvrir un séminaire pour tous les étudiants en théologie en captivité », écrit le prêtre. Il s’agit de « former un clergé pour l’Allemagne ». L’idée : regrouper des prisonniers de guerre allemands qui se préparent au sacerdoce, les former afin qu’ils deviennent « sous peu un élément du renouveau catholique de leur pays ». Une idée qu’avait déjà mise en pratique un aumônier militaire allemand, dom Raphael Walzer, en Algérie en 1943, commandité par le général Buisson, en créant un centre d’études théologiques avec les prisonniers de l’Afrikakorps. « Votre nationalité, votre connaissance de la langue française et des usages français vous permettront d’être un lien entre les responsables français, au demeurant très bienveillants, et le jeune clergé allemand dont vous aurez la direction », précise l’abbé Le Meur. La mission est noble et puissante : contribuer à la « dénazification » de l’Allemagne, vaste entreprise d’épuration voulue par les Alliés qui

5. Il s’agit du général Robert Buisson.

vise tous les domaines, à la fois les institutions, les hommes, la société, et bien entendu… les esprits. Ce nouveau clergé formé par l'abbé Stock œuvrera à la refondation spirituelle de l'Allemagne. Ces prêtres non seulement devront chasser les démons nazis profondément enkystés dans la société allemande par le minutieux travail d'encadrement des masses effectué par les organisations hitlériennes. Mais ils auront aussi à former une nouvelle élite qui, dans tous les domaines, s'engagera dans l'immense chantier de reconstruction du pays. Puis ils travailleront à la réconciliation franco-allemande, l'idéal qui guide l'abbé Stock, enfant de l'après-Première Guerre mondiale. Et, *in fine*, contribueront ainsi à la fondation de l'Union européenne, mise sur les fonts baptismaux par Konrad Adenauer, premier chancelier de la République fédérale d'Allemagne (RFA) et, à ce titre, artisan du redressement du pays, Robert Schuman ou encore l'Italien Alcide De Gasperi, les pères de l'Europe, tous démocrates-chrétiens.

L'abbé Stock formera ainsi plus de six cents prêtres. Ce séminaire pas comme les autres est d'abord installé à Orléans, mais le camp qui l'accueille étant en pleine ville, ses prisonniers doivent essuyer l'hostilité des habitants, motivée par « la haine du boche ». Il déménage donc dans les faubourgs de Chartres, au Coudray très exactement, du début août 1945 jusqu'à sa fermeture en 1947. On l'appellera « le séminaire des barbelés ». Un monde en soi, que je pus, il y a quelques années, visiter, grâce à un guide de choix, Hubert Briand, un ancien militaire, alors responsable de l'Association des amis de Franz Stock. Mieux, quelque temps plus tard, il me fut permit d'interroger l'un de ces anciens séminaristes, le prélat Alfons Ruf, chez lui, à Freiburg, en Allemagne.

Les lieux, d'abord. Une succession de hangars, servant autrefois de dépôt de projecteurs d'artillerie, le dépôt 501, reconverti par les Allemands pendant la guerre en camp de transit pour les prisonniers militaires français, puis en camp de rétention pour les prisonniers des troupes coloniales – au total, ils seront cinq mille à passer par ici entre 1940 et 1944. À la Libération, les Alliés en prennent possession et y enferment les Allemands, puis leur adjoignent l'ensemble des prisonniers de guerre de l'Axe – Autrichiens, Hongrois, Bulgares, Italiens, Roumains. Le camp passe alors d'une superficie de sept à trente-quatre hectares et accueille jusqu'à trente-huit mille cinq cents prisonniers – quand Chartres, à l'époque, comptait vingt-quatre mille habitants... Outre le général Buisson, l'abbé Jean Rhodain, aumônier général des prisonniers, et l'abbé Le Meur, on trouve à la manœuvre, là encore, Edmond Michelet, ministre de la Défense, mais aussi « l'ambassadeur » du pape en France, le nonce apostolique Angelo Roncalli, futur pape Jean XXIII – et initiateur de Vatican II, le concile de la modernité pour l'Église catholique.

Une université de théologie, unique au monde, est implantée dans l'un des douze blocks du camp. En deux ans, passeront par ici neuf cent neuf étudiants, et six cent trente deviendront prêtres, et même évêques pour quatre d'entre eux. Le block est dirigé par un ancien officier français des Forces françaises libres, qui est à la fois capitaine et prêtre, un jeune Alsacien, l'abbé Joseph Johner. Dans le block 11 voisin, s'entassaient sept cent cinquante jeunes âgés de quinze à dix-huit ans. « Amaigris, vêtus miteusement, apathiques, ces jeunes gens restaient là sans rien faire ou se regroupaient accroupis dans les tentes, écrit Franz Stock dans son *Journal.* Ils avaient vécu les atrocités de la guerre, avaient été faits soldats et ils regardaient aujourd'hui sombrement l'avenir par la lucarne étroite des barbelés. On avait arraché l'ardeur juvénile de leur cœur. »

Dès le début, Stock fait part de ses doutes sur l'installation d'un séminaire de théologie dans ce camp. « Je soulignai, écrit-il, que le hall pouvait certes accueillir cinq cents personnes, mais qu'il y manquait de place pour les cours, les logements des professeurs, etc. Il devait en outre y faire un froid glacial l'hiver, car aucun système de chauffage n'était prévu et la largeur du bâtiment était exposée au vent du nord, qui déferlait sur le hall en béton depuis le vaste champ. » Les séminaristes étaient « logés » dans un dortoir de quatre cent vingt lits, chauffé seulement par deux poêles, « où il faisait tellement froid que les Allemands l'avaient baptisé “le palais des Glaces” », comme me l'avait expliqué lors de notre visite Hubert Briand.

Ces conditions spartiates, le prélat Alfons Ruf, quand je l'ai interrogé chez lui à Freiburg, en 2010, s'en souvenait comme si c'était hier. « Le dortoir était séparé par petits blocks de douze lits, composés de trois lits superposés reliés les uns aux autres, décrivait-il. Le bâtiment central faisait soixante-dix mètres de long et vingt mètres de large, une moitié était consacrée au dortoir, et l'autre servait à la fois de réfectoire et de salle des cours. La vie était dure, certes, mais par rapport aux camps de prisonniers que nous avions connus auparavant, nous étions dans une situation plutôt privilégiée. » Les enseignants – neuf cents au total – étaient des professeurs de lycée et de faculté, prêtres, religieux, séminaristes, dont la plupart étaient en captivité eux aussi.

« Nous étions réveillés chaque matin à six heures, racontait Alfons Ruf. On traversait la cour et on allait se laver dans une autre baraque. À sept heures, était célébrée une messe, suivi d'un temps de méditation. De huit heures trente à midi, il y avait des cours, puis à nouveau un temps de prière ; et l'après-midi, de quinze heures à dix-huit heures trente, à nouveau des études. Puis c'était l'heure du dîner, suivi de la prière du soir et, à vingt-deux heures, extinction des feux. L'abbé Stock était exigeant sur le suivi du programme, comme il était exigeant avec lui-même. »

Né en 1927, Alfons Ruf avait été engagé à l'âge de dix-sept ans comme soldat dans la Wehrmacht, affecté à l'arrière, dans la radio-transmission. Fait prisonnier par les Américains à la fin de la guerre, il est d'abord transporté dans un camp à Bonn pendant quatre mois. « Nous n'avions rien à manger, on dormait à la belle étoile, ma santé en fut sérieusement affectée », se souvenait-il. Ruf fait partie des prisonniers qui sont alors confiés aux troupes françaises, et se retrouve dans un camp au sud de la Rhénanie. « Je suis tombé gravement malade, racontait-il, les autorités françaises m'ont sauvé la vie en me transférant dans leur hôpital militaire de Strasbourg. Une fois rétabli, j'ai été affecté à un camp, et je suis tombé sur un aumônier qui m'a proposé d'aller étudier la théologie. » C'est ainsi qu'Alfons Ruf s'est retrouvé au « séminaire des barbelés ». « Enrôlé très jeune dans l'armée, j'avais dû interrompre mes études secondaires avant le bac, poursuivait-il. J'étais très intéressé par la foi, venant d'une famille ouvrière – mon père travaillait dans la production de bois et de papier – très catholique de huit enfants. »

Alfons Ruf conservait une image très précise de l'abbé Stock. « Il ne se faisait pas remarquer, témoignait-il devant moi. Il donnait l'impression d'un homme très introverti, qui parlait peu. Il était d'une pâleur cadavérique, avec des traits fins. Mais il était très amical, il émanait de lui une grande sympathie ; il vivait parmi nous. Pour lui, il s'agissait avant tout d'une expérience commune. » Alfons Ruf adhère complètement au programme du séminaire. « Cet objectif de former des prêtres pour rééduquer le peuple allemand, lui permettre de prendre des distances avec l'idéologie nazie me convenait parfaitement, m'avait expliqué l'homme alors âgé de quatre-vingt-trois ans. J'avais tellement souffert jusque dans ma chair des conséquences du régime nazi… Je me retrouvais dans cette noble entreprise qui poursuivait un but d'humanisme chrétien, afin que le peuple se détourne de l'idéologie barbare et terroriste nazie. Je voulais participer au travail de refondation des racines chrétiennes en Allemagne. »

Remis en liberté à la fin décembre 1946, après six mois de « séminaire des barbelés », Alfons Ruf est rentré en Allemagne. Il a passé son bac à Baden-Baden, puis suivi pendant deux ans des études de théologie à Freiburg et, grâce à une bourse, à l'Université catholique de Paris et au séminaire des Carmes, « sur les traces de l'abbé Stock », glissait-il malicieusement, avec fierté. Il sera ordonné prêtre en 1952 à Freiburg et poursuivra son sacerdoce toute sa vie durant, en essayant de faire fructifier les petites graines d'espérance qu'avait plantées en lui Franz Stock au cours de ce « rude noviciat, une dure école », comme le qualifiait le prêtre.

Le 26 avril 1947, le séminaire de Chartres ferme ses portes. Avant que les séminaristes regagnent l'Allemagne, pour participer à la reconstruction du pays, le père Franz leur adresse un discours d'adieu à l'élan prophétique.

« Un monde nouveau est né, et vous allez être effrayés par les bouleversements que la guerre a provoqués dans les âmes et les cerveaux de nos compatriotes… », lance l'abbé.

« Plus la crise est profonde, plus elle bouleverse les valeurs fondamentales de l'existence humaine, plus elle secoue le corps de l'Église. Or, aujourd'hui, beaucoup de choses se délitent, se brisent ; il n'y a plus rien de solide et de sûr autour de nous. Les opinions héritées du passé, les valeurs vénérées de jadis disparaissent, et les hypothèses les plus incongrues trouvent créance. »

Le prêtre réservé, discret, d'ordinaire plus porté vers l'écoute et l'action que la parole se fait disert, et même lyrique. Le discours est destiné à frapper les esprits de ces hommes qui auront à panser les plaies, arracher les mauvaises herbes et donner une nouvelle impulsion spirituelle à l'Allemagne.

« L'humanité est à la croisée des chemins, leur dit Franz Stock. Elle peut se fourvoyer de direction et choisir la termitière humaine ou le suicide atomique au lieu d'opter pour le véritable progrès et, grâce à la force de l'esprit, de maîtriser les conquêtes scientifiques et techniques pour les mettre au service de l'homme. L'Église, dans ce nouveau Moyen Âge, peut endosser le rôle qu'elle a joué au seuil du grand Moyen Âge : messagère du surnaturel, elle peut sauver la nature ; mandataire de Dieu, elle peut libérer les hommes. »

Et dans les dernières phrases, cet abbé hors du commun lance des paroles qui, étonnamment, pourraient rencontrer un écho dans notre monde bouleversé du XXIe siècle.

« Notre époque est activiste, fébrile, érotique, confond le spirituel et le temporel », déclare Franz Stock, en 1947, au seuil d'une Europe qui, pour survivre, a l'obligation de se reconstruire, renouveau qui doit avant tout germer dans les esprits : « Notre époque assiste à la victoire de la haine, est anarchique, révolutionnaire et accumule catastrophes et ruines dans les villes comme dans les âmes. Notre époque est divisée, s'est dissoute dans les nationalismes qui sont aussi ridicules que le costume d'un zouave. Notre époque est aussi tiraillée entre deux pôles, l'un nous conduit vers l'apostasie, l'autre vers la sainteté, l'un repousse l'Église, l'autre l'attire. Il importe d'être le fils de son temps, de réconcilier l'Église et le monde moderne. Le nombre de saints voulus par Dieu suffit à sauver une époque. » Le discours est celui d'un fervent chrétien, mais, pour ceux qui ne croient pas, il frappe au plus juste aussi. C'est à une reconquête humaniste qu'invite cet abbé sorti de l'enfer. Pour lui, elle se fait sous les auspices de l'Église catholique. D'autres choisiront d'autres voies. Les paroles valent pour tous.

À la clôture du séminaire, l'abbé Franz Stock choisit de rester en France, pour assister les ouvriers allemands, alors même que ses forces s'amenuisent, laminées par une maladie cardiaque. Il meurt, à quarante-trois ans, le 24 février 1948, épuisé, sur un lit de l'hôpital Cochin, à Paris. « C'était un prêtre brisé dans son corps et dans son âme », note l'aumônier l'abbé Brasse, qui l'accompagne dans ses derniers moments. Selon son vœu, il est enterré dans sa seconde patrie, celle du cœur. « Qu'il ait voulu, écrit son ami Edmond Michelet, la mort venue, reposer en terre française, dans le cimetière de Thiais où l'on conduit les corps des suppliciés, je trouve ce dernier geste tout à fait à l'image de ce prêtre doux et discret qui savait si bien rendre vivante la parole : *caritas.* »

Même disparu, l'abbé n'en a pas fini avec le calvaire. Sa dépouille est, d'abord, jetée sous un tas de terre et une croix de bois. Il est allemand, prisonnier… c'est un vaurien. Son décès est gardé secret. Jusqu'à ce que, sur intervention d'Edmond Michelet, devenu ministre de la Défense, Stock soit « réhabilité » lors d'un office célébré par le futur pape Roncalli en l'église Saint-Jacques-du-Haut-Pas, et qu'il reçoive une tombe décente. Quatre ans plus tard, on dépose son cercueil, porté par des anciens prisonniers et déportés français et allemands, dans la petite église Saint-Jean-Baptiste de Rechèvres, près de l'ancien « séminaire des barbelés » chartrain, qui est devenu depuis un lieu de pèlerinage, où bat l'âme de la réconciliation franco-allemande. Sur la tombe de l'abbé Franz Stock, on peut lire cette inscription : *Les familles des prisonniers et fusillés français reconnaissantes.*

Le 20 juillet 1962, le bon pape Jean XXIII, l'homme de Vatican II, le concile qui fit entrer l'Église dans la modernité de son siècle, recevant des séminaristes allemands en sa résidence d'été de Castel Gandolfo, retraçant devant eux la destinée de son ami Stock, eut ces mots[6] :

« Les beaux sermons sont certes fort utiles, mais le service apostolique, plus que les prédications, est un enseignement et un exemple de vie chrétienne. L'abbé Stock, disions-nous le jour de ses funérailles, n'est pas seulement un nom, c'est aussi un programme ! Quatorze ans après, nous aimons répéter les paroles que tant et tant de fois nous avons eu l'occasion de dire à haute voix ou à voix basse auprès du cercueil de saints prêtres, en présence d'humbles populations et toujours le cœur ému : oui, c'est plus qu'un nom, c'est un programme. » Cette phrase prononcée en allemand par Angelo Giuseppe Roncalli le jour des obsèques – « *Abbé Stock, das ist kein name, das ist ein program* » – restera à jamais associée à la mémoire du prêtre. Pour en mesurer la portée, il convient de la mettre en résonance avec les paroles du père à ses séminaristes, le jour de leur

6. *La Documentation catholique*, n° 1383, 2 septembre 1962.

libération : « Maintenant, il nous faudra des saints qui sachent concilier leur attachement à leur patrie avec l'amour de l'humanité entière, au-delà des frontières de pays, de races et de classes. » Un programme, en effet. Qui reste, des décennies plus tard, dans un nouveau siècle, toujours d'actualité. Et aujourd'hui, dans notre époque folle, il l'est plus que jamais.

Chapitre 10

LES CAROUBIERS DE JÉRUSALEM

« Viens, suis moi… » Enveloppé dans son habit religieux bleu nuit, capuche sur la tête, visage buriné, regard espiègle et joyeux, frère Abiel se faufile dans les ruelles tortueuses de la vieille Jérusalem, cette Via Dolorosa qu'aurait foulée il y a deux mille ans Jésus-Christ, portant sur ses épaules la lourde croix sur laquelle il allait être crucifié, une couronne d'épines sur la tête, ensanglanté, sous les crachats de la foule. Depuis qu'il a endossé l'habit des frères de Bethléem, ce Français trentenaire a choisi de se dénommer Abiel, et il ne veut plus qu'on ne l'appelle qu'ainsi. Après deux ans à vivre parmi les pauvres en Argentine et au Brésil, puis un an en Terre sainte, à marcher « pas à pas avec le Christ », en lisant et relisant la Bible – « La Terre sainte m'a transpercé », dit-il –, cet homme habité par Dieu vit à plusieurs kilomètres de Jérusalem, au monastère de Beït Gemal, au sommet d'une petite colline de Judée, propriété de religieux salésiens français, ordre fondé par l'Italien Don Bosco et dévoué à l'éducation. Un lieu où reposent les présumés reliques de saint Étienne, le premier martyr chrétien lapidé au nom de sa foi vers l'an 30, selon les Actes des apôtres.

Cette petite colline – trois cent soixante-dix mètres de haut – de roches, percées d'oliviers, de caroubiers et de cyprès, sous un ciel bleu azur, forme une carte postale biblique, merveilleuse, apaisante, hors du temps.

Cette image de paix est un trompe-l'œil.

Ce mont, sur lequel ont été édifiés deux monastères catholiques, l'un pour les frères, l'autre pour les sœurs, grâce au soutien du francophile André Chouraqui, l'écrivain traducteur de la Bible qui fut vice-maire de Jérusalem, bat au rythme des convulsions du monde. Tout autour, on sent la pression d'une modernité agitée, dans le va-et-vient incessant des avions sur l'aéroport voisin de Jérusalem, le bourdonnement à ses pieds d'une ville tentaculaire, Beït Shemesh, peuplée de colons juifs dont nombre sont très pieux, qui n'en finit plus de s'étendre, la bande de Gaza que l'on aperçoit au loin, à quarante kilomètres à vol d'oiseau… Il y a quelques années, des hommes armés – des terroristes ? des fanatiques ? des mercenaires à la solde de promoteurs immobiliers ? – sont entrés dans la petite église, en pleine célébration. Les religieux et religieuses étaient agenouillés ; l'un des hommes a braqué une mitraillette sur un frère, qui s'est levé devant lui et, le regardant droit dans les yeux, lui a dit : « Ici, c'est la maison de Dieu, tu sors ! » Et ils sont… sortis. Une autre fois, sur le chemin des vignes, un tracteur a sauté sur une bombe artisanale – son conducteur s'en est tiré par chance, blessé à la jambe. Puis ce furent les tombes du cimetière des salésiens qui ont été profanées.

Je me souviendrai longtemps de cette messe à Beït Gemal, à laquelle je fus invité, par les six frères qui partagent le même ermitage qu'Abiel, célébrant selon un rite liturgique particulier mêlant l'hébreu, l'arabe et le français, dans leur minuscule chapelle, un cocon spirituel éclairé par quelques bougies. En observant leurs visages sereins, en les écoutant psalmodier, je ne pouvais m'empêcher de songer aux moines de Tibhirine. La simplicité de ce moment, dans la nuit chaude et étoilée sur cette colline au pied de laquelle le monde bourdonnait, je ne l'oublierai jamais.

Le lendemain, frère Abiel m'avait donné rendez-vous à Jérusalem. Il venait de passer la nuit couché par terre, comme il le fait souvent, comme le font toutes les nuits des pèlerins du monde entier, dans la basilique du Saint-Sépulcre, et il me conviait à assister avec lui à une célébration matutinale de chrétiens d'Orient, sur un minuscule offertoire creusé à l'arrière du supposé tombeau du Christ. Et c'est alors qu'Abiel m'avait entraîné dans les ruelles de Jérusalem à la rencontre de ses amis, ses frères en esprit, en particulier l'étonnant Abouna (« le père ») Shimeon, un vieux sage, l'un des derniers moines syriaques de Jérusalem, qui entonna un émouvant Notre-Père en araméen, la langue du Christ. Et, au cœur de cette ville électrique, chargée par des siècles, des civilisations d'histoires, courtisée par tous les croyants de la Terre et aux entrailles fouillées de fond en comble par les archéologues, le vieil homme au regard doux, marmonnant dans sa longue barbe grise, d'une voix faible dit, soudain, dans un élan spontané, plongeant son regard dans le mien, rassemblant ses forces de conviction :

« L'homme qui croit cherche plus loin que les pierres, il puise dans son intelligence et son cœur, dans tout ce qu'il entend, dans tout ce qu'il voit, dans tout ce qu'il sent, dans tout ce qu'il touche, pour nourrir cette interrogation qui le porte et conduit sa vie : qu'est-ce que la Vérité ? »

Cette Vérité que frère Abiel cherche, dans une émouvante simplicité, en foulant la Terre sainte dont il a fait son domicile, en se perdant dans les collines, jusqu'en Afrique, allant de monastères en ermitages sans prévision du lendemain, à la rencontre de frères spirituels de tous horizons, de toutes cultures, de toutes obédiences, dans une communion universelle. Il court le monde dans des sandales de vent, à rebours de notre monde frénétique, dans son habit bleu nuit et avec pour seul bagage un gros sac en bandoulière dont une grande partie est occupée par une épaisse et lourde bible à couverture de cuir, dont chaque page – ou presque – est annotée de sa main.

Et de cette bible, à un moment donné, le frère Abiel, soudain, a extrait un texte, un seul, qu'il conserve avec grand soin. Ce texte, c'était le discours du pape François à Yad Vashem.

Je revenais tout juste d'une visite à Yad Vashem, le vaste et émouvant mémorial situé sur le mont du Souvenir (Har Hazikaron) à Jérusalem, et dédié aux six millions de juifs de la Shoah, exterminés par les nazis pendant la guerre, et à toutes celles et tous ceux qui, non-juifs, avaient « risqué leur vie pour [les] sauver ». Ces hommes et ces femmes aussi braves qu'anonymes que l'on qualifie de « Justes parmi les nations », terme emprunté à la tradition – en hébreu : *Hassidei Umot*

HaOlam – et dont l'engagement s'inscrit dans la longue lignée de ces hommes et de ces femmes accourus tout au long de l'Histoire au secours du peuple juif persécuté. « Maïmonide, célèbre savant et philosophe juif du Moyen Âge, définissait les Justes comme des non-juifs observant les sept Lois noahides, c'est-à-dire partageant les principes de base du code moral et éthique juif, dont l'interdiction du meurtre », précise l'institut Yad Vashem.

Un terme, est-il encore indiqué par l'institut, que reprend l'écrivain Primo Levi, rescapé d'Auschwitz, lorsqu'il évoque Lorenzo Perrone, son sauveur du camp, qu'il remercie « pour [l]'avoir constamment rappelé par sa présence… qu'il existait encore, en dehors du nôtre, un monde juste, des choses et des êtres restés purs et intègres… pour lesquels il valait la peine de survivre ».

Yad Vashem, un autre écrivain juif, le prix Nobel Elie Wiesel, avait choisi ces mots pour en parler : « En ces temps-là, les ténèbres étaient partout. Au ciel et sur terre, toutes les portes de la compassion semblaient avoir été fermées. Le tueur tuait, les juifs mouraient et le monde à l'entour se montrait tantôt indifférent tantôt complice. Ils furent peu nombreux à avoir le courage de s'en soucier. Quelques hommes et femmes vulnérables, effrayés et désarmés. En quoi étaient-ils différents de leurs concitoyens ? Pourquoi furent-ils si peu nombreux ? Souvenons-nous : le plus douloureux pour la victime n'est pas la cruauté de l'oppresseur mais le silence du témoin passif… N'oublions pas, malgré tout, qu'il y a toujours un moment où un choix d'ordre moral se fait… Nous devons donc chérir ceux qui, par bonté, ont aidé des juifs pendant la Shoah. Ils doivent être un exemple pour nous et nous devons nous souvenir d'eux avec gratitude et espérance[1]. »

Au 1er janvier 2019, ils étaient seulement vingt-sept mille trois cent soixante-deux hommes et femmes à avoir été ainsi distingués « Justes parmi les nations ». Une cohorte qui compte quatre mille quatre-vingt-dix-neuf Français, la France étant le troisième pays qui présentent le plus de ces honorables, après la Pologne (six mille neuf cent quatre-vingt-douze) et les Pays-Bas (cinq mille sept cent soixante-dix-huit). La plupart sont décédés, et ceux qui sont déclarés encore aujourd'hui le sont bien souvent, comme on peut l'imaginer, à titre posthume.

« Pour qu'une demande soit reçue, m'avait expliqué le directeur du programme des Justes parmi les nations, Joel Zisenwine, il est nécessaire de nous faire parvenir un témoignage écrit, oral ou vidéo, des rescapés expliquant l'action des personnes qu'ils souhaitent voir honorés. La reconnaissance est ensuite décidée par une commission publique indépendante présidée par un ancien juge de la Cour suprême. La procédure peut prendre du temps… »

C'est un geste nécessairement gratuit, altruiste qui est ainsi honoré. « Ceux qui ont agi en échange d'argent ne peuvent être reconnus comme Justes, soulignait mon interlocuteur. Et il est essentiel aussi que la personne

---

1. Cité dans Carol Rittner et Sandra Meyers, *Courage To Care – Rescuers of Jews During the Holocaust*, NYU Press, 1986. Tiré du site internet de Yad Vashem ; Institut international pour la mémoire de la Shoah.

ait encouru un risque. Si, par exemple, vous viviez en Suisse, pays neutre pendant la guerre, même si votre acte a été noble, il ne sera pas considéré comme celui d'un Juste… »

Parmi ces hommes et ces femmes de bien, quels furent celles et ceux qui s'engagèrent ainsi au nom de leur foi ? « Il est difficile de répondre à cette question, m'avait expliqué Joel Zisenwine. Dans la plupart des cas, on ne trouve pas une raison particulière qui ait prédominé sur une autre. C'est bien souvent un mélange de plusieurs motivations qui ont poussé à un tel engagement. »

Quand je l'interrogeais particulièrement sur les actions des résistants chrétiens en France, l'homme ne parut pas comprendre ma question : « De toute façon, à l'époque, en France, dit-il, tout le monde était chrétien. »

L'historien mettait plutôt l'accent sur la collaboration des institutions religieuses avec le régime de Vichy. « Il est important de souligner le silence et la passivité des Églises, m'avait précisé Joel Zisenwine, un peu sèchement. Quand des prêtres ont décidé de sauver des juifs, ils ont agi de leur propre initiative. »

« Visez-vous une Église en particulier ? avais-je ajouté.

— Il faut parler des Églises au pluriel, et en général en Europe. »

Dans le musée sur l'Holocause de Yad Vashem, impressionnant par sa scénographie mêlant témoignages poignants, notes historiques et objets de la vie de tous les jours, ce qui renforce la tragédie, parce qu'on la voit là sous nos yeux, à travers ces visages, ces vies fauchées dans leur quotidien, l'une des rares mentions chrétiennes que l'on peut repérer est dans l'évocation de la position de neutralité du pape Pie XII. On rappelle le message de Noël 1942 du souverain pontife qui, ce 24 décembre, se référait aux « centaines de milliers de personnes qui, sans aucune faute de leur part, parfois seulement pour leur nationalité ou leur origine ethnique, ont été consignées à la mort ou à un long déclin ». La notice souligne comment, sous le pape précédent, Pie XI, le nonce Achille Ratti signa un concordat avec l'Allemagne nazie « afin de préserver les droits de l'Église catholique allemande en Allemagne ».

Mais, à côté, un panneau évoque aussi l'engagement de l'évêque de Nice, Mgr Paul Rémond, reconnu Juste, qui, comme nous l'avons vu, couvrit le réseau monté par Moussa Abadi et son épouse Odette Rosenstock, dans la région de Nice, pour mettre à l'abri des dizaines d'enfants juifs.

Les silences de Pie XII, les accommodements jusqu'aux soutiens actifs d'une ribambelle d'évêques et de cardinaux à la politique hitlérienne, d'une part. Et de l'autre ces prélats et cette multitude de prêtres, de pasteurs, de religieux, de religieuses, d'hommes et de femmes chrétiens que nous avons croisés au long de notre enquête, distingués comme Justes. Toutes les ambiguïtés du monde chrétien face au Mal nazi se retrouvent à Yad Vashem.

Des ambiguïtés qui auront longtemps perduré, surtout au sein de la communauté catholique, la hiérarchie de l'Église ayant mis tant de temps, trop de temps, à accomplir ce pèlerinage vers le mont juif de la mémoire.

Il aura fallu, en effet, attendre l'orée du XXIe siècle pour qu'un pape accomplisse un voyage officiel à Yad Vashem.

Ce fut le 23 mars 2000, et la visite de Jean-Paul II, qui fit de la repentance et de l'expiation des fautes de l'Église catholique l'un des axes de son pontificat – tout en couvrant de son silence les multiples scandales de pédocriminalité, notamment les crimes abominables du père Maciel. Karol Wojtyla fut le premier pape à se rendre – en 1986 ! – à la synagogue de Rome et à désigner les juifs comme « frères aînés ». À l'occasion de cette visite historique de Jean-Paul II, le scrupuleux chroniqueur religieux du quotidien *Le Monde*, Henri Tincq, rappelait : « Lors de la première visite d'un pape en Israël, en 1964, Paul VI n'avait pas fait le pèlerinage de Yad Vashem et il avait choqué l'opinion en louant le rôle de Pie XII pendant la guerre. Un an plus tard, le concile Vatican II adoptait un document d'une radicale nouveauté sur le judaïsme et les juifs, mais il ne consacrait pas une seule ligne à Israël ni à la Shoah. »

Heureusement, tardives mais salutaires, vinrent enfin ces paroles de Karol Wojtyla, pape polonais, se remémorant ses amis et voisins juifs qu'il avait croisés dans son enfance, « dont certains sont morts ». Disant comment « dans ce lieu de la mémoire, l'esprit, le cœur et l'âme ressentent un extrême besoin de silence ». Exhortant au souvenir « pour s'assurer que jamais plus le mal ne prévaudra, comme ce fut le cas pour des millions de victimes innocentes du nazisme », et parce que « le monde doit prêter attention à l'avertissement qui provient des victimes de la Shoah et du témoignage des survivants… »

Et suivirent, le 11 mai 2009, ces mots de Benoît XVI, ces mots si touchants d'autant qu'ils émanaient là encore d'un personnage qui avait lui aussi subi la guerre, un pape allemand qui avait revêtu – malgré lui – l'uniforme de la Wehrmacht, enrôlé dans une unité de défense antiaérienne :

« En regardant les visages qui se reflètent à la surface de la nappe d'eau immobile à l'intérieur de ce mémorial, on ne peut pas ne pas se rappeler que chacun d'eux porte un nom, avait déclaré Josef Ratzinger à Yad Vashem. Je peux seulement imaginer la joyeuse attente de leurs parents alors qu'ils se préparaient avec impatience à accueillir la naissance de leurs enfants. Quel nom donnerons-nous à cet enfant ? Qu'adviendra-t-il de lui ou d'elle ? Qui pouvait imaginer qu'ils auraient été condamnés à un sort aussi déplorable !

« Tandis que nous sommes ici, en silence, leur cri résonne encore dans nos cœurs. C'est un cri élevé contre tout acte d'injustice et de violence. C'est le reproche continuel du sang innocent versé. C'est le cri d'Abel montant de la terre vers le Très-Haut. »

« Que les noms de ces victimes ne périssent jamais ! Que leur souffrance ne soit jamais niée, discréditée ou oubliée ! » avait ajouté cet intellectuel fécond, théologien précis, pour fustiger tout négationnisme dans des paroles fortes qui marqueront.

Mais celui qui trouva les mots les plus forts est le pape qui, par son histoire, fut le plus éloigné de ces drames historiques, ceci expliquant sans doute cela. Le pape François, né Jorge Bergoglio en 1936 en Argentine, ici, à Yad Vashem, le 26 mai 2014, sut incarner l'émotion sidérante du chrétien face à l'inhumanité de la Shoah, à l'unisson de celle qui, naguère, pendant la guerre, étreignit ses coreligionnaires et les poussa à s'engager dans la Résistance, en rupture avec leur hiérarchie, l'esprit de l'époque et les choix d'une partie de leur communauté.

C'est cette prière saisissante par son humanité que le frère Abiel conserve dans son épaisse bible aux pages annotées et usées à force d'être lues, et qu'il convient de citer en entier pour mesurer l'intensité de la supplication :

« Adam, où es-tu[2] ?

« Où es-tu, homme ? Où es-tu passé ?

« En ce lieu, mémorial de la Shoah, nous entendons résonner cette question de Dieu : “Adam, où es-tu ?”

« En cette question il y a toute la douleur du Père qui a perdu son fils.

« Le Père connaissait le risque de la liberté ; il savait que le fils aurait pu se perdre… mais peut-être, pas même le Père ne pouvait imaginer une telle chute, un tel abîme !

« Ce cri : “Où te trouves-tu ?”, ici, en face de la tragédie incommensurable de la Shoah, résonne comme une voix qui se perd dans un abîme sans fond…

« Homme, qui es-tu ? Je ne te reconnais plus.

« Qui es-tu, homme ? Qu'es-tu devenu ?

« De quelle horreur as-tu été capable ?

« Qu'est-ce qui t'a fait tomber si bas ?

---

2. Genèse, III, 9.

« Ce n'est pas la poussière du sol, dont tu es issu. La poussière du sol est une chose bonne, œuvre de mes mains.

« Ce n'est pas l'haleine de vie que j'ai insufflée dans tes narines. Ce souffle vient de moi, c'est une chose très bonne[3].

« Non, cet abîme ne peut pas être seulement ton œuvre, l'œuvre de tes mains, de ton cœur… Qui t'a corrompu ? Qui t'a défiguré ? Qui t'a inoculé la présomption de t'accaparer le bien et le mal ?

« Qui t'a convaincu que tu étais Dieu ? Non seulement tu as torturé et tué tes frères, mais encore tu les as offerts en sacrifice à toi-même, parce que tu t'es érigé en dieu.

« Aujourd'hui, nous revenons écouter ici la voix de Dieu : “Adam, où es-tu ?”

« Du sol s'élève un gémissement étouffé : Prends pitié de nous, Seigneur !

« À toi, Seigneur notre Dieu, la justice, à nous le déshonneur au visage, la honte[4].

« Un mal jamais survenu auparavant sous le ciel s'est abattu sur nous[5]. Maintenant, Seigneur, écoute notre prière, écoute notre supplication, sauve-nous par ta miséricorde. Sauve-nous de cette monstruosité.

« Seigneur tout-puissant, une âme dans l'angoisse crie vers toi. Écoute, Seigneur, prends pitié.

« Nous avons péché contre toi. Tu règnes pour toujours[6]. Souviens-toi de nous dans ta miséricorde.

---

3. Genèse, II, 7.
4. Baruch, I, 15.
5. Baruch, II, 2.
6. Baruch, III, 1-2.

Donne-nous la grâce d'avoir honte de ce que, comme hommes, nous avons été capables de faire, d'avoir honte de cette idolâtrie extrême, d'avoir déprécié et détruit notre chair, celle que tu as modelée à partir de la boue, celle que tu as vivifiée par ton haleine de vie.

« Jamais plus, Seigneur, jamais plus !

« "Adam, où es-tu ?"

« Nous voici, Seigneur, avec la honte de ce que l'homme, créé à ton image et à ta ressemblance, a été capable de faire. Souviens-toi de nous dans ta miséricorde. »

« Adam, où es-tu ? »

On devine ce cri du chef chenu d'une Église bimillénaire, interpellant le premier des hommes, et non Ève, sans doute parce que ces bourreaux et leurs complices furent dans leur immense majorité masculins, on distingue ce cri pontifical se répandant comme un murmure dans la brise légère et les allées désertes de Yad Vashem. Je l'entends en marchant, seul, dans le silence à peine troublé par le pépiement des oiseaux et le bourdonnement vespéral de la cosmopolite Jérusalem. Et, chemin faisant, je lis ces noms, la litanie des noms au pied de chacun des arbres plantés en hommage à un Juste. Les patronymes de ces hommes et de ces femmes qui furent « de petites gouttes d'amour dans un océan de poison », comme le dira l'alors ministre des Affaires étrangères, future – et marquante – cheffe du gouvernement israélien, Golda Meir, la première femme d'État que l'on qualifia de « Dame de fer » – bien avant que la Première ministre britannique Margaret Thatcher popularise ce surnom – en inaugurant, le 1er mai 1962, sur cette colline mémorielle, l'allée des Justes parmi les nations, et en y semant les onze premiers arbres, en mémoire de celles et ceux qui « ont non seulement sauvé des juifs, mais aussi, ce faisant, restauré l'espoir et la foi en l'esprit humain ».

Je note sur mon carnet, à la va-vite, en passant, ces noms anonymes glanés de-ci de-là. Et en recherchant, après, dans les archives, le parcours de ces hommes et de ces femmes qui, curieusement, malheureusement, sont restés cantonnés aux limbes de la grande Histoire, je serai à la fois étonné par cet engrenage discret d'humanité, cette banalité du bien, *a contrario* de « la banalité du mal », qu'a si bien pointée Hannah Arendt dans l'action démoniaque du fonctionnaire nazi Adolf Eichmann, lors de son procès ici même à Jérusalem. Logique du bien qui poussa ces hommes et ces femmes à porter secours à des contemporains qui, le plus souvent, leur étaient étrangers.

Voici que surgit le visage franc et massif du père Pierre Marie-Benoît. Regard pénétrant, qui jauge, longue barbe grise, sanglé dans l'habit marron des frères capucins, ordre de la famille franciscaine, l'air madré d'un paysan, né le 30 mars 1895 dans un village du Maine-et-Loire… Pierre Péteul, de son vrai nom, est un personnage de roman qui traversa les deux guerres mondiales en héros. Engagé comme brancardier durant le conflit de 14-18, il en sort Croix de guerre, avec cinq citations à l'honneur. Enfilant la soutane de prêtre et la nouvelle identité du père Pierre Marie-Benoît, il s'engage sans compter à partir de 1940, tutoyant sans cesse le danger. Et il restera à la postérité comme « le père des juifs ».

Ulcéré par les lois raciales de Vichy, ce religieux capucin permit, en effet, à des centaines d'entre eux, pourchassés par l'État français, d'avoir la vie sauve en organisant des filières d'évasion vers la Suisse, l'Italie et l'Espagne, en lien étroit avec des financiers juifs, communauté dont il était familier puisque avant la guerre il était professeur d'hébreu. Le père Pierre opérait à partir de « son » couvent de Marseille dans les caves duquel il avait installé une presse d'imprimerie qui tournait à plein régime, jour et nuit, pour fabriquer des faux papiers et des certificats de baptême.

Menacé par une surveillance de plus en plus étroite de la Gestapo, le prêtre s'installe à Nice, d'où, grâce à la complicité de fonctionnaires locaux, il parvient à organiser, là encore, la fuite de milliers de juifs vers l'Italie. Mais il voit plus grand encore, et gagne Rome afin d'essayer de convaincre le pape Pie XII de mettre en place un plan d'évasion d'envergure, notamment en appuyant l'ambitieux projet d'Angelo Donati, un juif italien, patron de la Banque de crédit franco-italienne, qui a l'idée de faire évacuer par bateau trente mille juifs vers l'Afrique du Nord. Le Saint-Siège ne suit pas l'audacieux capucin, et l'entreprise échoue. Mais, resté à Rome, le père Pierre Marie-Benoît ne désarme pas : il monte un nouveau réseau pour prendre en charge des réfugiés juifs mais aussi des prisonniers de guerre en fuite, ou encore des communistes. Il fabrique et fournit des faux papiers, il tambourine aux portes des ambassades d'Espagne, de Suisse, de Roumanie et de Hongrie, il collecte et redistribue argent et vêtements… En 1943, quand l'Italie signe l'armistice avec l'Allemagne, il obtient du chef de la Gestapo de Rome que celui-ci permette aux juifs de s'enfuir. Le tenace prêtre fait croire à l'officier nazi que ses protégés ont quitté la ville mais, en fait, la plupart s'y trouvent encore, sous de fausses identités… Coup de maître. Quand Rome est libérée, la foule s'amasse devant la synagogue, tout le monde en cherche la clé et c'est le père Pierre Marie-Benoît, dit-on, qui en indique la cachette… Au total, le frère capucin aurait sauvé quatre mille juifs. Sans être jamais arrêté, et en ayant survécu à toutes ces atrocités, il s'est éteint à l'âge de quatre-vingt-quatorze ans, le 5 février 1990, dans la maison des Capucins de la rue Boissonade, dans le quartier de Raspail, à Paris, où il passa les trente dernières années de son existence terrestre. Lors de l'inauguration d'un buste à son effigie à New York, le président des États-Unis en personne, Lyndon B. Johnson, lui rendit ainsi hommage :

« Les actes héroïques et fabuleux accomplis par le père Marie-Benoît, en sauvant les juifs de la Gestapo au cours de l'occupation nazie de Rome, doivent être pour nous, habitants des États-Unis, un exemple pour la protection et le respect des droits civils des hommes, sans discrimination de race, de couleur ou de religion. Le père Marie-Benoît a vu la dignité de l'homme dans les juifs persécutés et a risqué plusieurs fois sa vie pour les sauver de la Gestapo et des camps d'extermination qui les attendaient. Il nous a indiqué, à tous, le chemin à suivre pour protéger les droits civils et humains de nos compatriotes et respecter leur dignité d'êtres humains comme nous. »

Chemin faisant, voici qu'apparaît une autre figure, que surgit une autre histoire exemplaire, celle de

Lucien Bunel, plus connu sous son nom de sacerdoce : le père Jacques. Ce prêtre, né le 29 janvier 1900 dans une famille ouvrière très pauvre de Normandie, avait fondé le Petit Collège des Carmes, ordre religieux dont il était membre, à Avon, près de Fontainebleau, où ce résistant actif du réseau Vélites de Fontainebleau cacha trois élèves juifs. Les trois garçons périront à Auschwitz et le prêtre, arrêté avec eux, déporté à Mathausen, mourra quelques jours après sa libération des mauvais traitements qui lui furent infligés. L'histoire du père Jacques, les Français la connaissent bien, parce que le cinéaste Louis Malle, qui fut son élève, en fit un film inoubliable, *Au revoir les enfants*, avec cette scène mémorable, dont fut témoin le futur réalisateur, des enfants et du personnel de l'école applaudissant le départ du prêtre et des trois enfants, sous les vociférations de la Gestapo. Peu de temps avant son arrestation, le père Jacques aurait confié, selon la notice qui lui est consacrée à Yad Vashem : « Je suis parfois accusé d'imprudence ; on me dit qu'étant responsable de tous les enfants du Petit Collège, je n'ai pas le droit de m'exposer à une éventuelle arrestation par les Allemands. Mais ne croyez-vous pas que si cela se produisait et que, par chance, je devais être tué, je ne laisserais pas alors à mes élèves un exemple d'une bien plus grande valeur que tout ce que je pourrais jamais leur enseigner[7] ? »

7. Pour en savoir plus sur le père Jacques, outre le chef-d'œuvre de Louis Malle, un roman graphique de Jean Trolley et Camille W. de Prévaux, paru aux Éditions du Rocher, en septembre 2019, retrace sa vie.

Poursuivons la route à travers les arbres de paix de la colline de Yad Vashem. Et croisons le destin du père jésuite Jean Fleury. On apprendra plus tard que ce Breton fut le premier Français à être reconnu comme Juste – en 1964 – pour son action au camp de la route de Limoges à Poitiers.

Le père Fleury exerçait là-bas son sacerdoce depuis 1942 comme aumônier des gitans. Le camp était divisé en deux : les gitans d'un côté, les juifs de l'autre. En lien avec le rabbin Elie Bloch, qui ne pouvait y pénétrer, le prêtre catholique entra – à deux cents reprises ! – dans le camp, pendant que les gitans faisaient le guet pour surveiller les parages et parer toute intrusion des Allemands. « J'aurais dû être fusillé bien des fois », dira plus tard l'homme de Dieu qui joue à la fois le messager et le passeur : il transmet des messages aux familles des juifs qui sont internés, et parvient à faire sortir une multitude d'enfants en leur fournissant de faux certificats de baptême. En 1943, cet intrépide qu'aucun obstacle n'arrête, au contraire – « les difficultés, je fonce dedans », disait-il –, rejoint l'équipe des *Cahiers clandestins du Témoignage chrétien*. Au moment de la libération de Poitiers, Fleury s'interpose entre les FFI et les Allemands, obtenant la reddition sans condition de l'occupant, évitant ainsi un massacre annoncé – mission accomplie. Et il affrète trois cars des Rapides du Poitou pour rapatrier cent deux « revenants » de l'enfer de Dachau. « Nous gardons une gratitude éternelle pour le père Fleury ; dans notre conscience, il a sa place parmi les justes du genre humain », écrira le rabbin Joseph Bloch, fils d'Elie Bloch.

Dans cette aventure, Jean Fleury avait aussi entraîné son assistante Hélène Durand, reconnue Juste elle aussi – c'est d'ailleurs en découvrant son histoire à elle que je suis tombé sur celle du prêtre. Hélène aussi fit passer des messages aux juifs du camp de la route de Limoges et, toujours à la demande du prêtre, elle hébergea la secrétaire du rabbin Bloch et réussit à lui procurer des faux papiers qui lui permettront de franchir la ligne de démarcation. Hélène Durand accueillit aussi chez elle deux femmes juives et rendit visite à de nombreuses autres hospitalisées.

Le hasard de mes pas dans la forêt des Justes de Yad Vashem me mène au pied de l'arbre dédié à la sœur Élisabeth Capart, une religieuse belge, directrice d'une école à Athènes qui, en lien avec la Croix-Rouge internationale et différentes organisations humanitaires, mit sur pied des réseaux pour cacher des enfants juifs et des familles. Ou encore à l'abbé Joseph André, brave curé de Namur, qui accueillit et fit transiter plusieurs centaines de juifs, principalement des enfants, au sein de « son » « Home de l'Ange », au nez et à la barbe des Allemands qui travaillaient dans un bâtiment administratif contigu… À Yad Vashem, on trouve aussi l'histoire de ces deux frères, belges eux aussi, Louis et Hubert Celis, qui officiaient dans deux villages de la région de Liège, et sauvèrent, en les cachant dans leurs presbytères ainsi que chez leur père octogénaire, Joseph, et des amis – une véritable filière s'était mise en place –, les quatre enfants de la famille Rotenberg. Et ces prêtres agissaient sur les encouragements de leur évêque, Mgr Louis-Joseph Kerkhofs. En septembre 1942, le prélat avait demandé aux religieux de s'engager. « Compte tenu du danger auquel il fallait s'exposer, témoigna Hubert Celis à Yad Vashem, l'évêque n'avait voulu forcer personne, mais il souhaitait que ses prêtres sachent à quel point il serait fier d'eux, s'ils risquaient leur vie pour en sauver d'autres. »

« Adam, où es-tu ? » interpellait le pape François lors de sa venue au sommet de cette colline. Sans doute parce que le vieux pontife l'avait aperçu dans cette foule d'arbres. Adam, il est là, et bien là, dans les plis et replis de cette colline autrefois pelée de Jérusalem où l'on planta à nouveau de la végétation, pour signifier que malgré les crimes les plus abominables il y a toujours un espoir de renaissance de l'humanité. Une espérance. Ici sont célébrés « quelques hommes et femmes vulnérables, effrayés et désarmés », comme l'écrit Elie Wiesel, qui se firent forces de vie quand les forces du mal ne laissaient dans leur sillage que terre brûlée et désolation.

Et nombre d'entre eux se mobilisèrent ainsi grâce au soutien de la foi. Grâce à la puissance que leur procurait la foi.

La foi du catholique Pierre Merli, responsable d'un bureau du gouvernement de Vichy dans la région de Nice, qui prenait en charge, notamment, les prisonniers de guerre français revenus d'Allemagne. Avec son secrétaire Nathan-Marcel Konopnicki, un juif polonais qu'il avait réussi à cacher sous une fausse identité, et en lien avec Mgr Paul Rémond, celui-ci mit au point une filière de sauvetage de juifs, dont bénéficia notamment Raïssa Klarsfeld, avec ses deux enfants Serge et Georgette, après l'arrestation et la déportation du père, en faisant fabriquer de faux papiers, cartes d'alimentation et certificats de baptême. Celui qui, après la Libération, allait devenir maire d'Antibes, ami proche de François Mitterrand, plaça aussi nombre d'enfants dans des institutions religieuses.

La foi, c'est celle aussi de la protestante Hélène Charpiot qui accueillit, dans sa maison d'enfants, à Cannes, plusieurs enfants juifs, dont nombre envoyés par l'évêque Paul Rémond, encore lui, en les mêlant sous une fausse identité à ses autres pensionnaires chrétiens. Elle détruisait leur vraie carte d'identité pour leur en donner des fausses, avec des noms d'emprunt. Sa fille, Françoise, reconnue comme Juste elle aussi, faisait l'institutrice, et les deux femmes étaient aidées par une troisième, Juste elle aussi, Élisabeth Martinet. Hélène restera dans le cœur des enfants, dont nombre deviendront orphelins, comme « Mamie ». En 1943, des officiers allemands réquisitionnent la maison et transfèrent les enfants dans une aile d'un hôtel qu'ils occupent. La nuit de Noël, ils s'invitent pour chanter des cantiques, oui, des cantiques, au milieu d'eux. Craignant que tous soient démasqués, les trois protectrices organiseront le transfert des enfants, en pleine nuit, par camion, vers une ferme à l'écart à Mirepoix dans le département de l'Ariège.

Écoutez encore l'histoire édifiante, et tombée dans les oubliettes, de Louise Blazer, que tous ceux qui la connaissent appellent Lou. Elle vit à Montbéliard, depuis sa naissance le 22 septembre 1891. Elle est veuve depuis quatre ans au début de la guerre, et occupe son temps comme bénévole à la Croix-Rouge et dans le mouvement des Éclaireurs unionistes, rendant visite aux blessés de guerre. C'est ainsi que les

Allemands lui demandent d'informer les familles des prisonniers qu'ils fusillent. La jeune femme, qui habite seule avec son père, général à la retraite, et sa sœur dans une grande propriété, y accueille plusieurs résistants et des dizaines de juifs qu'elle va elle-même chercher à la gare. Selon des témoignages rapportés dans son dossier de Yad Vashem, « les réfugiés étaient invités à considérer la maison comme la leur ; ils se servaient de la vaisselle et leurs enfants avaient accès au placard aux jouets… Il y avait parfois tant de monde que Louise Blazer, ayant laissé sa propre chambre à coucher aux réfugiés, en était réduite à dormir dans le couloir… En dépit de l'importante présence allemande à Montbéliard comme dans ses environs, elle continuait à venir en aide aux juifs sans se soucier des risques considérables qu'elle courait. Lorsqu'il n'y avait plus de place chez elle pour loger les fugitifs, elle en trouvait chez des amis ». Lou, qui se déploie sans compter et au mépris du danger, s'occupe aussi de la distribution de journaux clandestins. Arrêtée en 1944, elle est déportée à Dachau, mais réussit à survivre, malgré une santé fragile, et meurt en 1966, à l'âge de soixante-quinze ans – suffisamment âgée pour assister à la plantation de son arbre à Yad Vashem.

En arpentant les allées du musée de la Shoah, j'ai croisé aussi l'incroyable figure d'Adélaïde Hautval. Septième enfant du pasteur de l'Église réformée d'Alsace-Lorraine, Philippe Haas-Hautval, cheftaine des Éclaireuses, celle que ses proches dénomment « Heidi » – ses frères et sœurs avaient proposé à leurs parents de la prénommer ainsi – est arrêtée, par hasard, en avril 1942 à Vierzon, alors qu'elle souhaite passer la ligne de démarcation. Enfermée dans la prison de Bourges, elle partage sa cellule avec une famille juive dont les membres portent l'étoile jaune. S'indignant de leur traitement, en allemand, langue qu'elle parle couramment puisqu'elle est alsacienne, auprès de l'officier nazi, celui-ci lui rétorque : « Puisque vous défendez les juifs, vous partagerez leur sort. » La protestante est alors affublée d'une étoile jaune avec la mention : « Amie des juifs ». Elle est déportée à Auschwitz par le convoi du 24 janvier 1943, puis à Ravensbrück le 2 août 1944. Comme elle est médecin psychiatre, elle est assignée auprès des médecins nazis qui pratiquent de terribles expérimentations médicales sur des femmes cobayes, notamment leur stérilisation par le sinistre Eduard Wirths, auquel elle tient tête en disant que nul n'a le droit de prendre la vie de quelqu'un d'autre. Elle refuse de contribuer à ces « opérations » mais, profitant de la relative « considération » dont elle jouit auprès de certains médecins – elle parle l'allemand, ils la trouvent rigoureuse et droite –, elle réconforte moralement les prisonnières, protège les plus malades, falsifie certaines données médicales et sauve ainsi nombre de déportées. « Il est impossible que nous sortions vivantes du camp. Les Allemands ne permettront pas aux gens qui savent ce qui se passe ici de reprendre contact avec le monde extérieur. La seule chose qu'il nous reste à faire est de nous comporter en êtres humains », écrira plus tard la rescapée Adélaïde Hautval. Jusqu'au bout, même après la libération du camp de Ravensbrück, elle tiendra sa position auprès des malades pour les assister, aux côtés de la communiste et résistante Marie-Claude

Vaillant-Couturier, qui dira d'elle : « Adélaïde Hautval, c'était une conscience[8]. »

Il faudrait des pages et des pages pour rendre hommage à toutes et tous, tant, eh oui, ils sont nombreux. Le comte et la comtesse Germain et Simone de Saint-Seine, parents de sept enfants qui, dans leur propriété à Poitiers, abritèrent la famille de l'un de leurs employés, Arthur Cerf, son épouse, leurs trois enfants, et le père de celui-ci, ainsi que trois autres enfants juifs. Mme de Saint-Seine s'opposa aux Allemands qui, un jour, vinrent pour chercher M. Cerf père. Lucie Cartier, catholique elle aussi, qui sauva en le cachant le jeune fils de ses employeurs, la famille Mol, déportés. Émile et Pauline Marquillie, un ouvrier des chemins de fer du nord de la France, ancien combattant de la Première Guerre mondiale, et son épouse. Marinette Guy, jeune scoute de Saint-Étienne qui, avec Juliette Vidal, tenait un centre social, L'Aide aux mères, dans lequel elles cachèrent des enfants envoyés par l'OSE juif. Tant de noms d'anonymes plantés à jamais dans la terre de Yad Vashem, pour qu'ils soient les sèves de l'humanité.

Sur cette colline mémorielle se trouve aussi un arbre au nom d'Edmond Michelet. Le Corrézien fut honoré comme Juste parmi les nations en 1995. Mais, étonnamment, ce grand résistant, gaulliste historique, plusieurs fois ministre d'État sous le Général – aux

8. Le parcours d'Adélaïde Hautval a fait l'objet d'un remarquable récit documentaire en deux épisodes, *Docteur Adélaïde Hautval, résister jusqu'au bout*, incluant de nombreux témoignages de proches, et diffusés les 26 et 27 janvier 2019 sur France Culture.

portefeuilles de la Justice, de la Fonction publique, de la Culture –, député, sénateur, membre du Conseil constitutionnel, ne figure pas parmi les mille trente-huit compagnons de la Libération, ce qui, comme s'indigne l'historien Gilles Perrault, « suscite une profonde perplexité ». Cela n'empêche pas l'action d'Edmond Michelet de rayonner encore, son étoile de briller toujours… Depuis plusieurs années, certains militent à Rome pour sa béatification. Ils devraient être nombreux, les résistants chrétiens à être hissés dans la gloire sinon du ciel du moins des hommes. Car ces croyants catholiques, protestants, orthodoxes ont vertu d'héroïsme. Au-delà de leur combat contre le totalitarisme nazi, pour libérer leur patrie et sauver leurs frères et sœurs persécutés, par leurs engagements, ces hommes et ces femmes sont de grands témoins de l'Espérance, ils font vivre à jamais cette belle formule – qui reste ô combien d'actualité en notre époque tourmentée – que cisela l'écrivain catholique Georges Bernanos en 1944, depuis son exil brésilien : « L'espérance est un risque à courir. »

POSTFACE

Qui n'a pas vu la route, à l'aube entre deux rangées d'arbres, toute fraîche, toute vivante, ne sait pas ce que c'est que l'espérance. L'espérance est une détermination héroïque de l'âme, et sa plus haute forme est le désespoir surmonté.

On croit qu'il est facile d'espérer. Mais n'espèrent que ceux qui ont eu le courage de désespérer des illusions et des mensonges où ils trouvaient une sécurité qu'ils prennent faussement pour de l'espérance. L'espérance est un risque à courir, c'est même le risque des risques. L'espérance est la plus grande et la plus difficile victoire qu'un homme puisse remporter sur son âme…

On ne va jusqu'à l'espérance qu'à travers la vérité, au prix de grands efforts. Pour rencontrer l'espérance, il faut être allé au-delà du désespoir. Quand on va jusqu'au bout de la nuit, on rencontre une autre aurore. Le démon de notre cœur s'appelle "À quoi bon !". L'enfer, c'est de ne plus aimer. Les optimistes sont des imbéciles heureux, quant aux pessimistes, ce sont des imbéciles malheureux. On ne saurait expliquer les êtres par leurs vices, mais au contraire par ce qu'ils ont gardé d'intact, de pur, par ce qui reste en eux de l'enfance, si profond qu'il faille chercher. Qui ne défend la liberté de penser que pour soi-même est déjà disposé à la trahir.

Si l'homme ne pouvait se réaliser qu'en Dieu ? Si l'opération délicate de l'amputer de sa part divine – ou du moins d'atrophier systématiquement cette part jusqu'à ce qu'elle tombe desséchée comme un organe où le sang ne circule plus – aboutissait à faire de lui un animal féroce ? Ou pis peut-être, une bête à jamais domestiquée ? Il n'y a qu'un sûr moyen de connaître, c'est d'aimer.

Le grand malheur de cette société moderne, sa malédiction, c'est qu'elle s'organise visiblement pour se passer d'espérance comme d'amour ; elle s'imagine y suppléer par la technique, elle attend que ses économistes et ses législateurs lui apportent la double formule d'une justice sans amour et d'une sécurité sans espérance. »

Georges Bernanos
Conférence aux étudiants brésiliens
Rio de Janeiro, 22 décembre 1944

REMERCIEMENTS

Merci à Christine Antier, professeure d'histoire et membre du jury du Concours national de la résistance et de la déportation (CNRD), pour sa relecture scrupuleuse et bienveillante. Merci aussi à François David, professeur d'histoire, ancien directeur du Centre d'études Edmond-Michelet de 1983 à 1994, auteur de plusieurs ouvrages de référence sur la Corrèze pendant la guerre, pour sa relecture généreuse du volet corrézien.

BIBLIOGRAPHIE

CHAPITRE 1

BORZEIX, Jean-Marie, Jeudi saint, Stock, 2008.

CHARBONNEL, Jean, *Michelet*, Beauchesne, 1987.

DAVID, François, *Visages de la Résistance en pays de Brive*, Les 3 Épis, 1998.

— , *Résister, passion d'espérance*, avec une préface de Jacques Poirier, Les 3 Épis, 2005.

MICHELET, Edmond, *Rue de la Liberté*, Seuil, 1955.

PEYRAMAURE, Michel, *Un château rose en Corrèze*, Presses de la Cité, 2013.

CHAPITRE 2

BÉDARIDA, Renée, *Les Catholiques dans la guerre 1939-1945*, Hachette, 1998.

— et BÉDARIDA, François, *La Résistance spirituelle (1941-1944). Les cahiers clandestins du Témoignage chrétien*, Albin Michel, 2001.

BOEGNER, Philippe (éd.), *Les Carnets du pasteur Boegner (1940-1945)*, Fayard, 1992.

BONIFAS, Aimé, *Les Protestants nîmois durant les années noires (1940-1944)*, Presses du Languedoc, 1993.

CABANEL, Patrick, *De la paix aux résistances. Les protestants en France (1930-1945)*, Fayard, 2015.

CLÉMENT, Jean-Louis, *Les Évêques au temps de Vichy. Loyalisme sans inféodation*, Beauchesne, 1999.

DREYFUS, François-Georges, *Histoire de la Résistance*, Éditions de Fallois, 1996.

GILBERT, Martin, *Les Justes. Les héros méconnus de la Shoah*, Calmann-Lévy, 2002.

GUÉRIN, Alain, *Chronique de la Résistance*, Omnibus, 2000.

ICKX, Johan, *Le Bureau. Les juifs de Pie XII*, Éditions VdH/ Michel Lafon, 2020.

PHILIBERT, Anne, *Des prêtres et des scandales*, Éditions du Cerf, 2019.

POULAT, Émile, « Églises et chrétiens dans la Seconde Guerre mondiale », colloque de 1978 cité par DURAND, Jean-Dominique (dir.), *Une ville dans la guerre, Lyon (1939-1945)*, Fage, 2012.

— , *Les Juifs, l'Église et la Shoah*, Berg International, 2013.

ROUSSO, Henry, *Le Régime de Vichy*, PUF, 2007.

SHOR, Ralph, *Monseigneur Paul Rémond. Un évêque dans le siècle*, Éditions Serre, 1984.

SUGIER, Fabrice, et VÉZILIER, Monique, *Le Gard dans la guerre 1939-1945*, Éditions De Borée, 2017.

TILLION, Germaine, *Ravensbrück*, Points Seuil, 2015.

TINCQ, Henri, *Jean-Marie Lustiger. Le cardinal prophète*, Grasset, 2012.

CHAPITRE 3

VASSELOT, Odile (de), *Tombés du ciel. Histoire d'une ligne d'évasion*, Éditions du Félin/Résistance, 2019.

CHAPITRE 4

BOCKEL, Pierre, *L'Enfant du rire*, Grasset, 1973.

PARGUEL, Paul, *De mon presbytère aux bagnes nazis. Mémoires d'un prêtre déporté en Allemagne*, Spes-Paris, 1946.

PERRIN, Joseph-Marie, *Comme un veilleur attend l'aurore*, Éditions du Cerf, 1998.

STETTEN-PIGASSE, Jean, *Sur le fil de l'espoir*, Centre d'histoire de la Résistance et de la déportation de Lyon, 2012.

ZELLER, Guillaume, *La Baraque des prêtres. Dachau (1938-1945)*, Tallandier, 2017.

CHAPITRE 5

CABANEL Patrick, JOUTARD, Philippe, SÉMELIN, Jacques et WIEVIORKA, Annette (dir.), *La Montagne refuge*, Albin Michel, 2013.

BERNANOS, Georges, *Les Grands Cimetières sous la lune*, Plon, 1938.

FRENAY, Henri, *La nuit finira*, Robert Laffont, 1973.

GILDEA, Robert, *Comment sont-ils devenus résistants ?*, Les Arènes, 2017.

HALLIE, Philip, *Le Sang des innocents*, Stock, 1980.

HENRY, Patrick Gerard, *La Montagne des Justes*, Privat, 2010.

MONTETY, Étienne (de), *Honoré d'Estienne d'Orves. Un héros français*, Perrin, 2001.

PERRAULT, Gilles, *Dictionnaire amoureux de la Résistance*, Plon/Fayard, 2014.

SCHOLL, Inge, *La Rose blanche*, Éditions de Minuit, 1941.

CHAPITRE 6

BÉDARIDA, Renée, *Les Armes de l'esprit. Témoignage chrétien (1941-1944)*, Éditions Ouvrières, 1977.

CHOMBART DE LAUWE, Marie-José, *Résister toujours*, Flammarion, 2015.

DE GAULLE Geneviève, *La Traversée de la nuit*, Seuil, 1998.

FLEURY-MARIÉ, Jacqueline (avec Jérôme Cordelier), *Résistante*, Calmann-Lévy, 2019.

COLLECTIF, *Hélène Roederer. Étudiante et résistante (1921-1945)*, L'Hermès, publications de l'université Jean-Moulin, 1985.

CHAPITRE 7

DRU, Gilbert, *Un chrétien résistant*, Beauchesne, 1998.

LAZARE, Lucien, *L'Abbé Glasberg*, préface du cardinal Decourtray, Éditions du Cerf, 1990.

LE MER, Régis, *Imprimeurs clandestins à Lyon et aux alentours (1940-1944)*, Mémoire active, 2014.

NÉMOZ, Adrien, *Avoir 20 ans en 1940. Témoignage chrétien d'un jeune résistant*, ETC, 1991.

CHAPITRE 8

COMPAGNON, Jean, *Leclerc, maréchal de France*, Flammarion, 1994.

CORDIER, Maurice, et FOUQUER, Roger, *Le Général Leclerc ou se commander à soi-même*, Desclée de Brouwer, 1990.

DE GAULLE, Laurent, *Une vie sous le regard de Dieu. La foi du général de Gaulle*, Éditions de l'Œuvre, 2009.

GAMBART, Marie-Christine et BARDY, Gérard, *Charles le catholique (1958-1969)*, réalisé en 2017.

HILAIRE, Yves-Marie, « L'éducation religieuse de Charles de Gaulle », dans FONDATION CHARLES-DE-GAULLE, *Charles de Gaulle. La jeunesse et la guerre (1890-1920)*, Plon, 2001.
JACKSON, Julian, *De Gaulle. Une certaine idée de la France*, Seuil, 2019.
JULLIARD, Jacques, *De Gaulle et les siens*, Éditions du Cerf, 2020.
MARITAIN, Jacques, *À travers le désastre*, Éditions de Minuit, 1942.
NOTIN, Jean-Christophe, *Leclerc*, Perrin, 2014.
VAN DER PLAETSEN, Jean-René, *La Nostalgie de l'honneur*, Grasset, 2017.
VÉZINET, Adolphe, *Le Général Leclerc*, Éditions France-Empire, 1997.

CHAPITRE 9

CLOSSET, René, *L'Aumônier de l'enfer*, Éditions Salvator, 1964.
STOCK, Franz, *Journal de guerre*, Éditions du Cerf, 2017.

CHAPITRE 10

MALLE, Louis, *Au revoir les enfants*, réalisé en 1987.
TROLLEY, Jean et PRÉVAUX, Camille W. (de), *Au revoir les enfants. La véritable histoire du père Jacques. Prêtre, déporté, Juste parmi les nations*, Éditions du Rocher, 2019.

TABLE DES MATIÈRES

Photocomposition PCA

Achevé d'imprimer en mars 2021
par CPI BRODARD & TAUPIN (72200 La Flèche)
pour le compte des Éditions Calmann-Lévy
21, rue du Montparnasse, 75006 Paris

PAPIER À BASE DE
FIBRES CERTIFIÉES

CALMANN LÉVY s'engage
pour l'environnement en réduisant
l'empreinte carbone de ses livres.
Celle de cet exemplaire est de :
950 g éq. CO_2
Rendez-vous sur
www.calmann-levy-durable.fr

N° d'éditeur : 5479111/01
N° d'imprimeur : 3042536
Dépôt légal : avril 2021
Imprimé en France.